Ralf Wiedenmann

Erneuerbare Ressourcen und Verfügungsrechte:

Eine wohlfahrtstheoretische Analyse

Otto-von-Guericke-Universität
Magdeburg
Lehrstuhl Volkswirtschaftslehre III
Postfach 4120, 39016 Magdeburg
Haag + Herchen

Die Deutsche Bibliothek – CIP-Einheitsaufnahme

Wiedenmann, Ralf:
Erneuerbare Ressourcen und Verfügungsrechte : eine wohlfahrtstheoretische Analyse / Ralf Wiedenmann. – Frankfurt am Main : Haag und Herchen, 1992
   ISBN 3-89228-917-4

ISBN 3-89228-917-4
© 1992 by HAAG + HERCHEN Verlag GmbH,
Fichardstraße 30, 6000 Frankfurt am Main 1
Alle Rechte vorbehalten
Produktion: Fischer Verlagsbüro, Frankfurt am Main
Herstellung: Druckerei Ernst Grässer, Karlsruhe
Printed in Germany

Verlagsnummer 1917

Vorwort

Zur Entstehung dieser Arbeit haben vielerlei Faktoren beigetragen. In chronologischer Reihenfolge seien dabei zuerst die Betreuerin meiner Diplom–Arbeit, Frau Prof. Dr. U. Gruber, und Herr Prof. Dr. E. von Böventer genannt, bei dem ich über mehrere Jahre hinweg als studentische und wissenschaftliche Hilfskraft beschäftigt war. Beide konnten mich nach Abschluß meines Studiums der Volkswirtschaftslehre an der Universität München im Jahre 1985 davon überzeugen, meine Studien in Volkswirtschaft fortzusetzen.

Ein Stipendium des Deutschen Akademischen Austauschdienst (DAAD) ermöglichte es mir, im Studienjahr 1985/86 einen ein–jährigen M.A.–Kurs in Wirtschaftswissenschaften an der Universität von Kent in Canterbury, England, abzuschließen. Das angebotene Postgraduierten–Programm an der Universität von Kent, welches einen Schwerpunkt auf Entwicklungsökonomie legt, und nicht zuletzt meine zahlreichen Kommilitonen aus den Commonwealth Staaten weckten bei mir ein erstes Interesse an entwicklungspolitischen Fragestellungen.

Als ich im Juni 1988 am Institut für Wirtschaftsforschung an der Eidgenössischen Technischen Hochschule Zürich meine Stelle als Assistent bei Prof. Dr. Bruno Fritsch antrat, war noch keineswegs sicher, ob meine Dissertation sich mit den von Prof. Fritsch gepflegten Forschungsgebieten Energieökonomik, Umweltökonomie oder Entwicklungsökonomie beschäftigen würde.

Den letzten Ausschlag, daß die vorliegende Arbeit Fragestellungen der Umweltnutzung insbesondere mit Blick auf Entwicklungsländer behandelt, gab sicher ein eher persönlicher Aspekt. Im August 1988 lernte ich Marleny, meine heutige Frau, kennen, die aus Peru stammt. In vielen Ländern Lateinamerikas (auch in Peru) ist die Nutzung einer der bedeutesten erneuerbaren Ressourcen, nämlich Wald, stark in Frage gestellt. Der Urwald des Amazonas–Gebiets wird laufend dezimiert, und auch die Waldbestände in den Tälern der Anden gehen zurück, mit weitreichenden Folgen auf Forst– und Landwirtschaft, Wasserhaushalt und Klima.

Gerade das Beispiel von Peru, dessen wirtschaftliche, politische und juristische Institutionen weitgehend zusammengebrochen sind, zeigt, daß es nicht ausreicht, eine theoretisch optimale Ressourcennutzung abzuleiten. Vielmehr ist es erforderlich, die entsprechenden Institutionen zu schaffen, bzw. zu erhalten, damit eine optimale Nutzung erneuerbarer Ressourcen aus dem (individuellen und kollektiven) Eigeninteresse der Ressourcennutzer folgt. In der vorliegenden Arbeit wurde versucht zu zeigen, daß nicht nur private, sondern auch kollektive Verfügungsrechte diese Aufgabe erfüllen können. Hingegen wäre der Staat, vor allen in Entwicklungsländern, mit der Aufgabe, eine nachwachsende Ressource optimal zu nutzen, überfordert.

Ich möchte dabei meinem Referenten, Herrn Prof. Dr. Peter Zweifel, Universität Zürich, für die Begutachtung meiner Dissertation recht herzlich danken. Er hat im Laufe der Entstehung der Arbeit immer darauf bestanden, neben der formellen Analyse die wirtschafts– und ordnungspolitischen Schlußfolgerungen nicht zu kurz kommen zu lassen. Herrn Prof. Dr. Bruno Fritsch möchte ich für die Übernahme des Korreferats danken, und für die Schaffung der eigenständige Forschungen stimulierenden Voraussetzungen am Institut für Wirtschaftsforschung der Eidgenössischen Technischen Hochschule Zürich.

Auch meinen Kollegen am Institut für Wirtschaftsforschung, die alle aus beruflichen und/oder persönlichen Gründen Erfahrung aus Entwicklungsländern mitbringen, möchte ich für die anregenden Diskussionen danken.

Nicht zuletzt bedanke ich mich bei meiner Frau Marleny, und bei meinem knapp zweijährigem Sohn Paul, welche manchen Abend auf mich verzichten mußten.

Inhaltsverzeichnis

Vorwort i

Inhaltsverzeichnis iii

Figurenverzeichnis vi

Tabellenverzeichnis viii

Symbolverzeichnis ix

1. **Einleitung: Umweltprobleme bei der Nutzung erneuerbarer Ressourcen in Entwicklungsländern** 1

2. **Neoklassische Modelle der Ressourcennutzung: Eine Dichotomie bezüglich der Verfügungsrechte** 9

   2.1. Holznutzung bei unterschiedlichen Ressourcenregimes, wobei die für die Forstwirtschaft reservierte Fläche konstant gehalten wird .. 12

   2.1.1. Holznutzung wenn der Wald eine Ressource mit freiem Zugang ist ... 12

   2.1.2. Holznutzung wenn der Wald unter privaten Verfügungsrechten steht .. 23

   2.1.3. Wohlfahrtsverlust im Forstwirtschaftssektor bei Ressourcenregime mit freiem Zugang gegenüber einem Ressourcenregime mit privaten (nicht–integrierten) Verfügungsrechten 34

   2.1.4. Waldnutzung, wenn forstwirtschaftlich und landwirtschaftlich genutzter Boden unter dem gleichen privaten Verfügungsrecht stehen . 38

   2.1.5. Wohlfahrtsverlust bei einem Ressourcenregime mit privaten (nicht–integrierten) Verfügungsrechten gegenüber einem Ressourcenregime mit integrierten privaten Verfügungsrechten im Forst– und Landwirtschaftssektor 49

   2.1.6. Das Coase–Theorem: eine Möglichkeit zur Erreichung eines Wohlfahrtsoptimums bei privaten (nicht–integrierten) Verfügungsrechten? 55

   2.2. Land– und Forstwirtschaft als Konkurrenten in der Bodennutzung 59

   2.2.1. Landnutzung, wenn der Wald eine Ressource mit freiem Zugang ist, auf landwirtschaftlich genutzten Boden jedoch ein Eigentumstitel vergeben wird 59

   2.2.2. Bodennutzung wenn sowohl forst– als auch landwirtschaftliches Land mit privaten Verfügungsrechten ausgestattet sind 62

   2.2.3. Bodennutzung, wenn land– und forstwirtschaftlich genutzter Boden mit integrierten privaten Verfügungsrechten ausgestattet sind 65

2.2.4. Wohlfahrtsverlust bei "privaten nicht–integrierten Verfügungsrechten" und bei "freiem Zugang zum Wald" gegenüber "integrierten privaten Verfügungsrechten" 67

3. **Erneuerbare Ressourcen in Allmendeeigentum: Eine spieltheoretische Interpretation** 73

3.1. Zum Begriff der kollektiven Verfügungsrechte 74

3.2. Spieltheoretische Modelle 77

3.2.1. Das n–Personen–Gefangenendilemma 77

3.2.2. Das Zusicherungsproblem 80

3.3. Ein einfaches Modell einer erneuerbaren Ressource in Gemeinschaftseigentum: Das Allmendeproblem als nicht–kooperatives Differentialspiel 83

3.3.1. Ableitung des Nash–Gleichgewichts im Fall von Information des Typs offene Schleife 87

3.3.2. Koordinierte Maximierung des Gegenwartswertes des Gewinns 91

3.3.3. Warum das Allmendeproblem bei Information des Typs offene Schleife weder ein Gefangenendilemma noch ein Zusicherungsproblem sein kann 94

3.3.4. Ein Pareto–optimales Nash–Gleichgewicht im Differentialspiel mit Rückkopplungsinformation 96

3.3.5. Das System von Allmende und zerstreutem privatem Grundbesitz: Eine Möglichkeit der Internalisierung von Externalitäten? 101

3.4. Das Allmendeproblem als kooperatives Differentialspiel 104

3.4.1. Das Allmendeproblem im kooperativen Differentialspiel mit Information des Typs offene Schleife 105

3.4.2. Das Allmendeproblem als individualistisch–kooperatives Differentialspiel: Die Nash–Lösung als Lösungskonzept 107

3.4.3. Das Allmendeproblem als Verhandlungs–Differentialspiel mit Information des Typs offene Schleife: Starkes Nash–Gleichgewicht und Kern als Lösungskonzepte 108

3.4.4. Das Allmendeproblem als kooperatives Differentialspiel mit Rückkopplungsinformation: Lösungen für individualistisch kooperative und Koalitionsspiele 111

3.5. Schlußfolgerungen aus der Analyse des Allmendeproblems als Differentialspiel 116

4. **Erneuerbare Ressourcen in Allmendeeigentum:
   Eine institutionenökonomische Interpretation** 123

4.1. Gründe für die Etablierung ökonomischer Institutionen:
   Die Theorie der Firma als Beispiel 123

4.2. Allmendeeigentum als ökonomische Institution mit eigenständigem
   Entscheidungsmechanismus 126

4.3. Vergleich von Allmendeeigentum mit Privateigentum bei
   steigenden Skalenerträgen 128

4.4. Kann die Institution Allmendeeigentum auch die
   inter–sektoralen Externalitäten internalisieren? 133

4.5. Schlußfolgerungen aus der institutionenökonomischen Analyse
   unterschiedlicher Verfügungsrechte an erneuerbaren Ressourcen 135

5. **Zusammenfassung und Schlußfolgerungen** **141**

Anhang **147**

A1. Ableitung der Kostenfunktion aus einer Cobb–Douglas–
   Produktionsfunktion 147

A2. Hinreichende Bedingungen für die Gewinnmaximierung 148

A3. Die zur speziellen Kostenfunktion $C(X,S) = \alpha X^2/S$ und zur
   Kostenfunktion des Gordon–Schaefer–Modells führende
   Produktionsfunktion 150

A4. Überprüfung der hinreichenden Bedingungen für die aus der Cobb–
   Douglas–Produktionsfunktion abgeleitete Kostenfunktion (183) 150

A5. Mathematica Programm zur Berechnung von $pv_i{}^C$ und $pv_i{}^N$ des
   numerischen Beispiels von Figur 25 151

A6. Ableitung des starken Nash–Gleichgewicht für
   ein numerisches Beispiel 153

A6.1. Beschreibung des Mathematica Programms 153

A6.2. Abdruck des Mathematica Programms zur numerischen
   Berechnung des starken Nash–Gleichgewichts 156

Literatur **159**

Figurenverzeichnis

Figur 1: Natürliches Wachstum des Waldbestandes pro Zeiteinheit in Abhängigkeit des Waldbestandes. 11

Figur 2: Ableitung der steady–state Angebotskurve bei Ressourcennutzung mit freiem Zugang 16

Figur 3: Ableitung von steady–state Gleichgewichten bei Ressourcennutzung mit freiem Zugang durch Angebots– und Nachfragekurven 17

Figur 4: Phasendiagram für open–access Ressourcennutzung (passend zu Nachfragekurve p^{N1} in Figur 3) 19

Figur 5: Phasendiagram für open–access Ressourcennutzung (passend zu Nachfragekurve p^{N2} in Figur 3) 21

Figur 6: Phasendiagram für open–access Ressourcennutzung (passend zu Nachfragekurve p^{N3} in Figur 3) 22

Figur 7: Ableitung der steady–state Angebotskurve bei Ressourcennutzung mit privaten Verfügungsrechten 27

Figur 8: Ableitung von steady–state Gleichgewichten bei Ressourcennutzung mit privaten Verfügungsrechten durch Angebots– und Nachfragekurven 29

Figur 9: Phasendiagram für Ressourcennutzung mit privaten Verfügungsrechten (passend zu Nachfragekurve p^{N3} in Figur 8) .. 32

Figur 10: Phasendiagram für Ressourcennutzung mit privaten Verfügungsrechten (passend zu Nachfragekurve p^{N4} in Figur 8) .. 33

Figur 11: Phasendiagram für Ressourcennutzung mit privaten Verfügungsrechten (passend zu Nachfragekurve p^{N5} in Figur 8) .. 34

Figur 12: Wohlfahrtsverlust von "freiem Zugang" gegenüber "privaten Verfügungsrechten" 38

Figur 13: Ableitung der steady–state Angebotskurve bei integrierten privaten Verfügungsrechten am Wald und im davon betroffenen Landwirtschaftssektor 44

Figur 14: Ableitung von steady–state Gleichgewichten bei integrierten privaten Verfügungsrechten am Wald und im davon betroffenen Landwirtschaftssektor durch Angebots– und Nachfragekurven 46

Figur 15: Phasendiagram für Ressourcennutzung mit integrierten privaten
Verfügungsrechten am Wald und davon betroffener
Landwirtschaft (passend zu Nachfragekurve p^{N3} in Figur 14) 48

Figur 16: Phasendiagram für Ressourcennutzung mit integrierten privaten
Verfügungsrechten am Wald und davon betroffener
Landwirtschaft (passend zu Nachfragekurve p^{N6} in Figur 14) 49

Figur 17: Wohlfahrtsverlust von "privaten nicht–integrierten
Verfügungsrechten" und "freiem Zugang" gegenüber
"privaten integrierten Verfügungsrechten" 53

Figur 18: Angebots– und Nachfragekurve bezogen auf eine
landwirtschaftliche Landparzelle bei freiem Zugang zum Wald
und freier Wahl der Bodennutzung. 61

Figur 19: Bodenrente der landwirtschaftlich genutzten Landparzelle in
Abhängigkeit der Anzahl forstwirtschaftlich genutzter Parzellen
bei freiem Zugang zum Wald 62

Figur 20: Bodenrente der forst– und landwirtschaftlich genutzten
Landparzelle in Abhängigkeit der Anzahl forstwirtschaftlich
genutzter Parzellen bei privaten Verfügungsrechten im Forst–
und Landwirtschaftssektor 64

Figur 21: Modifizierte Bodenrente der forstwirtschaftlich genutzten
Landparzelle und Bodenrente der landwirtschaftlichen
Landparzelle in Abhängigkeit der Anzahl forstwirtschaftlich
genutzter Parzellen bei integrierten privaten Verfügungsrechten
im Forst– und Landwirtschaftssektor 66

Figur 22: Wohlfahrtsverlust zwischen "privaten integrierten
Verfügungsrechten" bzw. "freiem Zugang" und vorgegebener
Aufteilung der Landnutzung und "privaten integrierten
Verfügungsrechten" bei freier Aufteilung der Landnutzung. 70

Figur 23: Gewinn eines Spielers im Mehrpersonen–Gefangenendilemma in
Abhängigkeit von seiner eigenen Strategie und der Gesamtanzahl
der Spieler, die die Kooperationsstrategie wählen. 79

Figur 24: Gewinn eines Spielers im Zusicherungsproblem in Abhängigkeit
von seiner eigenen Strategie und der Gesamtanzahl der Spieler,
die die Kooperationsstrategie wählen. 81

Figur 25: Auszahlungsraum, Nutzengrenze und Konfliktpunkt für das
Allmendemodell einer erneuerbaren Ressource
(2 Allmendemitglieder) 106

Figur 26: Mindestauszahlung (Gegenwartswert des Gewinns) im starkem Nash–Gleichgewicht für die Koalition K in Abhängigkeit der Anzahl ihrer Mitglieder, Zeitpräferenzrate $\delta = 0.1$ 155

Tabellenverzeichnis

Tabelle 1: Gewinn–/Verlustmatrix des 2–Personen–Gefangenendilemmas ... 77

Symbolverzeichnis

A:	positiver Parameter der Marktnachfragekurve für Holz
B:	positiver Parameter der Marktnachfragekurve für Holz
$c()$:	Produktionskostenfunktion eines Holzproduzenten j auf einer forstwirtschaftlich genutzten Landparzelle i
$C(\ )$:	Produktionskostenfunktion für eine forstwirtschaftlich genutzte Landparzelle (in Geldeinheiten)
C:	positiver Parameter der Nachfragefunktion nach dem landwirtschaftlichen Produkt
dS_i/dt:	tatsächliche Veränderung des Waldbestandes pro Zeiteinheit
D:	positiver Parameter der Nachfragefunktion nach dem landwirtschaftlichen Produkt
D–Strategie:	Strategie des Gestehens im Gefangenendilemma und im Zusicherungsproblem (Kapitel 3.2.)
F:	Gesamtanzahl der (Standard–)Landparzellen, $F = F_x + F_y$
F_x:	Anzahl der forstwirtschaftlich genutzten (Standard–)Landparzellen
F_y:	Anzahl der landwirtschaftlich genutzten (Standard–)Landparzellen
$g()$:	Zeitpunkt–Gewinnfunktion des Ressourcenproduzenten j auf der Landparzelle i bei freiem Zugang und kollektiven Verfügungsrechten
$G()$:	Zeitpunkt–Gewinnfunktion der forstwirtschaftlich genutzten Landparzelle i bei freien Zugang und exklusiven Verfügungsrecht (Kapitel 2.1.1., 2.1.2., 2.2.1. und 2.2.2.), bzw. Zeitpunkt–Gewinn aus allen land– und forstwirtschaftlich genutzten Landparzellen bei integrierten privaten Verfügungsrechten (Kapitel 2.1.4.)
H:	Funktionensymbol für (unterschiedliche) Hamiltonfunktionen
i:	Index für Landparzelle (forstwirtschaftliche Nutzung)
j:	Index für individuellen Ressourcennutzer auf der Allmende (forstwirtschaftliche Nutzung) (Kapitel 2.1.1.) oder Index für landwirtschaftlich genutzte Landparzelle (Kapitel 2.1.4.)
k:	Anzahl der Mitglieder einer Koalition (Kapitel 3.4.)
K:	Kosten der landwirtschaftlichen Produktion
K:	Symbol für eine Koalition mit k Mitgliedern
K–Strategie:	Strategie der Kooperation im Gefangenendilemma und im Zusicherungsproblem (Kapitel 3.2.)
l_i:	Ko–Zustandsvariable, Schattenpreis oder Nutzungskosten (user costs) der Ressource in laufenden (nicht abdiskontierten) Werten, z.T. auch ohne Index i
L:	Landfläche als Produktionsfaktor

n:	Anzahl der Ressourcennutzer (Holzproduzenten) bei freiem Zugang und kollektiven Verfügungsrechten, auch als Anzahl der Allmendemitglieder bezeichnet
N:	Symbol für die große Koalition mit n Mitgliedern
$N()$:	natürliches Wachstum des Holzbestandes pro Zeiteinheit (z.B. in m^3/Zeiteinheit)
NP:	Nash–Produkt
p:	Marktpreis für Holz (in Geldeinheiten/m^3)
p^A:	Angebotspreis für Holz (Angebotsfunktion)
p^{Af}:	Angebotsfunktion bei freiem Zugang
p^{Ap}:	Angebotsfunktion bei privaten Verfügungsrechten
p^{A*}:	Angebotsfunktion für Holz bei privaten integrierten Verfügungsrechten (spiegelt alle volkswirtschaftlich relevanten Opportunitätsgrenzkosten wieder)
p^f:	Gleichgewichtspreis im steady–state bei freiem Zugang
p^N:	Nachfragepreis für Holz (Nachfragefunktion)
p^p:	Gleichgewichtspreis im steady–state bei privaten Verfügungsrechten
p^*:	Gleichgewichtspreis im steady–state bei integrierten privaten Verfügungsrechten (Pareto–optimaler Preis) für Holz
pv_j:	Gegenwartswert des Gewinns eines Allmendemitglieds
pv_K:	Gegenwartswert des Gewinns der Koalition K mit k Mitgliedern
pv_K^V:	Gegenwartswert des Gewinns der Koalition K im starken Nash–Gleichgewicht
$pv\{x_j(t)\}$:	Gegenwartswert des Gewinns eines Individuums auf der Allmende, bei Verfolgung der Strategie $\{x_j(t)\}$
pv^C:	Gegenwartswert des Gewinns eines Kooperierers auf der Allmende
pv_i^N:	Gegenwartswert des Gewinns bei Verfolgung der Nash–Strategie, alle anderen Allmendemitglieder verfolgen die Trigger–Strategie
pv_i^{Tr}:	Gegenwartswert des Gewinns bei Verfolgung der Trigger–Strategie, alle anderen Allmendemitglieder verfolgen auch die Trigger–Strategie
pv_{n-1}:	Gegenwartswert des Gewinns eines individuell maximierenden Allmendenutzers, der darauf vertrauen kann, daß alle $n-1$ Ressourcennutzer kooperieren, d.h. x_j^C ernten.
PW:	Wohlfahrtsintegral (Gegenwartswert von Konsumenten– und Produzentenrente)
q:	Preis für das landwirtschaftliche Produkt
q^A:	Angebotspreis für das landwirtschaftliche Produkt (Angebotskurve)
q^N:	Nachfragepreis für das landwirtschaftliche Produkt (Nachfragekurve)
q^p:	Gleichgewichtspreis für das landwirtschaftliche Produkt (Grenzkosten=Preis)

r:	konstanter dimensionsloser Parameter der Wachstumsfunktion für Holz
S^C:	Ressourcenbestand auf der Allmende im steady–state bei vollständiger Kooperation
S_i:	Waldbestand oder im Wald gebundenes Holzvolumen (z.B. in m³), z.T. wird der Index i für die Landparzelle auch weggelassen
$S_i(0)$	vorgegebener Anfangsbestand der Ressource; z.T. wird der Index i für die Landparzelle auch weggelassen
S^N:	Ressourcenbestand auf der Allmende im steady–state im Nash–Gleichgewicht
S_i^p:	Gleichgewichtsressourcenbestand für die Parzelle i bei privaten Verfügungsrechten
S_u, S_o:	konstante Parameter (Dimension z.B. m³) der Wachstumsfunktion für Holz
t:	Zeit
V_i:	Index für den Gesamtfaktoreinsatz auf der Parzelle i (enthält alle Produktionsfaktoren, außer dem Faktor Ressourcenbestand, S, der keinen Marktpreis hat), z.T. wird der Index i für die Landparzelle auch weggelassen
v_{ij}:	Faktoreinsatz auf der Landparzelle i durch Individuum j
w:	Faktorpreis (Marktpreis für den zur Holzproduktion notwendigen Faktor)
W:	Zeitpunkt– oder Periodenwohlfahrt (nicht abdiskontiert), oder Summe aus Konsumenten– und Produzentenrente
$\bar{x}$:	Höchstmögliche Ernte eines Allmendenutzers, die bei günstigsten Bedingungen gerade noch keinen Verlust einbringt
x_{ij}:	Holzeinschlag pro Zeiteinheit auf der Landparzelle i durch Individuum j, z.T. wird der Index i für die Landparzelle auch weggelassen
x_j^C:	Individueller Ressourcenabbau auf der Allmende im steady–state bei vollständiger Kooperation
x_j^N:	Individueller Ressourcenabbau auf der Allmende im steady–state im Nash–Gleichgewicht
$x_j^N(t)$:	Nash–Strategie
$x_j^T(t)$:	Trigger–Strategie
$x_i^{Tr}(t)$:	Trigger–Strategie
$\{x_{j,n-1}(t)\}$:	Optimaler Pfad der Ressourcennutzung auf der Allmende für einen Ressourcennutzer, der darauf vertrauen kann, daß alle anderen $n-1$ Allmendenutzer den Pfad der Ressourcennutzung $\{x_j^C\}$ wählen, d.h. kooperieren.
$x^{\max}$:	Maximale individuelle Ernte, die aus Kapazitätsgründen nicht überschritten werden kann

X:	Gesamtumsatz auf dem Markt für Holz
X_i:	Holzeinschlag pro Zeiteinheit auf der Landparzelle i, z.T. wird der Index i für die Landparzelle auch weggelassen
X_i^f:	Gleichgewichtsmenge für die Parzelle i bei freiem Zugang
X_i^p:	Gleichgewichtsmenge für die Parzelle i bei privaten Verfügungsrechten
X_i^*:	Gleichgewichtsmenge für die Parzelle i bei integrierten privaten Verfügungsrechten (Pareto–optimale Holzproduktion)

$$X_{i,n-j} = \sum_{k=1, k \neq j}^{n} x_{ik}$$: Holzausstoß pro Zeiteinheit auf der Landparzelle i durch alle Individuen außer Individuum j, z.T. wird der Index i für die Landparzelle auch weggelassen

y:	landwirtschaftliche Produktion auf allen Parzelle $j = F_x+1, F_x+2, \ldots, F$; $y = \Sigma y_j$
y_j:	landwirtschaftliche Produktion auf der Parzelle j
y_j^p:	Gleichgewichtsmenge des landwirtschaftlichen Produktes
α:	Parameter der speziellen Kostenfunktion für Holz
β:	Parameter der speziellen Kostenfunktion für die landwirtschaftliche Produktion
γ:	Parameter der Cobb–Douglas–Produktionsfunktion für Holz
Γ:	Zeitpunkt– oder Periodengewinn in der Landwirtschaft (Kapitel 2.2.)
δ:	Zeitpräferenzrate (Marktzins=soziale Zeitpräferenzrate)
κ	Anpassungskonstante für den Neueintritt von Marktteilnehmern bei freiem Zugang (Kapitel 2.1.1.)
λ_i:	Ko–Zustandsvariable, Schattenpreis oder Nutzungskosten (user costs) der Ressource in auf den Zeitpunkt $t=0$ abdiskontierten Werten, z.T. auch ohne Index i
ρ:	Parameter der Cobb–Douglas–Produktionsfunktion für Holz
σ:	Parameter der Kostenfunktion für Holz, wenn Produktionsfunktion von allgemeinen Cobb–Douglas–Typ
τ:	Parameter der Cobb–Douglas–Produktionsfunktion für Holz
ϕ:	Parameter der Kostenfunktion für Holz, wenn Produktionsfunktion von allgemeinen Cobb–Douglas–Typ
$\phi()$:	Ressourcennutzung als Funktion der verfügbaren Information (Strategie)
ω:	Parameter der Kostenfunktion für Holz, wenn Produktionsfunktion von allgemeinen Cobb–Douglas–Typ

1. Einleitung: Umweltprobleme bei der Nutzung erneuerbarer Ressourcen in Entwicklungsländern

Mit der steigenden Bedeutung, welcher dem Umweltschutz in den Industrieländern zugemessen wurde, hat auch die Bedeutung des Umweltschutzes in der Entwicklungspolitik zugenommen. Während jedoch in den Industrieländern die Umweltbewegung bereits in den 60–er Jahre wieder auferstanden ist, wurde Umweltpolitik in den Entwicklungsländer, welche über die Gewährleistung der Grundbedürfnisse hinausging, zunächst als unerschwinglicher Luxus betrachtet. Erst im Jahre 1972 wurde, im Rahmen der Stockholmer Konferenz über die menschliche Umwelt, mit der Gründung des Umweltprogramms der Vereinten Nationen ein Meilenstein in der Umweltpolitik für und in Entwicklungsländer erreicht (*Pearce/Turner* 1990: 23). Die zahlreichen in jüngster Zeit erschienenen Beiträge der verschiedenen wissenschaftlichen Disziplinen, die sich mit Umwelt und einer nachhaltigen Entwicklung in Entwicklungsländern auseinandersetzen (siehe z.B. *Barbier* 1989; *Tisdell* 1988) haben sich nun auch in veränderten Richtlinien für die multilaterale und bilaterale Entwicklungszusammenarbeit niedergeschlagen: Für das Komitee für Entwicklungshilfe (Development Assistance Committee) der Organisation für wirtschaftliche Zusammenarbeit und Entwicklung (OECD) "ist es eine zentrale Aufgabe für die Entwicklungszusammenarbeit der 90–er Jahre zu einer umweltgerechten und nachhaltigen Entwicklung beizutragen" (*OECD* 1990: 6). Auch die Weltbank hat seit 1987 eine eigene Umweltabteilung, hat die Mittel für externe Umweltberatung aufgestockt und auch die regionale Weltbankniederlassungen wurden mit Umweltabteilungen ausgestattet (*Piddington* 1989: 44).

In der vorliegenden Arbeit werden wir uns aber nicht mit allen Umweltproblemen in Entwicklungsländer beschäftigen. Hier werden nur die bei der Nutzung erneuerbarer Ressourcen auftretenden Umweltprobleme behandelt. Wir behandeln also nicht die Probleme, die bei der Nutzung erschöpfbarer Ressourcen auftreten. Genausowenig behandeln wir das Abfallproblem, das Abwasserproblem, oder das Problem der Luftverschmutzung, sei es durch Industrie und Gewerbe, durch private Haushalte, oder durch den Verkehr.

Außerdem analysieren wir die bei erneuerbaren Ressourcen auftretenden Umweltprobleme von einer ökonomischen (oder besser wohlfahrtstheoretischen) Perspektive aus. Dazu müssen wir uns klar werden, welche Funktionen der erneuerbaren Ressource wir bei der wohlfahrtstheoretischen Bewertung miteinbeziehen. Nach *Pearce/Turner* (1990: 130–137) kann der gesamte ökonomische Wert der Umwelt (hier der erneuerbaren Ressource) in die folgenden drei Komponenten disaggregiert werden: (1) den tatsächlichen Nutzungswert; (2) den Optionswert und (3) den

Existenzwert. Der tatsächliche Nutzungswert wird von der momentanen Nutzung der Ressource bestimmt. Der Holzfäller, der Angler, der Jäger, alle nutzen eine natürliche Ressource, und ziehen daraus Nutzen.

Beim Optionswert steht der potentielle Wert einer Ressource in der Zukunft im Vordergrund. Da Unsicherheit über die zukünftige Art der Nutzung einer Ressource besteht, kann etwa eine Ressource, die heute nutzlos erscheint, in der Zukunft einen Wert haben, der nicht mit Sicherheit voraussagbar ist. Es besteht dann eine Zahlungsbereitschaft für den Schutz der Ressource, die darauf beruht, daß ein Ressourcennutzer in der Zukunft mit einer gewissen Wahrscheinlichkeit Nutzen aus der Ressource ziehen kann. Hier sei noch darauf verwiesen, daß der wesentliche Unterschied zwischen tatsächlichen Nutzungswert und Optionswert nicht im Zeitpunkt des Eintreffens des Nutzenstroms liegt. Auch der tatsächliche Nutzungswert einer Ressource wird durch den Gegenwartswert der Nutzenströme bestimmt, d.h. durch die Summe aller zukünftigen abgezinsten Nutzenströme. Doch bei dieser Kalkulation des Gegenwartswert wird eigentlich vollkommene Voraussicht unterstellt. In der Realität besteht jedoch Unsicherheit über die Zukunft, und deshalb kann sich die Kalkulation des Gegenwartswerts nur auf Erwartungswerte aller zukünftigen abgezinsten Nutzenströme beziehen.

Der Existenzwert einer Ressource besteht unabhängig von der Nutzung der Ressource durch den Menschen, sei es eine Nutzung, wie sie in der Gegenwart abschätzbar ist (tatsächlicher Wert), oder eine mögliche Nutzung in der Zukunft (Optionswert). Dennoch wird dieser Wert durch Menschen reflektiert, die sich sorgen um, und Sympathie und Respekt für die Rechte, oder das Wohlergehen von nicht–menschlichem Leben empfinden.

In den folgenden Kapitel steht jedoch nur der tatsächliche Wert der erneuerbaren Ressource im Vordergrund. Folgende Probleme können bei der Nutzung einer erneuerbaren Ressource auftreten:

(1) Die Ressource wird übernutzt, d.h. der Ressourcenbestand ist soweit reduziert, daß in der Zukunft nur mit einer geringeren als der optimalen Nutzung gerechnet werden kann. Man spricht dann von einer dynamischen Externalität. Sie betrifft aber zunächst nur den Sektor der erneuerbaren Ressource selbst. Wir könnten deshalb von einer "internen" Externalität sprechen.

(2) Von einem hohen Bestand der erneuerbaren Ressource gehen positive externe Effekte auf andere Sektoren aus. So schützt z.B. ein hoher Waldbestand die umliegenden Landwirtschaftsflächen vor Bodenerosion, und regelt den Wasserhaushalt eines Wassereinzugsgebiets. Da diese Externalität einen anderen Sek-

tor, als jenen der erneuerbaren Ressource betrifft, könnten wir von einer "externen" Externalität sprechen.

Auch hier werden wir uns jedoch wieder einschränken. Die Arbeit wird nicht so globale Umweltprobleme, wie z.B. den durch Kohlendioxid und andere Treibhausgase verursachte Treibhauseffekt auf das Weltklima behandeln. Vielmehr beschränken wir uns auf "externe" Externalitäten, die sich auf Sektoren des gleichen Dorfs, oder zumindest der gleichen Region, beziehen.

Für einen Ökonomen ist jedoch nicht jede Reduktion des Bestandes einer natürlichen Ressource ein Indiz für ein Umweltproblem. Eine Bestandsreduktion einer erneuerbaren Ressource kann vom Standpunkt der Wohlfahrtstheorie sogar befürwortet werden, nämlich dann, wenn die dadurch während der Phase der Reduktion des Ressourcenbestandes zusätzlich erreichbare Wohlfahrt höher zu bewerten ist, als die verminderte Wohlfahrt in der Zukunft, wenn statt dem bisherigen Ressourcenbestand nur ein verringerter Ressourcenbestand zur Verfügung steht. Ein Ökologe würde eher den Existenzwert der erneuerbaren Ressource im Auge haben, und aus diesem Grund gegen jede Abnahme der Ressourcenbestandes plädieren.

Ein Beispiel für ein Umweltproblem bei der Nutzung einer nachwachsenden Ressource ist die in vielen Entwicklungsländern festgestellte Entwaldung. Sie schlägt sich unter anderen in einer Brennholzkrise nieder. Was sind die Dimensionen dieser Krise? In vielen Untersuchungen wurde einfach eine Knappheit an Brennholz derart festgestellt, daß die Entwaldung fortschreitet, weniger warme Mahlzeiten pro Tag bereitet werden, als zu jener Zeit, als Holz noch ausreichend zur Verfügung stand. Auch der größere zum Brennholzsammeln benötigte Zeitaufwand, das Entstehen von Brennholzmärkten und falls solche schon bestehen ein Preisanstieg und der Übergang von Brennholz zu Energiequellen schlechterer Qualität ("down–trading"), wie Mist und landwirtschaftliche Residuen, werden als Indizien für die angenommene Brennholzknappheit verwendet (*Dewees* 1989: 1162). Aber worin liegt das Spezifische der Brennholzknappheit?

Gemäß ökonomischer Theorie sind alle Güter knapp (außer die sogenannten freien Güter) in dem Sinne, daß schier unbegrenzte Konsumbedürfnisse einer begrenzten Menge an Ressourcen gegenüberstehen. Das ökonomische Entscheidungsproblem besteht also darin, welche Bedürfnisse in welchem Ausmaße befriedigt werden. In Entwicklungsländern sind generell die Wahlmöglichkeiten dadurch eingeschränkt, daß die Lücke, die zwischen Bedürfnissen und Ressourcen klafft, größer ist, nicht zuletzt auch wegen des immer noch starken Bevölkerungswachstums. Das Energieproblem, wie das Entscheidungsproblem bezüglich jeden anderen Gutes oder Faktors auch, besteht also darin, welche (knappen) Güter in welchem Volumen eingesetzt werden sollen. Die Frage lautet, mit welchen Verlusten an nicht verwirklichter Produktion bzw. nicht verwirklichten Nutzen ist die Energieknappheit verbunden, welche Opportunitätskosten fallen in anderen Bereichen an, um die Energieknappheit zu überwinden (*Dewees* 1989: 1159; *Pearson/Stevens* 1989: 132). Von einer Krise kann man erst dann sprechen, wenn die Lücke zwischen Bedürfnissen und realisierbaren Angebot wächst (bei Brennholz etwa durch die Kombination von Bevölkerungswachstum, Bevölkerungskonzentration und Entwaldung), d.h. die Entscheidungsmöglichkeiten eingeschränkt werden, und wenn die gefällten Entscheidungen negative externe Effekte auf andere Sektoren haben oder zukünftige Entscheidungsmöglichkeiten einschränken (Brennholzverbrauch führt zu Abholzung von Wald, künftiges Brennholzangebot wird vermindert, Bodenerosion vermindert land– und viehwirtschaftlichen Ertrag). Realisierbares Angebot ist jenes Angebot, welches bei Zugrundelegung der Zeit– bzw. Ausgabenbudgetrestriktion für das Brennholzsammeln bzw. den Brennholzkauf überhaupt in Frage kommt. Nicht jeder Brennholzverbrauch hat negative Konsequenzen, etwa, wenn nur Zweige und Blätter aufgesammelt werden, und nicht ganze Bäume gefällt werden. *Pearson/Stevens* (1989) bezeichnen dieses Brennholzangebot als sicheres Brennholzangebot, in dem Sinne, daß weder die Umwelt noch das künftige Brennholzangebot gefährdet werden.

Meist nur ein Bruchteil der Abholzung ist auf Brennholznutzung zurückzuführen, der weitaus größte Teil der Reduktion der Waldfläche resultiert aus der "Urbarmachung" von Wald für Landwirtschaft und Viehzucht und aus einer über der natürlichen Wachstumsrate liegenden kommerziellen forstwirtschaftlichen Waldnutzung (siehe *Bowonder/Prasad/Unni* 1988: 1213; *Pearson/Stevens* 1989: 132–134). Wie auch die Gründe der Reduktion des Waldbestandes sein mögen, vom Standpunkt der Ökonomie ist nicht von vornherein gesagt, ob die Reduktion des Ressourcenbestandes die gesamtwirtschaftliche Wohlfahrt verschlechtert, oder sogar verbessert.

Um jedoch einen Referenzpunkt zu haben, bei dem davon ausgegangen werden kann, daß die Wohlfahrt nicht verbessert werden kann, können wir auf das Erste Theorem der Wohlfahrtstheorie zurückgreifen. Demnach ist die Menge der Marktgleichgewichte (welche ja durch das Eigeninteresse der wirtschaftlichen Entscheidungseinheiten zustandekommt) Pareto–effizient, wenn wir externe Effekte und Marktmacht ausschließen (*Holler/Illing* 1990: 332). Wenn wir es mit Umweltproblemen zu tun haben, können wir externe Effekte eben gerade nicht ausschließen. Jedoch hat *Coase* (1960) gezeigt, daß bei entsprechender Definition der Verfügungsrechte dennoch ein Pareto–Optimum erreicht werden kann. Verfügungsrechte werden deshalb bei der wohlfahrtstheoretischen Analyse von Umweltproblemen bei der Nutzung einer erneuerbaren Ressource im Mittelpunkt stehen.

Eine These lautet, daß die Umweltprobleme von erneuerbaren Ressourcen in Entwicklungsländern auf ungenügend spezifizierte Verfügungsrechte zurückzuführen ist. Wird angenommen, daß der Marktzins die Präferenzen künftiger Generationen korrekt reflektiert[1], garantieren private Verfügungsrechte am Wald, daß die dynamische Externalität auch im Marktpreis reflektiert werden. Jeder Waldbesitzer würde die zusätzlichen Erlöse einer über der natürlichen Wachstumsrate liegenden Abholzung mit den Kosten eines künftigen Mindererlöses vergleichen, genauso wie die Kosten einer Aufforstungsaktion mit den zusätzlichen Einnahmen aus künftigen Holzerträgen verglichen würden, d.h. er würde bei der Abholzung über die Zeit so vorgehen, daß der Gegenwartswert der Waldressource maximiert wird. Sieht man von Externalitäten auf andere Sektoren ab, garantieren private Verfügungsrechte ein Pareto–Optimum. Es kommt erst dann zu Marktversagen, wenn jeder unbegrenzte Verfügungsrechte am Waldbestand hat (open access property), d.h. es rentiert sich individuell für niemanden, bei der Abholzung auf künftige Mindererträge zu achten, oder Aufforstungsmaßnahmen ins Visier zu nehmen. Dieses Problem hat in die Literatur unter dem Titel "The tragedy of the commons" (*Hardin* 1968) Eingang gefunden.

Auch bei den Umweltkosten, die durch die brennholzbedingte Abholzung in anderen Sektoren verursacht werden, kommt es auf die Eigentums– und Verfügungsrechte an. Sind die Verfügungsrechte für die Nutzung der Waldressource und die dadurch negative beeinflußte Aktivität (z.B. Landwirtschaft, die durch Erosion gefährdet ist) in den gleichen Händen, so wird der Entscheidungsträger im eigenen Interesse die beiden Aktivitäten so einsetzen, daß der Gesamtnutzen (oder Gesamtgewinn) aus beiden Aktivitäten maximiert wird. Decken sich die Verfügungsrechte der beiden Aktivitäten nicht, können nach dem Coase'schen Theorem Verhandlungen zu einer optimalen Ausbringung beider Aktivitäten führen. Nur für die Verteilung kommt es darauf an, wie die Verfügungsrechte definiert werden, für die Allokation sind beide Lösungen identisch. Das Verhandlungsgleichgewicht des Waldbestandes ist dann erreicht, wenn der durch eine marginale Erhöhung des Waldbestandes ermöglichte Mehrertrag des Bauern genau den marginalen Kosten dieses Waldbestandes (im Sinne von entgangenem Gegenwartswert) entspricht. Das Problem liegt nun einerseits darin, daß der Wald in vielen Entwicklungsländer (wie

---

1. Diese Annahme wird an sich der ganzen Arbeit zugrundegelegt. Gründe für Abweichungen zwischen Marktzins und sozialer Zeitpräferenzrate werden in *Erdmann* (1988: 18–25) diskutiert.

auch Industrieländern) eben nicht unter einem privaten Verfügungsrecht steht, aber auch darin, daß selbst wenn beide Sektoren mit einem privaten Verfügungsrecht ausgestattet sind, die Verhandlungslösung wegen hoher Transktionskosten und Trittbrettfahrerverhalten nicht zustandekommt. Das Ergebnis ist dann eher widersprüchlich. Das Argument der dynamischen Externalität spricht eher dafür, den Wald zu "privatisieren", während das Umweltargument eher dafür spricht, den Wald kollektiv zu verwalten, d.h. alle in den Entscheidungsprozeß der Nutzung zu involvieren, die von den Effekten einer Abholzung betroffen sind; das sind Brennholznutzer, Bauholznutzer, und z.B. Landwirte, deren Erträge durch Erosion reduziert werden, eventuell Fischer, deren Erträge durch die Versandung von Seen betroffen sind.

Von der ursprünglichen Dichotomie bei der Diskussion von Verfügungsrechten wird jedoch Abstand genommen. Während in der traditionellen Literatur über Verfügungsrechte (Property Rights Schule) nur die beiden Extreme, freier Zugang zu einer Ressource und exklusive private Verfügungsrechte an einer Ressource behandelt wurde (vgl. Kapitel 2.), stellen wir als dritte Alternative kollektive Verfügungsrechte zur Diskussion. Während freier Zugang eigentlich gleichbedeutend mit kein Verfügungsrecht ist (d.h. die Nutzung der Ressource wird nach außen nicht geschützt), sind kollektive Verfügungsrechte (Allmendeeigentum) exklusive Nutzungsrechte der Gruppe. Das Verhalten der Gruppenmitglieder in diesem Kollektiv der Ressourcenbesitzer (Allmendemitglieder) kann spieltheoretisch analysiert werden (siehe Kapitel 3.): Dabei spricht außer hohen Transaktionskosten nichts gegen die Anwendung der Theorie der kooperativen Spiele. Der Einbezug von Transaktionskosten führt uns jedoch direkt zu Kapitel 4. Die Minimierung von Transaktionskosten führt nämlich dazu, daß die Koordination der Entscheidung der Allmendemitglieder bezüglich der Nutzung einer Ressource nicht durch bilaterale Verträge erfolgt, sondern durch einen Entscheidungsmechanismus nach dem Mehrheitsprinzip. Bei Einbeziehung von Transaktionskosten ist nicht mehr von vornherein gesichert, daß eine Lösung mit privaten Verfügungsrechte eine Lösung mit Allmendeeigentum nach dem Pareto–Kriterium vorzuziehen ist.

Die folgenden Kapitel beschränken sich auf die Analyse des Allokationsproblem bei der Nutzung erneuerbarer Ressource. Das Armutsproblem wird nur am Rande behandelt, soweit es die Verteilung zwischen den Nutzern der erneuerbaren Ressource betrifft. In den folgenden Kapitel wird oft, anstatt allgemein von einer erneuerbaren Ressource einfach von der spezifischen erneuerbaren Ressource Wald gesprochen. Der von dem Ressourcenbestand der erneuerbaren Ressource profitierende Sektor wird oft mit Landwirtschaft bezeichnet. Dies dient einerseits der Veranschaulichung der doch recht abstrakten Analyse, andererseits jedoch auch der vereinfachten Schreibweise. Anstatt erneuerbare Ressource schreiben wir einfach Wald und anstatt vom Ressourcenbestand der erneuerbaren Ressource profitierenden Sektoren schreiben wir Landwirtschaft.

2. Neoklassische Modelle der Ressourcennutzung: Eine Dichotomie bezüglich der Verfügungsrechte

Zunächst beschäftigen wir uns mit neoklassischen Modellen der Ressourcennutzung: Die neoklassische Theorie unterstellt rationales egoistisches Verhalten (siehe *Pearce/Turner* 1990: 10), d.h. die Konsumenten maximieren den Barwert ihres Nutzens über die Zeit, während die Produzenten den Barwert ihres Gewinns über die Zeit maximieren. Wir unterscheiden zwei grundlegende Fälle: Im ersten Fall ist die Art der Landnutzung (land– oder forstwirtschaftliche Nutzung) im voraus institutionell geregelt. Der Bodenbesitzer kann seine Bodenrente in diesem Fall nur über die Intensität der Nutzung nicht jedoch über die Art der Nutzung beeinflussen. Im zweiten Fall ist auch die Art der Bodennutzung eine Entscheidungsvariable bei der Gewinnmaximierung. In beiden Situationen stellen wir zunächst drei Fälle unterschiedlicher Ressourcenregimes in Forst– und Landwirtschaft gegenüber. Dabei definieren wir Ressourcenregime als Struktur von Rechten und Pflichten, welche das Verhältnis von Individuen untereinander in Zusammenhang mit dieser speziellen Ressource regelt (siehe *Bromley/Cernea* 1989: 5). Dieses Verhältnis ist im wesentlichen durch die Verfügungsrechte bestimmt.

Man könnte deshalb auch von einer Theorie der Verfügungsrechte ("property rights approach") sprechen, welche sich von der neoklassische Theorie des vollständigen Wettbewerbs in soweit unterscheidet, daß unbegrenzte private Eigentumsrechte nicht mehr in allen Sektoren und für alle Güter existieren müssen (siehe *Tschiersch* 1989: 40). Jedoch versteht sich der property rights approach nicht als Alternative zur, sondern als integraler Bestandteil der neoklassischen Theorie (*Elsner* 1986: 329). Dabei wird Eigentum nicht vor allem als Mensch–Gut Beziehung, sondern eher als Mensch–Mensch Beziehung verstanden, d.h. "... als ein Anrecht auf einen Nutzenstrom, welches nur so sicher ist als die Pflicht aller anderen Individuen, die Bedingungen zu respektieren, welche diesen Strom garantieren" (siehe *Bromley/Cernea* 1989: 5, siehe auch *Elsner* 1986: 330). Folglich steht nicht der physische Besitz einer Sache im Vordergrund, sondern das Recht zur Durchführung verschiedener Handlungen in Bezug auf die Nutzung dieser Sache. Selbst in einem System von vollständig privatem Eigentum wird die Nutzung z.B. von Waffen per Gesetz eingeschränkt. Damit ist jedoch das Anrecht zur Entscheidung über die Nutzung einer Sache abhängig von den Sanktionen, die existieren um illegale Nutzungen zu unterbinden (*Dahlman* 1980: 70, 71).

Außerdem werden in der Theorie der Verfügungsrechte (=Eigentums– und Nutzungsrechte) Transaktionskosten explizit berücksichtigt, ein Aspekt, welchen wir allerdings zunächst nicht weiterverfolgen werden. In allen drei Fällen alternativer

Ressourcenregimes ist die Landwirtschaft mit einem privaten Verfügungsrecht ausgestattet, d.h. der Besitzer hat ein exklusives Nutzungsrecht an seinem Land. Im ersten Fall gibt es keine Zugangsbeschränkungen zu bewaldeten Flächen, im zweiten Fall ist der Wald mit einem Eigentumstitel (privates Verfügungsrecht) ausgestattet und im dritten Fall sind die privaten Verfügungsrechte am Wald und den durch ihn beeinflußten Landwirtschaftssektor integriert. Um die drei Fälle mit unterschiedlichen Verfügungsrechten zu vergleichen, wenden wir das herkömmliche Instrumentarium der neoklassischen Wohlfahrtsanalyse an.

Die Ressource Wald ist wie andere biologische Ressourcen eine erneuerbare Ressource. Wir nehmen an, daß die natürliche Regeneration des Waldes N auf einer Standardlandparzelle i vom Waldbestand auf dieser Fläche S_i in der Weise abhängt, daß ein kritischer Waldbestand S_u notwendig ist, damit der Wald überhaupt überlebensfähig ist. Danach nimmt das Wachstum des Waldes mit zunehmendem Waldbestand zu, bis ein Maximum erreicht wird. Wird dieses Maximum überschritten, nimmt das Wachstum des Waldes wieder ab, da die Bäume dann zu nah beieinander stehen, und sich gegenseitig im Wachstum behindern, und der natürliche Verfall einsetzt. Bei einem maximalen Waldbestand S_o (carrying capacity) hört der Wald auf zu wachsen. Das Wachstum des Waldes in Abhängigkeit vom Waldbestand kann dann, wie in Figur 1 gezeigt, durch eine nach unten geöffnete Parabel dargestellt werden (siehe *Peterson/Fisher* 1977: 683, *Clark* 1990: 143).

Algebraisch läßt sich eine solche Wachstumskurve wie folgt darstellen:

$$N(S_i) = r \ (S_i - S_u) \ (1 - \frac{S_i}{S_o}) \tag{1}$$

$N()$: natürliches Wachstum des Holzbestandes pro Zeiteinheit (z.B. in m^3/Zeiteinheit).
S_i: Waldbestand oder im Wald gebundenes Holzvolumen (z.B. in m^3)
r: konstanter dimensionsloser Parameter
S_u, S_o: konstante Parameter (Dimension z.B. m^3)

Wird $S_u=0$ angenommen, beschreibt Gleichung (1) logistisches Wachstum; bei kleinem Waldbestand ist die Wachstumsrate des Waldes praktisch mit r identisch, da S_i/S_o kaum ins Gewicht fällt. Das natürliche Wachstum des im Wald gebundenem Holzvolumens wird durch Abholzung X_i verringert, so daß die Bewegungsgleichung für den Waldbestand (bei Annahme stetiger Zeit) wie folgt lautet:

$$\frac{dS_i}{dt} = N(S_i(t)) - X_i(t) \tag{2}$$

dS_i/dt: tatsächliche Veränderung des Waldbestandes pro Zeiteinheit
X_i: Holzeinschlag pro Zeiteinheit auf der Landparzelle i

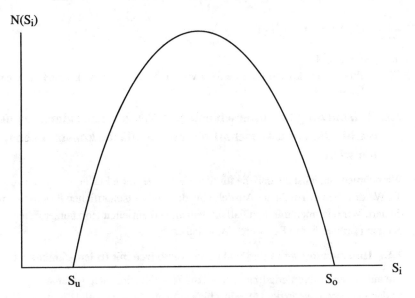

Figur 1: Natürliches Wachstum des Waldbestandes pro Zeiteinheit in Abhängigkeit des Waldbestandes.

Wir gehen wir davon aus, daß die Produktionskosten (welche für alle Landparzellen *i* gleich sind) mit wachsender Ernte steigen und mit sinkendem Ressourcenbestand ebenfalls steigen. Der zweite Effekt wird für den Fall der erneuerbaren Ressource Wald dadurch erklärt, daß bei geringerem Waldbestand weitere Wege in Kauf genommen werden müssen, um auf noch nicht gefällte Bäume zu treffen. Speziell, wenn es sich um einen Wald zur Brennholznutzung handelt, bedeutet ein geringerer Waldbestand, daß billigere Technologien der Brennholzproduktion (Abbrechen von Ästen) wegfallen. Handelt es sich bei der erneuerbaren Ressource etwa um Fisch, bedeutet ein geringerer Fischbestand, daß der durchschnittliche Ertrag pro eingesetzter Faktoreinheit zurückgeht. Handelt es sich bei der erneuerbaren Ressource um einen Brunnen, steigen die Kosten des Pumpens mit sinkendem Grundwasserspiegel. Die Kostenfunktion ist daher wie folgt gegeben, wobei wir annehmen, daß die Kostenfunktion in (X_i, S_i) konkav ist (Ableitung der Kostenfunktion für eine einfache Cobb–Douglas–Produktionsfunktion mit nicht steigenden Skalenerträgen siehe Anhang A1.):

$$C(0, S_i) = 0, \frac{\partial C}{\partial X_i}(X_i, S_i) > 0, \frac{\partial C}{\partial S_i}(X_i, S_i) < 0, \frac{\partial^2 C}{\partial X_i^2}(X_i, S_i) > 0, \frac{\partial^2 C}{\partial S_i^2}(X_i, S_i) \geq 0,$$

$$\frac{\partial^2 C}{\partial S_i \partial X_i}(X_i, S_i) \leq 0, \frac{\partial^2 C}{\partial S_i^2}(X_i, S_i) \frac{\partial^2 C}{\partial X_i^2}(X_i, S_i) \leq \left(\frac{\partial^2 C}{\partial S_i \partial X_i}(X_i, S_i)\right)^2$$

für $X_i > 0$ und $S_i > 0$ (3)

$C()$: Produktionskosten für eine forstwirtschaftlich genutzte Landparzelle (in Geldeinheiten)

2.1. Holznutzung bei unterschiedlichen Ressourcenregimes, wobei die für die Forstwirtschaft reservierte Fläche konstant gehalten wird

Wir nehmen zunächst an, daß die für den Wald reservierte Fläche konstant ist, d.h. die Waldfläche wird nicht zur Ausdehnung der landwirtschaftlichen Produktion reduziert. Wir beginnen mit dem Fall, in dem alle potentiellen Holznutzer freien Zugang zur erneuerbaren Ressource Wald haben.

2.1.1. Holznutzung wenn der Wald eine Ressource mit freiem Zugang ist

Ein auf Dauer aufrechterhaltbarer (dauerhafter) Holzeinschlag (oder steady state) ist dann gegeben, wenn der Holzeinschlag auf einer Landparzelle durch alle Holznutzer genau der natürlichen Regeneration entspricht, also:

$$X_i = \sum_{k=1}^{n} x_{ik} = x_{ij} + X_{i,n-j} = N(S_i) = r (S_i - S_u)(1 - \frac{S_i}{S_o}) \quad (4)$$

(Bedingung für ein langfristiges biologisches Gleichgewicht)

n: Anzahl der Ressourcennutzer

x_{ij}: Holzeinschlag pro Zeiteinheit auf der Landparzelle i durch Individuum j

$X_{i,n-j} = \sum_{k=1, k \neq j}^{n} x_{ik}$: Ernte pro Zeiteinheit auf der Landparzelle i durch alle Individuen außer Individuum j.

In Gleichung (3) haben wir nur die Eigenschaften der Kostenfunktion für eine forstwirtschaftlich genutzte Landparzelle definiert. Hier geht es jedoch darum, die Kosten der Holzproduktion für einen individuellen Holznutzer auf einer Landparzelle zu definieren. Wir gehen davon aus, daß die Kosten für einen individuellen Bodennutzer wie folgt definiert sind (die Ableitung der individuellen Kostenfunktion von der individuellen Produktionsfunktion befindet sich im Anhang A1.):

$$c(x_{ij}, X_i, S_i) = \frac{x_{ij}}{X_i} C(X_i, S_i) \quad (5)$$

$c()$: Produktionskosten eines Holzproduzenten j auf einer forstwirtschaftlich genutzten Landparzelle i

Solange die natürliche Ressource Wald (auf jeder Standardparzelle i) frei zugänglich ist, werden so viele Wettbewerber n in den Wald eindringen, bis der (Perioden–)Gewinn Null ist (*Cheung* 1970). Der Gewinn ist wie folgt definiert (Preisnehmer):

$$g(x_{ij}, X_i, S_i) = p\, x_{ij} - c(x_{ij}, X_i, S_i) \qquad (6)$$

$g()$: Zeitpunkt–Gewinn des Ressourcenproduzenten j
p: Marktpreis für Holz (in Geldeinheiten/m^3)

Das ist der Fall, wenn Durchschnittskosten (bezogen auf den Ressourcenabbau x_{ij}) und Marktpreis identisch sind:

$$p = \frac{c(x_{ij}, X_i, S_i)}{x_{ij}} = \frac{C(X_i, S_i)}{X_i} \qquad (7)$$

Bei freiem Zugang zum Wald ist für jeden Ressourcennutzer j die Ernte der $(n-1)$ anderen Ressourcennutzer $X_{i,n-j}$ außerhalb seiner Kontrolle, d.h. im Entscheidungsproblem wie eine Konstante zu behandeln. Jeder Ressourcennutzer wird deshalb versuchen, den Gegenwartswert des Gewinns durch entsprechende Wahl der individuellen Holzproduktion x_{ij} zu maximieren. Im biologischen Gleichgewicht gilt:

$$N(S_i) = x_{ij} + X_{i,n-j} \qquad (8)$$

Der laufende Gewinn wird bezüglich x_{ij} und bei Gültigkeit des biologischen Gleichgewichts maximiert, wenn (notwendige Bedingung)[2]:

$$p = \frac{dc(x_{ij}, X_i(x_{ij}), S_i(x_{ij}))}{dx_{ij}} \quad \text{wobei } X_i(x_{ij}) = x_{ij} + X_{i,n-j} \qquad (9)$$

Wir haben jedoch durch Bedingung (7) schon festgestellt, daß der Gewinn im Gleichgewicht identisch Null sein muß, d.h. Gegenwartswert und laufender Wert des Gewinns sind identisch, und wir müssen uns keine Gedanken über eine Zeitpräferenzrate machen.

---

2. Die hinreichende Bedingungen für dieses Maximierungsproblem leiten wir in Anhang A2. ab.

Folglich gilt im Gleichgewicht:

$$p = \frac{dc(x_{ij}, X_i, S_i)}{dx_{ij}} = \frac{\partial c(x_{ij}, X_i, S_i)}{\partial x_{ij}} + \frac{\partial c(x_{ij}, X_i, S_i)}{\partial X_i} + \frac{\partial c(x_{ij}, X_i, S_i)}{\partial S_i} \frac{dS_i}{dx_{ij}} =$$

$$= \frac{C(X_i, S_i)}{X_i} - \frac{x_{ij}}{X_i^2} C(X_i, S_i) + \frac{x_{ij}}{X_i} \frac{\partial C(X_i, S_i)}{\partial X_i} + \frac{x_{ij}}{X_i} \frac{\partial C(X_i, S_i)}{\partial S_i} \frac{1}{N'(S_i)} =$$

$$= \frac{C(X_i, S_i)}{X_i} + \frac{1}{n} \left(\frac{\partial C(X_i, S_i)}{\partial S_i} \frac{1}{N'(S_i)} + \frac{\partial C(X_i, S_i)}{\partial X_i} - \frac{C(X_i, S_i)}{X_i} \right) \qquad (10)$$

Das letzte Gleichheitszeichen gilt, da $X_i = nx_{ij}$, da Bedingung (10) identisch für alle Ressourcennutzer ist. Bedingung (10) und (7) sind nur identisch, wenn der zweite Summand in (10) gegen Null geht. Das ist der Fall, wenn die Zahl der Ressourcennutzer n gegen Unendlich geht. Zur Demonstration nehmen wir an, daß die Kostenfunktion C quadratisch mit dem Holzeinschlag steigt und umgekehrt proportional zum Waldbestand ist (die dazugehörige Cobb–Douglas–Produktionsfunktion wird im Anhang A3. abgeleitet):[3]

$$C(X_i, S_i) = \alpha \frac{X_i^2}{S_i} \qquad (11)$$

α: konstanter Parameter

Dann gilt:

$$p = \alpha \frac{X_i}{S_i} = \alpha \frac{N(S_i)}{S_i} \qquad (12)$$

(Bedingung für Marktgleichgewicht bei freiem Zugang)

Beim zweiten Gleichheitszeichen in Gleichung (12) wurde bereits das biologische Gleichgewicht (4) berücksichtigt, d.h. $N(S_i) = X_i$.

Gleichungen (4) und (12) zusammen beschreiben die steady–state Angebotskurve der i–ten forstwirtschaftlich genutzten Landparzelle bei freiem Zugang (da für alle Landparzellen identische Wachstums– und Kostenfunktionen angenommen werden, sind die Angebotsfunktionen für alle forstwirtschaftlich genutzten Landflä-

---

3. Die Kostenfunktion lehnt sich eng an jene des Gordon–Schaefer–Modell an, welche lautet: $C = \alpha X_i/S_i$ (siehe *Clark* 1990: 14, 25). Die zur Kostenfunktion des Gordon–Schaefer–Modells gehörende Produktionsfunktion weist jedoch steigende Skalenerträge auf (siehe Anhang A3.). Wir wählen zur Demonstration eine andere Kostenfunktion um deutlich zu machen, daß das Gleichgewicht bei freiem Zugang zu einem Gewinn von Null führt, und nicht zu einem Gewinnmaximum bei gegebenen Ressourcenbestand S_i. Nur wenn die Kostenfunktion linear zum Ressourcenabbau ist, wie im Gordon–Schaefer–Modell, fallen die Bedingungen für das Gewinnmaximum und Gewinn gleich Null zusammen. Die in Anhang A2. herausgearbeiteten hinreichenden Bedingungen für die Existenz eines Gewinnmaximums sind bei dieser Kostenfunktion erfüllt, siehe Anhang A4.

chen identisch). Figur 2 zeigt die grafische Ableitung dieser Angebotskurve bei open access Nutzung des Waldes. Die vier Quadranten sind jeweils so konstruiert, daß nebeneinander liegende Quadranten die gleichen vertikalen Achsen aufweisen, während übereinander liegende Quadranten die gleichen horizontalen Achsen aufweisen. Im Quadranten rechts unten ist die Bedingung (4) für ein biologisches Gleichgewicht dargestellt, d.h. die Holznutzung pro Zeiteinheit X_i entspricht genau dem natürlichen Wachstum des Waldes pro Zeiteinheit $N(S_i)$ der Waldbestand bleibt daher unverändert. Bedingung (4) setzt also X_i und S_i in Beziehung. Im Quadrant links oben ist Bedingung (12) für das Marktgleichgewicht bei freiem Zugang dargestellt, welches impliziert, daß der Gewinn verschwindet. Bedingung (12) setzt S_i und p in Beziehung. Um aus diesen beiden Bedingungen die Angebotskurve zu ermitteln, welche ja p und X_i in Beziehung setzt, muß im Quadranten links unten die Identität $S_i=S_i$ gezeichnet werden. Ausgehend von einem beliebigen Punkt (X_i,S_i) auf der Kurve für das biologische Gleichgewicht kann nun über die Identitätskurve $S_i=S_i$ der Angebotspreis p aus der Kurve im Quadranten links oben ermittelt werden. Das Wertepaar (X_i,p) wird nun als Punkt in den Quadranten rechts oben eingezeichnet. Wird diese Prozedur sukzessive für alle Werte auf der Kurve für das biologische Gleichgewicht durchgeführt, erhält man die Angebotskurve. Ist der Ressourcenbestand größer als jener Wert, der zum maximalen steady–state Ertrag führt, ist die Angebotskurve (wie üblich) steigend (beim maximalem steady–state Ertrag geht die Steigung gegen unendlich). Liegt der Ressourcenbestand jedoch unterhalb diesem Wert, hat die Angebotskurve einen zum Teil fallenden, zum Teil steigenden Verlauf (die Steigung geht beim maximalen steady–state Ertrag gegen minus unendlich).

Bei linearer Marktnachfragekurve nach Holz und unter der Annahme, daß auf allen F_x forstwirtschaftlich genutzten Landparzellen gleiche Menge produziert werden (wegen gleicher Wachstums– und Kostenfunktionen), lautet die Marktnachfragefunktion in Abhängigkeit von X_i wie folgt:

$$p^N = A - BX = A - BF_x X_i \qquad (13)$$

p^N: Nachfragepreis für Holz (Nachfragefunktion)
A,B: positive Parameter der Marktnachfragekurve für Holz
F_x: Anzahl der forstwirtschaftlich genutzten Landparzellen
X: Gesamtumsatz auf dem Markt für Holz

In Figur 3 sind zusammen mit der steady–state Angebotskurve drei so errechnete alternative Nachfragekurven, p^{N1}, p^{N2} und p^{N3}, eingezeichnet.

Im allgemeinen gibt es zwei Schnittpunkte zwischen Angebots– und Nachfragekurve (nur im Fall, daß sich Angebot– und Nachfragekurven im sinkenden Bereich

Figur 2: Ableitung der steady–state Angebotskurve bei Ressourcennutzung mit freiem Zugang

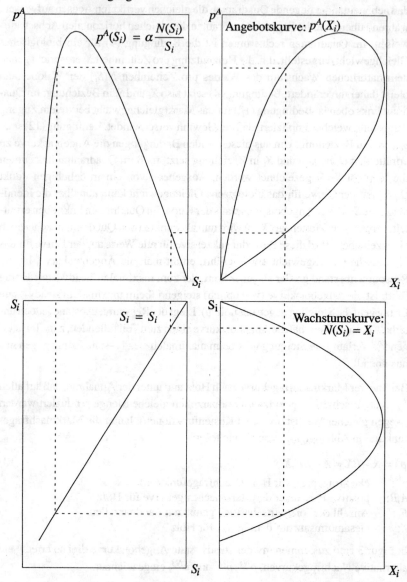

Folgende Parameter wurden zugrundegelegt: S_u=10, S_o=100, r=0.2, α=10

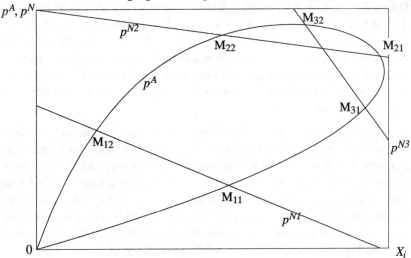

Figur 3: Ableitung von steady-state Gleichgewichten bei Ressourcennutzung mit freiem Zugang durch Angebots- und Nachfragekurven

Für die Angebotsfunktion wurden folgende Parameter zugrundegelegt: $S_u=10$, $S_o=100$, $r=0.2$, $\alpha=10$. Für die Nachfragefunktionen gilt: $p^{N1}=0.6-0.15X_i$, $p^{N2}=1-0.05X_i$, $p^{N3}=2.5-0.5X_i$

der Angebotskurve tangieren, gibt es ein eindeutiges steady-state Gleichgewicht). M_{11} und M_{12} sind die Schnittpunkte der Nachfragekurve p^{N1} mit der Angebotskurve, M_{21} und M_{22} sind die Schnittpunkte der Nachfragekurve p^{N2} mit der Angebotskurve und M_{31} und M_{32} sind die Schnittpunkte von p^{N3} mit p^A. In Kontrast zur traditionellen Marktanalyse, bei der ein Überschußangebot zu Preissenkungen führt, während eine Überschußnachfrage zu Preissteigerungen führt, nehmen wir hier an, daß immer der Preis auf der Nachfragekurve realisiert wird. Außerdem nehmen wir zunächst an, daß das langfristige biologische Gleichgewicht immer realisiert wird. Die Produktion wird ausgedehnt, solange ein positiver Gewinn erzielt wird und eingeschränkt, wenn ein Verlust entsteht. Die durch die Nachfragekurve p^{N1} gegebenen langfristigen Gleichgewichte (steady-states), M_{11} und M_{12}, sind deshalb stabil: Liegt die ursprüngliche Kombination von Menge und Preis (auf der Nachfragekurve p^{N1}) links oberhalb von M_{11} oder M_{12} wird ein positiver Gewinn erzielt (der Preis liegt dann oberhalb der Durchschnittskosten). Es treten neue Anbieter von Holz auf, X_i steigt deshalb und p geht zurück entlang der Nachfragekurve p^{N1} bis der steady-state erreicht ist. Ist X_i größer als im langfristigen Gleichgewicht, treten Verluste auf, und es werden so viele Waldnutzer aufgeben, bis sich X_i und p dem langfristigen Gleichgewicht, M_{11} oder M_{12}, angenähert haben.

Nach der gleichen Argumentation sind auch die drei steady–states, M_{22} und M_{31} und M_{32}, die sich als Schnittpunkte zwischen p^A und p^{N2} bzw. p^{N3} ergeben, stabil. Das zweite steady–state–Gleichgewicht bei gegebener Nachfrage p^{N2} M_{21} ist jedoch instabil. Ist die Ressourcenproduktion X_i kleiner als im langfristigem Gleichgewicht (M_{21} bzw. M_{32}), treten Verluste auf. Einige Ressourcennutzer werden ihre Produktion aufgeben, d.h. die Ressourcennutzung X_i wird noch weiter sinken. Ist die Ressourcenproduktion X_i größer als im langfristigem Gleichgewicht (M_{21} bzw. M_{32}), kommt es zu (positiven) Gewinnen, neue Anbieter werden in den Markt eintreten, und X_i wird steigen.

Nun gibt es noch einen Spezialfall: Wenn die Nachfragekurve im ganzen Bereich oberhalb der Angebotskurve verläuft, so treten, wegen des positiven Gewinns immer neue Anbieter in den Markt ein, bis der Waldbestand seine kritische untere Grenze S_u unterschritten hat. Letztendlich stirbt der Wald dann ab, d.h. nur wenn eine Ressource einer sehr starken Nachfrage ausgesetzt ist, führt freier Zugang zur Erschöpfung der Ressource (*Dasgupta* 1982: 129). Ist die Nachfrage jedoch gering, muß freier Zugang zum Wald nicht notwendigerweise zu einer so starken Übernutzung des Waldes führen, daß dieser endgültig verschwindet.

Im Angebots–/Nachfragediagramm haben wir einfach angenommen, daß das langfristige biologische Gleichgewicht realisiert wird und haben vernachlässigt, wie dieses biologische Gleichgewicht erreicht wird. Die Analyse bezog sich nur auf das langfristige biologische Gleichgewicht ("sustainable" Ressourcenabbau). Eine wirklich dynamische Analyse des Markteintritts *und* des Ressourcenbestandes erhalten wir erst, wenn wir den Neueintritt von Ressourcennutzern in Abhängigkeit des Gewinns (der erzielbaren Rente) modellieren, etwa in der Weise, daß ein positiver Gewinn neue Ressourcennutzer anzieht und deshalb X_i steigt, und zusammen mit der Bewegungsgleichung des Waldbestandes betrachten. Dabei setzen wir Marktgleichgewicht voraus (für p haben wir bereits $p^N(X_i)$ eingesetzt):

$$\frac{dX_i}{dt} = \kappa[p^N(X_i) X_i - C(X_i, S_i)] \tag{14}$$

$$\frac{dS_i}{dt} = N(S_i(t)) - X_i(t) \tag{2}$$

κ: Anpassungskonstante für den Neueintritt von Marktteilnehmern bei freiem Zugang

Ausgehend von den Bewegungsgleichungen für die Holzproduktion (14) und für den Waldbestand (2) läßt sich für eine gegebene Nachfragefunktion ein Phasendiagramm im (S_i, X_i)–Raum ableiten. Dazu müssen die Kurven $dX_i/dt=0$ und $dS_i/dt=0$ berechnet werden.

$$\frac{dX_i}{dt} = 0 \Rightarrow X_i = \frac{AS_i}{BF_xS_i + \alpha} \qquad (15)$$

$$\frac{dS_i}{dt} = 0 \Rightarrow X_i = r(S_i - S_u)(1 - \frac{S}{S_o}) \qquad (16)$$

Außerdem gilt:

$$\frac{dX_i}{dt} > 0 \Rightarrow X_i < \frac{AS_i}{BF_xS_i + \alpha} \text{ und } \frac{dX_i}{dt} < 0 \Rightarrow X_i > \frac{AS_i}{BF_xS_i + \alpha} \qquad (17)$$

$$\frac{dS_i}{dt} > 0 \Rightarrow X_i < r(S_i - S_u)(1 - \frac{S}{S_o}) \text{ und}$$

$$\frac{dS_i}{dt} < 0 \Rightarrow X_i > r(S_i - S_u)(1 - \frac{S}{S_o}) \qquad (18)$$

Das heißt oberhalb der Kurve $dX_i/dt=0$ sinkt X_i, unterhalb der Kurve $dX_i/dt=0$ steigt X_i. Unterhalb der Parabel $dS_i/dt=0$ steigt S_i, oberhalb der Parabel sinkt S_i. Für die Nachfragekurve p^{NI} wird das Phasendiagramm im (S_i,X_i)–Raum durch die Kurven $dS_i/dt=0$ und $dX_i/dt=0$ in fünf Felder eingeteilt (siehe Figur 4): In Feld I steigen X_i und S_i, in Feld II fällt S_i, aber X_i steigt, in Feld III fallen X_i und S_i und in Feld IV

Figur 4: Phasendiagram für open–access Ressourcennutzung (passend zu Nachfragekurve p^{NI} in Figur 3)

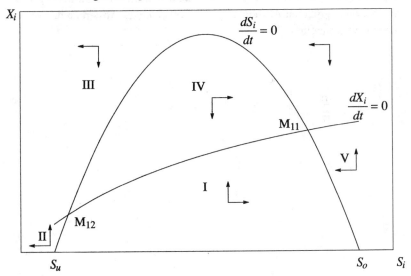

Folgende Parameter wurden zugrundegelegt: $S_u=10$, $S_o=100$, $r=0.2$, $\alpha=10$. Für die Nachfragefunktionen gilt: $p^{NI}=0.6-0.15X_i$

steigt S_i, aber X_i fällt und in Feld V steigt X_i und S_i fällt. Nur das langfristige Gleichgewicht M_{11} ist lokal stabil (stabiler Knoten), d.h. in der Umgebung von M_{11} führen alle Pfade asymptotisch zum Gleichgewicht. Das zweite steady–state–Gleichgewicht M_{12} ist ein Sattelpunkt: Es gibt nur zwei Pfade aus den Feldern I und III, die sich asymptotisch M_{12} nähern. Da jedoch weder S_i noch X_i eine Entscheidungsvariable (oder Kontrollvariable) ist, ist dieses Gleichgewicht instabil. Jede noch so kleine Abweichung von der Kurve $dS_i/dt=0$ führt zu einer noch größeren Abweichung von dieser Kurve. (Im Gegensatz zum einfachen Angebots–/Nachfragediagramm, Figur 3, nehmen wir hier nicht mehr an, daß das biologische Gleichgewicht automatisch realisiert wird).

Ist die Nachfrage durch p^{N2} in Figur 3 richtig wiedergegeben, so ergeben sich zwei steady–states (siehe Figur 5). Die Kurven $dS_i/dt=0$ und $dX_i/dt=0$ teilen das Phasendiagramm in fünf Bereiche auf. In Feld I steigt S_i und X_i, in Feld II fällt S_i und X_i steigt, in Feld III fallen X_i und S_i, in Feld IV steigt S_i und X_i fällt und in Feld V sinkt S_i und X_i steigt. Daraus folgt, daß M_{21} und M_{22} Sattelpunkte sind, beide steady–states können sich also nicht als stabile Gleichgewichte etablieren. Während wir die Instabilität von M_{21} schon mit der vereinfachten Analyse des Marktgleichgewichts im langfristigem Gleichgewicht zeigen konnten, folgt die Instabilität von M_{22} erst aus der wirklich dynamischen Analyse: Eine auch noch so kleine Abweichung von der Kurve des biologischen Gleichgewichts, $dS_i/dt=0$ führt in der Umgebung von M_{22} zu einer noch größeren Abweichung. Ein vollständiges Absterben der Ressource ist also leicht möglich.

Figur 5: Phasendiagram für open–access Ressourcennutzung (passend zu Nachfragekurve p^{N2} in Figur 3)

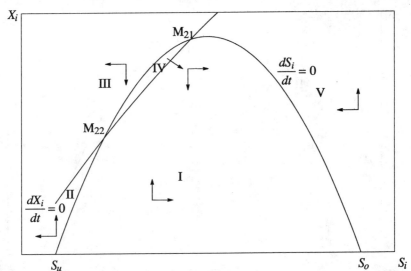

Folgende Parameter wurden zugrundegelegt: S_u=10, S_o=100, r=0.2, α=10. Für die Nachfragefunktionen gilt: p^{N2}=1–0.05X_i

Ist die Nachfrage durch p^{N3} in Figur 3 richtig wiedergegeben, so ergeben sich zwei steady–states (siehe Figur 6). M_{31} ist, wie die vereinfachte Analyse mit steady–state Angebots– und Nachfragekurve gezeigt hat, ein stabiles Gleichgewicht. Dagegen ist M_{32} ein Sattelpunkt, d.h. ein unstabiles Gleichgewicht: Wieder führt eine kleine Abweichung von der Kurve dS_i/dt=0 in der Umgebung dieses Gleichgewichts zu einer immer noch größeren Abweichung.

Figur 6: Phasendiagram für open–access Ressourcennutzung (passend zu Nachfragekurve p^{N3} in Figur 3)

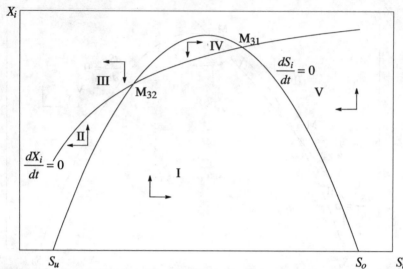

Folgende Parameter wurden zugrundegelegt: S_u=10, S_o=100, r=0.2, α=10. Für die Nachfragefunktionen gilt: p^{N3}=2.5–0.5X_i

Wie bereits in der vereinfachten Analyse des Marktgleichgewichts bei freiem Zugang zum Wald durch das Angebots-/Nachfragediagram angedeutet wurde, besteht bei sehr hoher Nachfrage nach Holz die Gefahr des Absterbens der Ressource. Im Phasendiagramm wäre dann die Kurve dX_i/dt=0 immer oberhalb der Kurve dS_i/dt=0, es gäbe also keinen steady–state (siehe Figur 6.4 in *Dasgupta* 1982: 129). Wenn wir davon ausgehen, daß zum Zeitpunkt 0 die Ressource noch gar nicht genutzt wurde, wäre der Ressourcenbestand zum Zeitpunkt 0, S(0)=S_o. Bei den Nachfragekurven p^{N1} und p^{N3} würden sich dann die stabilen langfristigen Gleichgewichte M_{11} und M_{31} einstellen. Kommt es aber zu einer größeren Störung (z.B. außergewöhnliche Wetterperiode, die das Ressourcenwachstum beeinträchtigt, oder Waldbrand, oder Krankheit, welche den Bestand vermindern), so daß zu irgend einem Zeitpunkt das Wertepaar (S_i,X_i) außerhalb des Attraktorbereichs des stabilen Gleichgewichts zu liegen kommt, kann es sehr wohl zum Absterben der Ressource kommen. Auch bei relativ hoher Nachfrage (so daß auch der steady–state mit dem höheren Ressourcenbestand auf den steigenden Ast der Wachstumskurve liegt), kann sich überhaupt kein stabiles langfristiges Gleichgewicht einstellen. Die Ressource ist auch ohne exogene Störung zum Absterben verurteilt: Dieser Fall tritt bei der Nachfragekurve p^{N2} ein.

2.1.2. Holznutzung wenn der Wald unter privaten Verfügungsrechten steht

Nun vergleichen wir die Situation aus Kapitel 2.1.1. mit jenem Fall, in dem auch die forstwirtschaftliche Nutzung mit einem Eigentumstitel versehen ist. Im Gegensatz zu Kapitel 2.1.1. hat jetzt der Holzproduzent ein privates Verfügungsrecht, er ist also gegen ungewollte Eindringlinge in seine forstwirtschaftlich genutzte Landparzelle geschützt. Nun kann also eine positive Bodenrente realisiert werden. Es ist in diesem Fall im eigenen Interesse des Waldbesitzers, die Nutzungskosten (user–costs), also jene Kosten die eine Ressourcennutzung jetzt für die Zukunft verursacht (in Form verminderter Gewinne in der Zukunft), zu berücksichtigen. Im Kapitel 2.1.1. wurden keine Nutzungskosten berücksichtigt, da ja der Gewinn im langfristigen Gleichgewicht in allen Perioden Null ist. Selbst, wenn der Gewinn bei der Anpassung zum Marktgleichgewicht noch positiv ist, wird der Holzanbieter keine Nutzungskosten in seine Entscheidung einbeziehen, da er ja damit rechnen muß, daß im Zuge der Anpassung sein künftiger Gewinn durch den Eintritt von Konkurrenten in seine Landparzelle verschwindet.

Ausgehend von der neoklassischen Theorie nehmen wir an, daß der Waldbesitzer versucht, seinen Gewinn zu maximieren. Da es sich jedoch um eine Nutzungsentscheidung über einen längeren Zeitraum handelt, müssen die Gewinne verschiedener Perioden vergleichbar gemacht werden. Dies geschieht mit der Abzinsung (oder Abdiskontierung) von zukünftigen Gewinnen auf den Gegenwartszeitpunkt. Es wird also der Barwert eines Gewinnstroms maximiert. Mathematisch bedeutet dies (bei stetiger Zeit) die Maximierung des Integrales des (mit der Rate δ) abdiskontierten Gewinnes über die Zeit. Auf dem Markt für Holz tritt er als Preisnehmer auf. Dabei nehmen wir an, daß der Waldbesitzer einen unendlichen Planungshorizont hat. Diese Annahme vereinfacht das Maximierungsproblem erheblich, führt aber zu nur kleinen Abweichungen zu der Maximierung mit endlichem Planungshorizont, da für weit in der Zukunft liegende Gewinnströme der Diskontierungsfaktor sehr klein wird. Außerdem müßte bei einem endlichen Planungshorizont der Waldbestand zu diesem Zeitpunkt vorgegeben werden.

$$\max_{\{X_i(t)\}} \int_0^\infty (\ p\ X_i(t) - C[X_i(t), S_i(t)]\ )\ e^{-\delta t}\ dt \qquad (19)$$

δ: Zeitpräferenzrate

Außerdem muß Bedingung (2) erfüllt sein, d.h. das Wachstum des Waldbestandes ergibt sich aus der Differenz des natürlichen Wachstums und des Holzeinschlages, und der Anfangsbestand der Ressource muß vorgegeben sein:

$$\frac{dS_i}{dt} = N(S_i(t)) - X_i(t) \qquad (2)$$

$S_i(0)$ ist vorgegeben (20)

Das Maximierungsproblem ist ein Problem der optimalen Kontrolle: Der über die Zeit zu maximierende abdiskontierte Gewinn hängt von der Bestandsgröße S_i (Ressourcenbestand) und von der Stromgröße X_i (Ernte) ab. Die Veränderung der Bestandsgröße S_i hängt von der Bestandsgröße S_i und der Stromgröße X_i gemäß der Bewegungsgleichung (2) ab. Für dieses Kontrollproblem kann eine Hamilton–Funktion gebildet werden, deren Maximierung in jedem Zeitpunkt auch die Maximierung des Gewinnintegrals unter der Nebenbedingung (2) garantiert (siehe *Intriligator* 1971: 398ff). Die Hamilton–Funktion für dieses Kontrollproblem lautet dann:

$$H[S_i(t), X_i(t), \lambda_i(t)] = (p\ X_i(t) - C[X_i(t), S_i(t)])\ e^{-\delta t} + \lambda_i(t)\ (N[S_i(t)] - X_i(t)) \qquad (21)$$

λ_i: Ko–Zustandsvariable, Schattenpreis oder Nutzungskosten (user costs) der Ressource in auf dem Zeitpunkt $t=0$ abdiskontierten Werten

Die Holznutzung X_i ist Kontrollvariable, der Waldbestand S_i ist Zustandsvariable und λ_i ist die Ko–Zustandsvariable, oder der Schattenpreis für Holz. λ_i wird auch als Nutzungskosten oder user costs (eigentlich marginale Nutzungskosten) der nachwachsenden Ressource bezeichnet. Abgesehen von der Bedingung der Nichtnegativität von S_i, X_i und λ_i lauten die notwendigen Bedingungen für ein Maximum von (19) (für innere Lösungen) zu jedem Zeitpunkt t (die Bedingungen sind auch hinreichend, da die Zielfunktion im Integral und die Bewegungsgleichung für die Zustandsvariable konkave Funktionen sind):

$$\frac{\partial H}{\partial X_i} = 0 \Rightarrow [\ p - \frac{\partial C}{\partial X_i}(X_i, S_i)\ ]\ e^{-\delta t} - \lambda_i = 0,\quad \lambda_i > 0 \qquad (22)$$

Die marginalen Nutzungskosten in nicht abdiskontierten Werten definieren wir wie folgt:

$$l_i := e^{\delta t}\lambda_i \qquad (23)$$

l_i: Ko–Zustandsvariable, Schattenpreis oder Nutzungskosten (user costs) der Ressource in laufenden (nicht abdiskontierten) Werten[4]

Aus Bedingung (22) folgt dann:

$$l_i = p - \frac{\partial C}{\partial X_i}(X_i, S_i),\ l_i > 0 \qquad (24)$$

---

4. Das Symbol für den Schattenpreis der nachwachsenden Ressource *l* ist nicht zu verwechseln mit der Zahl 1. Während das Symbol *l* immer kursiv geschrieben wird, wird die Zahl 1 immer nicht–kursiv geschrieben.

Außerdem muß für ein Maximum gelten:

$$\frac{\partial H}{\partial S_i} = -\frac{d\lambda_i}{dt} \Rightarrow \frac{d\lambda_i}{dt} = \frac{\partial C}{\partial S_i}(X_i, S_i) \, e^{-\delta t} - \lambda_i \frac{dN}{dS_i}(S_i) \quad (25)$$

Die Bewegungsgleichung für den Schattenpreis in laufenden Werte erhält man durch Ableitung von (23) nach der Zeit und Substitution von $d\lambda_i/dt$ durch (25):

$$\frac{dl_i}{dt} = \frac{d(\lambda_i \, e^{\delta t})}{dt} = e^{\delta t}\frac{d\lambda_i}{dt} + \delta e^{\delta t}\lambda_i = e^{\delta t}\frac{d\lambda_i}{dt} + \delta l_i \Rightarrow$$

$$\frac{dl_i}{dt} = l_i[\delta - \frac{dN}{dS_i}(S_i)] + \frac{\partial C}{\partial S_i}(X_i, S_i) \quad (26)$$

Im steady–state Gleichgewicht gilt einerseits $dl_i/dt=0$ und somit gilt für l_i:

$$\frac{dl_i}{dt} = 0 \Rightarrow l_i = -\frac{\partial C}{\partial S_i}(X_i, S_i)\frac{1}{\delta - N'(S_i)} \quad (27)$$

l_i steht für die marginalen Nutzungskosten im langfristigem Gleichgewicht, das sind jene Verluste (in nicht abdiskontierten Werten) im Gewinnintegral, die durch eine marginale Erhöhung des Holzeinschlages verursacht werden. Wird nun (27) in (24) eingesetzt ergibt sich p in Abhängigkeit von X_i und S_i wie folgt:

$$p^A(S_i, X_i) = \frac{\partial C}{\partial X_i}(X_i, S_i) - \frac{\partial C}{\partial S_i}(X_i, S_i)\frac{1}{\delta - N'(S_i)} \quad (28)$$

Wird nun berücksichtigt, daß im steady–state andererseits auch $dS_i/dt=0$ gilt, so folgt aus Gleichung (2):

$$\frac{dS_i}{dt} = 0 \Rightarrow X_i = N(S_i) \quad (29)$$

Wird Gleichung (29) in (28) eingesetzt erhalten wir eine Beziehung zwischen dem Angebotspreis und dem Waldbestand:

$$p^A(S_i) = \frac{\partial C}{\partial X_i}[N(S_i), S_i] - \frac{\partial C}{\partial S_i}[N(S_i), S_i]\frac{1}{\delta - N'(S_i)} \quad (30)$$

Diese Gleichung kann, zur Interpretation, wie folgt umgeformt werden:

$$\delta\left(p^A - \frac{\partial C}{\partial X_i}[N(S_i), S_i]\right) = N'(S_i)\left(p^A - \frac{\partial C}{\partial X_i}[N(S_i), S_i]\right) - \frac{\partial c_x}{\partial S_i}[N(S_i), S_i] \quad (31)$$

Nun kann gezeigt werden, daß die rechte Seite dieser Gleichung nichts anderes ist, als die partielle Ableitung der Gewinn– (oder Renten)funktion nach dem Waldbestand im langfristigen biologischen Gleichgewicht:

$$G(S_i) = pN(S_i) - C[N(S_i), S_i] =>$$

$$\frac{dG}{dS_i}(S_i) = N'(S_i) \left(p - \frac{\partial C}{\partial X_i}[N(S_i), S_i] \right) - \frac{\partial C}{\partial S_i}[N(S_i), S_i] \tag{32}$$

$G()$: Zeitpunkt–Gewinn der Landparzelle i bei exklusiven Verfügungsrecht

Somit kann Gleichung (31) auch folgendermaßen geschrieben werden:

$$p^A - \frac{\partial C}{\partial X_i}[N(S_i), S_i] = \frac{1}{\delta}\frac{dG}{dS_i}(S_i) \tag{33}$$

Eine marginale Ausdehnung der Ressourcennutzung auf Kosten des Ressourcenbestandes bringt einen zusätzlichen sofortigen Gewinn in Höhe der linken Seite von Gleichung (33). Jedoch wird dadurch die dauerhafte Rente im langfristigen Gleichgewicht vermindert. Der Gegenwartswert dieser Verminderung des Stroms zukünftiger Gewinne ist durch die rechte Seite von (33) gegeben. Im Optimum muß der sofortige zusätzliche Gewinn genau mit dem Gegenwartswert zukünftig verminderter Rente identisch sein (siehe auch *Pearce/Turner* 1990: 256–7). Der Gegenwartswert verminderter dauerhafter Rente ist mit dem Schattenpreis l_i im langfristigen Gleichgewicht identisch.

Nehmen wir wieder an, daß die Kosten des Ressourcenproduktion (des Transports und der Verteilung) quadratisch mit dem Ausstoß steigen und umgekehrt proportional zum Waldbestand sind, dann wird die individuelle Angebotskurve (30) zu:

$$p^A(S_i) = \frac{2\alpha X_i}{S_i} + \frac{\alpha X_i^2}{S_i^2}\frac{1}{\delta - N'(S_i)} = \frac{2\alpha N(S_i)}{S_i} + \frac{\alpha[N(S_i)]^2}{S_i^2[\delta - N'(S_i)]} \tag{34}$$

Gleichungen (34) und (29) beschreiben die steady–state Angebotskurve für Holz bei privaten (exklusiven) Eigentumsrechten an der i–ten forstwirtschaftlich genutzten Landparzelle. Figur 7 zeigt die grafische Ableitung dieser Angebotskurve. Bedingung (34), die Beziehung zwischen S_i und p, ist im Quadranten links oben, Bedingung (29), die Beziehung zwischen X_i und S_i, im Quadranten rechts unten eingezeichnet. Um aus der Kombination beider Kurven die Angebotskurve, eine Beziehung zwischen X_i und p zu ermitteln, muß im Quadranten links unten die Identität $S_i=S_i$ eingezeichnet werden, und zwar so, das die vertikale Achse den gleiche Skalierung wie die vertikale Achse des biologischen Gleichgewichts hat, während die horizontale Achse den gleichen Maßstab wie der horizontale Achse von Bedingung (34) hat. Die Angebotskurve kann dann im Quadranten rechts oben ermittelt werden, wobei die horizontale Achse die gleiche Skalierung, wie die horizontale Achse des biologischen Gleichgewichts hat, während die vertikale Achse maßstabsgetreu der vertikalen Achse im Quadranten rechts oben entspricht: Ausgehend von einem beliebigen Wertepaar (X_i, S_i) auf der Kurve für das biologische Gleichgewicht kann

Figur 7: Ableitung der steady-state Angebotskurve bei Ressourcennutzung mit privaten Verfügungsrechten

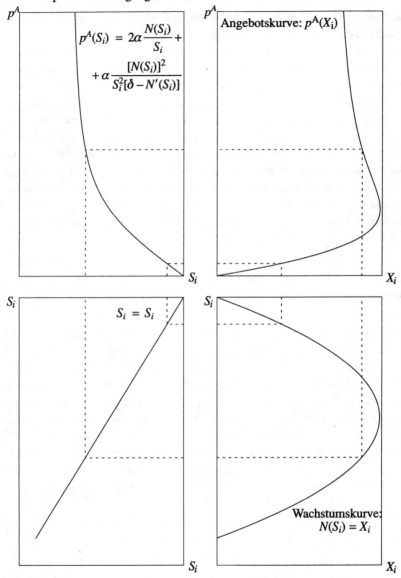

Folgende Parameter wurden zugrundegelegt: $S_u=10$, $S_o=100$, $r=0.2$, $\alpha=10$, $\delta=0.1$

nun über Bedingung (34) der Angebotspreis p ermittelt werden, und in das Diagramm für die Angebotskurve eingezeichnet werden.

Im Vergleich zu der Angebotskurve bei freiem Zugang liegt die Angebotskurve bei (nicht integrierten) privaten Verfügungsrechten am Wald immer höher, d.h. zu jeder Holzproduktion X_i ist der Preis p höher (man beachte jedoch, daß der Maßstab der p–Achse in Figur 7 nicht der gleiche wie in Figur 2 ist). Während bei freiem Zugang die Angebotskurve nur die Produktionsdurchschnittskosten widerspiegelt, d.h. $\alpha X_i/S_i(X_i)$, kommen zu den bereits höheren Grenzkosten, nämlich $2\alpha X_i/S_i(X_i)$, jetzt noch die marginalen user costs dazu (zweiter Term in (34)), die immer positiv sind. Die marginalen user costs reflektieren den Produktionskosten–erhöhenden Effekt einer Verminderung des Waldbestandes. Diese fallen insbesondere für einen kleinen Waldbestand, d.h. im unteren Ast der Wachstumskurve, oder in jenem Teil, in dem sich die Angebotskurve nach hinten zurückbiegt, ins Gewicht. Wie aus Figur 7 hervorgeht, hat die Angebotskurve den Knick an jener Stelle, an der der maximale dauerhafte Holzeinschlag (maximum sustainable yield) im biologischen Gleichgewicht realisiert wird (siehe Quadrant unten rechts).

Der obere Ast der Angebotskurve nähert sich für $p \rightarrow \infty$ approximativ der Vertikalen $X_i^\# = N(S_i^\#)$, wobei $S_i^\#$ jener Waldbestand ist, der $dN(S_i^\#)/dS_i = \delta$ erfüllt. Im Spezialfall $\delta = 0$, also in jenem Fall, in dem zukünftige Gewinne nicht abdiskontiert werden, nähert sich die Angebotskurve für $p \rightarrow \infty$ approximativ der Vertikalen $X_i^\# = N(S_i^\#)$, wobei $S_i^\#$ jener Waldbestand ist, der $dN(S_i^\#)/dS_i = 0$ erfüllt. Dies entspricht aber genau dem maximalen dauerhaften Holzeinschlag im biologischen Gleichgewicht. Deshalb biegt sich die Angebotskurve bei einer Abdiskontierungsrate von Null nicht zurück, sondern die Angebotskurve ist im gesamten Bereich steigend und nähert sich für $p \rightarrow \infty$ approximativ dem dauerhaften Holzeinschlag. Für $\delta \rightarrow \infty$ verschwindet der zweite Term in Gleichung (34), die Angebotskurve ist jedoch nicht gleich wie im Falle von freiem Zugang zur Ressource Wald (siehe Gleichung (12)), da ja die Grenzkosten bei (streng) konvexer Kostenfunktion (und $C(0,S_i)=0$) immer höher sind als die Durchschnittskosten. Das Ergebnis von *Clark* (1990: 43 und 138), daß Ressourcennutzung mit privaten Verfügungsrechten bei einer Diskontrate von unendlich zur gleichen Ausbeutung der Ressource, wie bei freiem Zugang führt, ist folglich nur auf die spezielle Annahme des Gordon–Schaefer–Modells zurückzuführen, in der die Kostenfunktion linear zur Ressourcenproduktion ist.

Figur 8 zeigt das "steady–state Marktgleichgewicht" (bei vollkommener Konkurrenz) mit privaten Eigentumsrechten an der Ressource bei unterschiedlich hohen Nachfragekurven. Die (für die forstwirtschaftlich genutzte Landparzelle i relevante) Nachfragekurven p^{N1}, p^{N2} und p^{N3} sind die gleichen wie in Figur 3. Selbst wenn die Nachfragefunktion p^{N2} wirksam ist, welche mit freiem Zugang zum Wald zum Aussterben des Waldes führt, existiert bei Ressourcennutzung unter privaten Verfügungsrechten ein eindeutiges steady–state Gleichgewicht. In der folgenden dynamischen Analyse werden wir nur die Nachfragekurven p^{N3}, p^{N4} und p^{N5} betrachten, da die qualitativen Eigenschaften der durch die Nachfragekurven p^{N1}, p^{N2} und p^{N3} gegebenen jeweils eindeutigen steady–state–Gleichgewichte sich nicht unterscheiden: Im jeweiligen steady–state–Gleichgewicht hat die Angebotskurve immer eine positive Steigung.

Figur 8: Ableitung von steady–state Gleichgewichten bei Ressourcennutzung mit privaten Verfügungsrechten durch Angebots– und Nachfragekurven

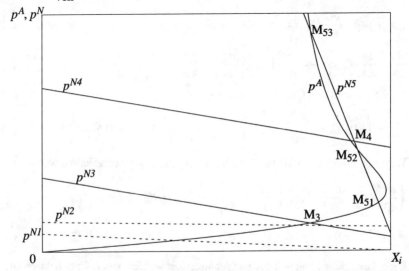

Folgende Parameter wurden zugrundegelegt: S_u=10, S_o=100, r=0.2, α=10, δ=0.1. Für die Nachfragefunktionen gilt: p^{N1}=0.6–0.15X_i, p^{N2}=1–0.05X_i, p^{N3}=2.5–0.5X_i, p^{N4}=5.5–0.5X_i, p^{N5}=30.5–7.3X_i

Die Nachfragekurven p^{N4} und p^{N5} würden bei freiem Zugang unweigerlich zum Absterben der Ressource führen, da sie immer oberhalb der Angebotskurve bei freiem Zugang liegen. Mit privaten Verfügungsrechten schneidet p^{N4} die Angebotskurve nur einmal im fallenden Bereich (dabei ist die Steigung der Nachfragekurve absolut kleiner als die Steigung der Angebotskurve). Die Nachfragekurve p^{N5} schneidet die Angebotskurve dreimal. Einmal im steigenden Bereich (M_{51}) und zweimal im fallenden Bereich, wobei im steady–state Gleichgewicht M_{52} die Angebotskurve (absolut) steiler als die Nachfragkurve und bei M_{53} die Nachfragekurve (absolut) steiler als die Angebotskurve ist. Ein vollständiges Absterben des Waldes ist nicht mehr möglich, gibt es doch auch bei noch so hoher Nachfrage nach Holz ein Marktgleichgewicht, bei dem X_i notwendigerweise kleiner als $X_i^{\#}$ sein muß, wobei in diesem Gleichgewicht die Angebotskurve (dem Betrag nach) steiler als die Nachfragekurve sein muß.

Die dynamischen Eigenschaften der steady–state Gleichgewichte leiten wir wieder mit Hilfe von Phasendiagrammen ab. Dazu benötigen wir die Kurven $dS_i/dt=0$ und $dX_i/dt=0$ im (S_i,X_i)–Raum. Die Kurve $dS_i/dt=0$ verändert ihre Form nicht im Vergleich zum Fall mit freiem Zugang. Die Kurve $dX_i/dt=0$ erhalten wir, wenn in Gleichung (24) für p die Nachfragefunktion eingesetzt wird und diese Gleichung dann nach t abgeleitet wird:

$$l_i = p^N(X_i) - \frac{\partial C}{\partial X_i}(X_i, S_i) \tag{35}$$

$$\frac{dl_i}{dt} = \frac{dp^N}{dX_i}(X_i)\frac{dX_i}{dt} - \frac{\partial^2 C}{\partial X_i^2}(X_i, S_i)\frac{dX_i}{dt} - \frac{\partial^2 C}{\partial X_i \partial S_i}(X_i, S_i)\frac{dS_i}{dt} \tag{36}$$

Für dS_i/dt wird nun Gleichung (2) eingesetzt:

$$\frac{dl_i}{dt} = \left(\frac{dp^N}{dX_i}(X_i) - \frac{\partial^2 C}{\partial X_i^2}(X_i, S_i)\right)\frac{dX_i}{dt} - \frac{\partial^2 C}{\partial X_i \partial S_i}(X_i,S_i)\,[N(S_i) - X_i] \tag{37}$$

Wird nun Gleichung (37) mit Gleichung (26) gleichgesetzt, erhalten wir:

$$\left(\frac{dp^N}{dX_i}(X_i) - \frac{\partial^2 C}{\partial X_i^2}(X_i, S_i)\right)\frac{dX_i}{dt} - \frac{\partial^2 C}{\partial X_i \partial S_i}(X_i,S_i)\,[N(S_i) - X_i] =$$

$$= l_i\,[\delta - N'(S_i)] + \frac{\partial C}{\partial S_i}(X_i,S_i) \tag{38}$$

Diese Gleichung kann nun nach dX_i/dt aufgelöst werden, wobei l_i noch durch Gleichung (35) substituiert wird:

$$\frac{dX_i}{dt} =$$

$$= \frac{1}{\frac{dp^N}{dX_i}(X_i) - \frac{\partial^2 C}{\partial X_i^2}} \left(\frac{\partial^2 C}{\partial X_i \partial S_i}[N(S_i) - X_i] + [p^N(X_i) - \frac{\partial C}{\partial X_i}](\delta - \frac{dN}{dS_i}(S_i)) + \frac{\partial C}{\partial S_i}\right) \tag{39}$$

Für unsere spezielle Kostenkurve

$$C(X_i,S_i) = \alpha\,\frac{X_i^2}{S_i} \tag{11}$$

wird Gleichung (39) zu:

$$\frac{dX_i}{dt} = \frac{-2\alpha \frac{X_i}{S_i^2}[N(S_i) - X_i] + [p^N(X_i) - 2\alpha \frac{X_i}{S_i}][\delta - N'(S_i)] - \alpha \frac{X_i^2}{S_i^2}}{p^{N'}(X_i) - \frac{2\alpha}{S_i}} =$$

$$= \frac{-2\alpha \frac{X_i}{S_i^2} N(S_i) + [p^N(X_i) - 2\alpha \frac{X_i}{S_i}][\delta - N'(S_i)] + \alpha \frac{X_i^2}{S_i^2}}{p^{N'}(X_i) - \frac{2\alpha}{S_i}} \quad (40)$$

Die Kurve $dX_i/dt=0$ im (S_i,X_i)–Diagramm ergibt sich dann, wenn die Marktnachfragefunktion eingesetzt wird:

$$p^N(X_i) = A - B F_x X_i \quad (13)$$

$$\frac{dX_i}{dt} = 0 \Leftrightarrow$$

$$\frac{\alpha}{S_i^2} X_i^2 - \left(2\alpha \frac{N(S_i)}{S_i^2} + [BF_x + 2\frac{\alpha}{S_i}][\delta - N'(S_i)]\right) X_i + A[\delta - N'(S_i)] = 0 \quad (41)$$

Außerdem gilt:

$$\frac{dX_i}{dt} > 0 \Leftrightarrow$$

$$\frac{\alpha}{S_i^2} X_i^2 - \left(2\alpha \frac{N(S_i)}{S_i^2} + [BF_x + 2\frac{\alpha}{S_i}][\delta - N'(S_i)]\right) X_i + A[\delta - N'(S_i)] < 0 \text{ und}$$

$$\frac{dX_i}{dt} < 0 \Leftrightarrow$$

$$\frac{\alpha}{S_i^2} X_i^2 - \left(2\alpha \frac{N(S_i)}{S_i^2} + [BF_x + 2\frac{\alpha}{S_i}][\delta - N'(S_i)]\right) X_i + A[\delta - N'(S_i)] > 0 \quad (42)$$

Gleichung (41) ist von der Form $ax^2+bx+c=0$, wobei $a>0$ ist. Von den beiden Lösungen $x_{1,2} = 1/(2a)(-b \pm \sqrt{b^2 - 4ac})$ kommt hier nur

$x_2 = 1/(2a)(-b - \sqrt{b^2 - 4ac})$ in Frage, da nur diese Lösung (in Abhängigkeit von S_i) einen Schnittpunkt mit der Kurve $dS_i/dt=0$ aufweist. Für $x>x_2$ gilt dann: $ax^2+bx+c<0$ und für $x<x_2$ gilt dann: $ax^2+bx+c>0$. Folglich steigt oberhalb der Kurve $dX_i/dt=0$ die Holzproduktion, und unterhalb der Kurve $dX_i/dt=0$ sinkt sie. Der Schnittpunkt (oder die Schnittpunkte) der Kurven $dX_i/dt=0$ und $dS_i/dt=0$ im (S_i,X_i)–Diagramm stellt (stellen) den (die) steady state(s) dar. Im folgenden werden drei Phasendiagramme (siehe Figuren 9–11) dargestellt. Die dabei zugrundegelegten unterschiedlichen Nachfragefunktionen entsprechen jenen in Figur 8. Je nach Lage der Kurven $dX_i/dt=0$ teilen die beiden Kurven $dX_i/dt=0$ und $dS_i/dt=0$ den positiven Quadranten in vier (falls es ein langfristiges Gleichgewicht gibt) oder möglicherweise sogar sechs (falls es drei langfristige Gleichgewichte gibt) Felder ein.

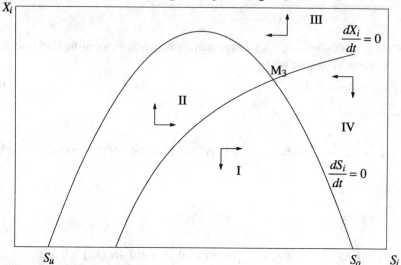

Figur 9: Phasendiagramm für Ressourcennutzung mit privaten Verfügungsrechten (passend zu Nachfragekurve p^{N3} in Figur 8)

Folgende Parameter wurden zugrundegelegt: S_u=10, S_o=100, r=0.2, α=10, δ=0.1. Für die Nachfragefunktionen gilt: p^{N3}=2.5–0.5X_i

Bei Wirksamkeit der Nachfragekurven p^{N3} und p^{N4} (und ebenso p^{N1} und p^{N2}) gilt (siehe Figuren 9–10): In Feld I steigt S_i, aber X_i fällt, in Feld II steigen sowohl S_i als auch X_i, in Feld III steigt X_i, aber S_i fällt, und in Feld IV fallen S_i und X_i. Folglich sind die steady–states M_3 und M_4 Sattelpunkte. Für einen gegebenen Anfangsbestand der natürlichen Ressource $S_i(0)$ gibt es nur einen optimalen Pfad der zum steady–state führt. Im Gegensatz zum Fall mit freiem Zugang zur Ressource ist jetzt der Anfangswert der Holzproduktion $X_i(0)$ nicht gegeben, sondern $X_i(t)$ ist eine Kontrollvariable, und muß zur Optimierung des Gegenwartswertes des Gewinns so gewählt, daß der Pfad sich approximativ dem langfristigen Gleichgewicht nähert. Ist $S_i(0)$ kleiner als im steady–state Gleichgewicht M_3 (bzw. M_4) beginnt der eindeutige Pfad in Feld II, ist $S_i(0)$ größer als im steady–state, beginnt dieser Pfad in Feld IV. Der Ressourcenausstoß $X_i(t)$ muß also so gewählt werden, daß er in jedem Zeitpunkt t auf dem optimalen Pfad, welcher zum langfristigen Gleichgewicht führt, liegt. Folglich sind die qualitativen Eigenschaften der Lösung des Optimie-

Figur 10: Phasendiagram für Ressourcennutzung mit privaten Verfügungsrechten (passend zu Nachfragekurve p^{N4} in Figur 8)

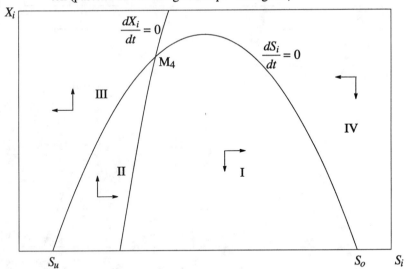

Folgende Parameter wurden zugrundegelegt: $S_u=10$, $S_o=100$, $r=0.2$, $\alpha=10$, $\delta=0.1$. Für die Nachfragefunktionen gilt: $p^{N4}=5.5-0.5X_i$

rungsproblems, solange es ein eindeutiges steady–state–Gleichgewicht gibt, unabhängig davon, ob im Schnittpunkt die Angebotskurve steigend oder fallend ist.

Der Fall, in dem es drei steady–states gibt, wird in Figur 11 gezeigt. In Feld I steigt S_i und X_i fällt, in den Feldern II und VI steigen S_i und X_i, in Feld III fällt S_i und X_i steigt, in den Feldern IV und V fallen S_i und X_i. M_{51} und M_{53} sind Sattelpunkte, während M_{52} ein instabiler steady–state ist. Ist $S_i(0)$ größer als im steady–state Gleichgewicht M_{51}, nähert sich der optimale Pfad dem steady state M_{51} aus Feld IV an, ist $S_i(0)$ kleiner als bei M_{51}, kommt der optimale Pfad aus Feld IV. Der steady–state M_{53} wird aus den Bereichen II und V erreicht. Je nachdem, ob der Anfangsbestand der natürlichen Ressource $S_i(0)$ im Attraktorbereich des steady–state Gleichgewichts M_{51} oder M_{53} liegt, approximiert der optimale Pfad von den stabilen zwei steady–states den mit größerem oder kleinerem Bestand (und Nutzung) der natürlichen Ressource.

Wird die Waldnutzung mit privaten Eigentumsrechten ausgestattet, kann es in unserem Modell im allgemeinen nicht zu einem Absterben des Waldes kommen. Dies liegt daran, daß bei selbst noch so hoher Nachfragekurve immer ein Schnittpunkt mit der Angebotskurve existiert, da die Angebotskurve sich für große p asympto-

Figur 11: Phasendiagram für Ressourcennutzung mit privaten Verfügungsrechten (passend zu Nachfragekurve p^{N5} in Figur 8)

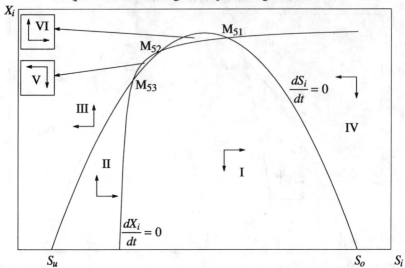

Folgende Parameter wurden zugrundegelegt: $S_u=10$, $S_o=100$, $r=0.2$, $\alpha=10$, $\delta=0.1$. Für die Nachfragefunktionen gilt: $p^{N5}=30.5-7.3X_i$

tisch der Vertikalen $X_i^{\#}$ annähert (siehe Figur 8). Nur wenn die Abdiskontierungsrate δ gleich unendlich ist, ist das Absterben des Waldes möglich. Da jedoch die Angebotskurve in diesem degenerierten Fall privater Verfügungsrechte immer doppelt so hoch liegt, wie bei freiem Zugang zur Ressource (vgl. Figuren 2 und 7), sind für das Aussterben der Population noch höhere Nachfragen notwendig als bei freiem Zugang.

2.1.3. Wohlfahrtsverlust im Forstwirtschaftssektor bei Ressourcenregime mit freiem Zugang gegenüber einem Ressourcenregime mit privaten (nicht–integrierten) Verfügungsrechten

Wir vergleichen nun die Wohlfahrtssituation im langfristigen Gleichgewicht bei Ressourcennutzung mit freiem Zugang mit jener bei Ressourcennutzung unter privaten (nicht–integrierten) Verfügungsrechten. Dabei messen wir den Nutzen als Fläche unter der Nachfragefunktion, die Kosten ergeben sich aus den (identischen) Kostenfunktionen aller forstwirtschaftlich genutzter Landparzellen. Dabei sind die Nachfragefunktionen im Idealfall die einkommenskompensierten Nachfragefunktionen und die Kostenfunktionen spiegeln die Opportunitäts(grenz)kosten wieder. Nun definieren wir die Gesamtwohlfahrt zu jedem Zeitpunkt t als die Differenz des so definierten Nutzens und der Kosten. Diese Differenz ist identisch mit der Summe aus Konsumenten– und Produzentenrente. Außerdem nehmen wir an, daß die Gesamtwohlfahrt zu verschiedenen Zeitpunkten durch Abdiskontierung mit einer sozialen Zeitpräferenzrate, die dem Marktzinssatz entspricht, vergleichbar gemacht wird. Die Wohlfahrt aus der Forstwirtschaft über einen unendlichen Planungshorizont ist daher wie folgt definiert (Wir haben bereits vorausgesetzt, daß auf allen forstwirtschaftlichen Landparzellen der Waldbestand und die Holznutzung zu jedem Zeitpunkt, also insbesondere auch zum Anfangszeitpunkt, $t=0$, gleich groß sind.):

$$PW = \int_0^\infty \left\{ \int_0^{F_x X_i} p^N(u)du - F_x C(X_i, S_i) \right\} e^{-\delta t} \, dt \tag{43}$$

PW: Wohlfahrtsintegral (Gegenwartswert von Konsumenten– und Produzentenrente)

δ: soziale Zeitpräferenzrate

$p^N(X) = p^N(F_x X_i)$: Marktnachfragefunktion nach Holz

Der Einfachheit halber wurde bei den Pfaden $X_i(t)$, $S_i(t)$ im Wohlfahrtsintegral die Abhängigkeit von der Zeit nicht explizit sichtbar gemacht.

Es gilt auch weiterhin, daß der Waldbestand auf jeder forstwirtschaftlich genutzten Landparzelle sich mit der Differenz aus natürlichem Wachstum und Abholzung verändert:

$$\frac{dS_i}{dt} = N(S_i(t)) - X_i(t) \tag{2}$$

Die zur Maximierung des Gegenwartswerts der Wohlfahrt gehörige Hamiltonfunktion lautet:

$$H(X_i, S_i, \lambda) = \left\{ \int_0^{F_x X_i} p^N(u)du - F_x C(X_i, S_i) \right\} e^{-\delta t} + \lambda \, [N(S_i) - X_i] \tag{44}$$

Erfüllt die Hamiltonfunktion die folgenden Bedingungen (innere Lösungen), führt dies zu einer Maximierung des Wohlfahrtsintegrales (43):

$$\frac{\partial H}{\partial X_i} = 0 \Rightarrow [F_x \, p^N(F_x X_i) - F_x \frac{\partial C}{\partial X_i}(X_i, S_i)] \, e^{-\delta t} - \lambda = 0 \tag{45}$$

$$\frac{\partial H}{\partial S_i} = -\frac{d\lambda}{dt} \Rightarrow F_x \, [-\frac{\partial C}{\partial S_i}(X_i, S_i)] \, e^{-\delta t} + \lambda \frac{dN}{dS_i}(S_i) = -\frac{d\lambda}{dt} \tag{46}$$

Definieren wir wieder den Schattenpreis für Wald in laufenden (nicht abdiskontierten) Werten, so werden aus Gleichungen (45) und (46):

$$l := e^{\delta t}\lambda = F_x[p_x^N(X) - \frac{\partial C}{\partial X_i}(X_i, S_i)] \tag{47}$$

wobei für $F_x X_i = X$ eingesetzt wird.

$$\frac{dl}{dt} = e^{\delta t}\frac{d\lambda}{dt} + \delta l = l[\delta - \frac{dN}{dS_i}(S_i)] + F_x \frac{\partial C}{\partial S_i}(X_i, S_i) \tag{48}$$

Um die Bewegungsgleichung für die Holznutzung zu erhalten, muß Gleichung (47) nach der Zeit abgeleitet werden, wobei für dS_i/dt Gleichung (2) eingesetzt wird.

$$\frac{dl}{dt} = F_x\left[\left(F_x \frac{dp^N}{dX}(X) - \frac{\partial^2 C}{\partial X_i^2}(X_i, S_i)\right)\frac{dX_i}{dt} - \frac{\partial^2 C}{\partial X_i \partial S_i}(X_i, S_i)\frac{dS_i}{dt}\right] =$$

$$= F_x\left[\left(F_x \frac{dp^N}{dX}(X) - \frac{\partial^2 C}{\partial X_i^2}(X_i, S_i)\right)\frac{dX_i}{dt} - \frac{\partial^2 C}{\partial X_i \partial S_i}(X_i, S_i)[N(S_i) - X_i]\right] \tag{49}$$

Gleichung (49) wir nun mit Gleichung (48) gleichgesetzt und nach dX_i/dt aufgelöst:

$$\frac{dX_i}{dt} = \frac{\frac{\partial^2 C}{\partial X_i \partial S_i}(x_i, S_i)[N(S_i) - X_i] + \frac{l}{F_x}[\delta - \frac{dN}{dS_i}(S_i)] + \frac{\partial C}{\partial S_i}(X_i, S_i)}{F_x \frac{dp^N}{dx}(x) - \frac{\partial^2 C}{\partial X_i^2}(X_i, S_i)} \tag{50}$$

Nun muß noch l durch Gleichung (47) ersetzt werden, und die Bewegungsgleichung der Waldnutzung einer forstwirtschaftlich genutzten Landparzelle ist nur noch vom Waldbestand S_i und der Holznutzung X_i abhängig.

$$\frac{dX_i}{dt} = \frac{\frac{\partial^2 C}{\partial X_i \partial S_i}[N(S_i) - X_i] + [p^N(X) - \frac{\partial C}{\partial X_i}][\delta - \frac{dN}{dS_i}(S_i)] + \frac{\partial C}{\partial S_i}}{F_x \frac{dp^N}{dX}(X) - \frac{\partial^2 C}{\partial X_i^2}} \tag{51}$$

Gleichung (51) ist identisch mit Gleichung (39) und somit ist gezeigt, daß mit (nicht–integrierten) privaten Eigentumsrechten ein partielles Wohlfahrtsoptimum des Waldsektors erreicht werden kann.

Im langfristigen Gleichgewicht gilt $dX_i/dt = dS_i/dt = 0$, und somit folgt aus (51):

$$p^N(X) = \frac{\partial C}{\partial X_i}[N(S_i), S_i)] - \frac{1}{\delta - N'(S_i)}\frac{\partial C}{\partial S_i}[N(S_i), S_i]$$

wobei $X_i = N(S_i)$ und $X = \Sigma X_i$ \hfill (52)

Die linke Seite von (52) spiegelt die Nachfragekurve, die rechte Seite die Angebotskurve im langfristigen Gleichgewicht wieder. Die Gleichgewichtsbedingung (52) kann zur Interpretation folgendermaßen umgeschrieben werden:

$$p^N(X) - \frac{\partial C}{\partial X_i}[N(S_i), S_i)] = \frac{1}{\delta}\left\{\left[p^N(X) - \frac{\partial C}{\partial X_i}[N(S_i), S_i]\right]\frac{dN}{dS_i}(S_i) - \frac{\partial C}{\partial S_i}\right\} \tag{53}$$

Auf der linken Seite von (53) steht der sofortige Wohlfahrtsgewinn einer marginalen Ausdehnung der Ressourcennutzung im langfristigen Gleichgewicht (bezogen auf *eine* forstwirtschaftlich genutzte Landparzelle). Dieser Gewinn ist jedoch mit einem Verlust an zukünftiger dauerhafter Wohlfahrt durch eine Verminderung des Ressourcenbestandes verbunden. Die Wohlfahrt *einer* forstwirtschaftlich genutzter Landparzellen (in nicht abdiskontierten Werten) im langfristigen Gleichgewicht lautet:

$$W(S_i) = \int_0^{N(S_i)} p^N(z)dz - C[N(S_i), S_i] =>$$

$$\frac{dW(S_i)}{dS_i} = N'(S_i) \left\{ p^N(X) - \frac{\partial C}{\partial X_i}[N(S_i), S_i] \right\} - \frac{\partial C}{\partial S_i}[N(S_i), S_i] \qquad (54)$$

W: Zeitpunktwohlfahrt (nicht abdiskontiert), oder Summe aus Konsumenten– und Produzentenrente

Folglich steht auf der rechten Seite von (53) nichts anderes als der Gegenwartswert der verminderten Wohlfahrt einer forstwirtschaftlichen Landparzelle, der durch eine marginale Verminderung des Ressourcenbestandes verursacht wird. Dieser Verlust an Gegenwartswert zukünftiger Wohlfahrt wird auch als Nutzungskosten bezeichnet.

Nun können wir die Fläche unter der Nachfragekurve als Nutzen, die Fläche unter der Angebotskurve bei privaten Verfügungsrechten (einer forstwirtschaftlich genutzter Landparzellen) im langfristigen Gleichgewicht als Kosten (direkte Produktionskosten einschließlich Nutzungskosten) interpretieren. Der durch ein Ressourcenregime mit freiem Zugang verursachte Wohlfahrtsverlust auf einer Landparzelle kann folglich graphisch, wie in Figur 12 dargestellt werden (Figur 12 ist eine Kombination von Figur 3 und Figur 8, wobei der Übersichtlichkeit halber der größte Teil der negativen Äste der Angebotskurven bei freiem Zugang, p^{Af}, und privaten Verfügungsrechten, p^{Af}, weggelassen wurde.

Es wurde von der Nachfragekurve p^{N3} ausgegangen. Das partielle Wohlfahrtsoptimum ist durch den Schnittpunkt M_3^p (entspricht M_3 in Figur 8) von Angebotskurve bei privaten Eigentumsrechten p^{Ap} und Nachfragekurve gegeben: Die Ressourcennutzung und der Preis betragen (X_i^p, p^p). Bei "freiem Zugang" ist das langfristige Gleichgewicht M_3^f (entspricht M_{31} in Figur 3) als Schnittpunkt von Angebotskurve bei freiem Zugang p^{Af} und Nachfragekurve gegeben: Die Ressourcennutzung und der Preis betragen (X_i^f, p^f). Der zusätzliche Nutzen der durch die Ausdehnung der Ressourcennutzung von X_i^p nach X_i^f verursacht wird (Fläche unter der Nachfragefunktion zwischen X_i^p und X_i^f) wird überkompensiert durch zusätzliche Kosten in

Figur 12: Wohlfahrtsverlust von "freiem Zugang" gegenüber "privaten Verfügungsrechten"

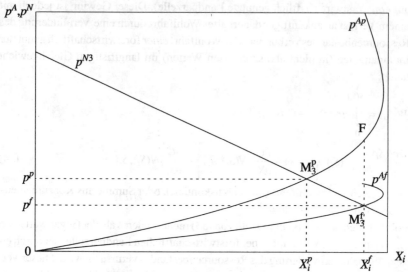

Für die beiden Angebotsfunktion wurden folgende Parameter zugrundegelegt: $S_u=10$, $S_o=100$, $r=0.2$, $\alpha=10$, $\delta=0.1$. Die Nachfragefunktionen lautet: $p^{N3}=2.5-0.5X_i$

Höhe der Fläche unter der Angebotskurve p^{Ap} zwischen X_i^p und X_i^f. Der resultierende Wohlfahrtsverlust ist die Fläche zwischen den Punkten M_3^f, M_3^p und F.

2.1.4. Waldnutzung, wenn forstwirtschaftlich und landwirtschaftlich genutzter Boden unter dem gleichen privaten Verfügungsrecht stehen

Nun gehen wir davon aus, daß die forstwirtschaftlich genutzten Landparzellen und die durch externe Effekte des Waldbestandes betroffenen landwirtschaftlich genutzten Flächen unter ein und demselben privaten Verfügungsrecht stehen. Von den insgesamt F Landparzellen seien F_x Landparzellen forst– und $F_y = F-F_x$ Landparzellen landwirtschaftlich genutzt. Die Nutzungsart ist durch institutionelle Regelungen festgelegt, d.h. der Landbesitzer hat keine Entscheidungsbefugnis darüber, ob er eine Parzelle landwirtschaftlich oder forstwirtschaftlich nutzen kann. Weiterhin nehmen wir an, daß der Besitzer Preisnehmer sowohl auf dem Markt für Holz als auch auf dem Markt für landwirtschaftliche Produkte ist. Dann ist es im eigenen Interesse des Besitzers, die externen Effekte zwischen Land– und Forstwirtschaft bei den Produktionsentscheidungen zu berücksichtigen. Er wird den abdiskontierten gemeinsamen Gewinn aus beiden Aktivitäten über die Zeit (wir nehmen wieder unendlichen Planungshorizont an) maximieren.

$$\max_{\{X_i(t)\},\{y_j(t)\}} [\sum_{i=1}^{F_x} \int_0^\infty (pX_i - C(X_i, S_i)) e^{-\delta t} dt + \sum_{j=F_x+1}^{F} \int_0^\infty (qy_j - K(y_j, \sum_{i=1}^{F_x} S_i)) e^{-\delta t} dt] \quad (55)$$

y_j: landwirtschaftliche Produktion auf der Parzelle j
q: Preis für das landwirtschaftliche Produkt
K: Kosten der landwirtschaftlichen Produktion
F: Gesamtanzahl der (Standard–)Landparzellen, $F = F_x + F_y$

Wir nehmen an, daß die Kosten der landwirtschaftlichen Produktion K für alle landwirtschaftlich genutzten Parzellen gleich sind und mit zunehmendem landwirtschaftlichen Output y_j steigen und mit zunehmendem Waldbestand auf allen umliegenden Flächen ΣS_i fallen:

$$\frac{\partial K}{\partial y_j}(y_j, \sum_{i=1}^{F_x} S_i) > 0, \quad \frac{\partial K}{\partial (\sum_{i=1}^{F_x} S_i)}(y_j, \sum_{i=1}^{F_x} S_i) < 0, \quad \frac{\partial^2 K}{\partial y_j^2}(y_j, \sum_{i=1}^{F_x} S_i) > 0$$

und $\dfrac{\partial^2 K}{\partial (\sum_{i=1}^{F_x} S_i)^2}(y_j, \sum_{i=1}^{F_x} S_i) > 0$ \hfill (56)

Außerdem ergibt sich die Veränderung des Waldbestandes auf jeder forstwirtschaftlich genutzten Landparzelle wieder aus Gleichung (2). Zu diesem Kontrollproblem ergibt sich folgende Hamiltonfunktion:

$H(X_i, y_j, S_i, \lambda_i) =$

$$= \sum_{i=1}^{F_x} [pX_i - C(X_i, S_i)] e^{-\delta t} + \sum_{j=F_x+1}^{F} [qy_j - K(y_j, \sum_{i=1}^{F_x} S_i)] e^{-\delta t} + \sum_{i=1}^{F_x} \lambda_i [N(S_i) - X_i] \quad (57)$$

Die Bedingungen für ein Maximum (für innere Lösungen, d.h. alle Variablen sind positiv) lauten zu jedem Zeitpunkt t:

$$\frac{\partial H}{\partial X_i} = \left(p - \frac{\partial C}{\partial X_i}(X_i, S_i)\right) e^{-\delta t} - \lambda_i = 0 \; \forall \; i = 1, F_x \quad (58)$$

Wird der Schattenpreis für Holz λ_i in laufenden (nicht abdiskontierten) Werten ausgedrückt, so ergibt sich aus (58):

$$l_i := \lambda_i e^{\delta t} = p - \frac{\partial C}{\partial X_i}(X_i, S_i) \quad (59)$$

$$\frac{\partial H}{\partial y_j} = \left[q - \frac{\partial K}{\partial y_j}(y_j, \sum_{i=1}^{F_x} S_i) \right] e^{-\delta t} = 0 \quad \forall \ j = F_x + 1, F \qquad (60)$$

$$\frac{\partial H}{\partial S_i} = \left[-\frac{\partial C}{\partial S_i}(X_i, S_i) - \sum_{j=F_x+1}^{F} \frac{\partial K}{\partial (\sum S_i)}(y_j, \sum_{i=1}^{F_x} S_i) \right] e^{-\delta t} + \lambda_i \frac{dN(S_i)}{dS_i} = -\frac{d\lambda_i}{dt}$$

$$\forall \ i = 1, F_x \qquad (61)$$

Bedingung (60) ist unabhängig von j, d.h. die optimale Produktion auf den landwirtschaftlich genutzten Landparzellen ist auf allen Landparzellen gleich groß. Für die Bewegungsgleichung der Schattenpreise in laufenden (nicht–abdiskontierten) Werten gilt:

$$\frac{dl_i}{dt} = \frac{d(\lambda_i e^{\delta t})}{dt} = e^{\delta t}\frac{d\lambda_i}{dt} + \delta e^{\delta t}\lambda_i = e^{\delta t}\frac{d\lambda_i}{dt} + \delta \ l_i \qquad (62)$$

Aus (61) und (62) folgt daher:

$$\frac{dl_i}{dt} = l_i \left[\delta - \frac{dN}{dS_i}(S_i) \right] + \frac{\partial C}{\partial S_i}(X_i, S_i) + (F - F_x)\frac{\partial K}{\partial (\sum S_i)}(y_j, \sum_{i=1}^{F_x} S_i) \qquad (63)$$

Im steady–state gilt einerseits $dl_i/dt=0$ und somit folgt aus (59) und (63):

$$\left(p - \frac{\partial C}{\partial X_i}(X_i, S_i) \right) [\delta - N'(S_i)] + \frac{\partial C}{\partial S_i}(X_i, S_i) + (F - F_x)\frac{\partial K}{\partial (\sum S_i)}(y_j, \sum_{i=1}^{F_x} S_i) = 0$$

$$<=> p^A(X_i, S_i, y_j) = \frac{\partial C}{\partial X_i}(X_i, S_i) - \frac{\frac{\partial C}{\partial S_i}(X_i, S_i) + (F - F_x)\frac{\partial K}{\partial (\sum S_i)}(y_j, \sum_{i=1}^{F_x} S_i)}{\delta - N'(S_i)} \qquad (64)$$

Außerdem gilt im steady–state $dS_i/dt=0$ und somit kann S_i durch X_i in Gleichung (64) substituiert werden, wobei für die folgende Wachstumsfunktion gilt:

$$N(S_i) = r \ (S_i - S_u) \ (1 - \frac{S_i}{S_o}) \qquad (65)$$

$$\frac{dS_i}{dt} = N(S_i) - X_i = r(S_i - S_u)(1 - \frac{S_i}{S_o}) - X_i = 0 \qquad <=>$$

$$S_i(X_i) = \frac{S_o + S_u}{2} \pm \sqrt{\frac{(S_o + S_u)^2}{4} - S_o S_u - \frac{S_o}{r}X_i} \quad \forall \ i = 1, F_x \qquad (66)$$

Damit lautet die Holz–Angebotsfunktion für die Landparzelle i:

$$p^A(X_i, y_j) = \frac{\partial C}{\partial X_i}(X_i, S_i(X_i)) - \frac{\frac{\partial C}{\partial S_i}(X_i, S_i(X_i)) + (F - F_x)\frac{\partial K}{\partial(\sum S_i)}(y_j, \sum_{i=1}^{F_x} S_i(x_i))}{\delta - N'(S_i(X_i))} \quad (67)$$

Auch diese Bedingung liefert identische Holzproduktionsmengen für alle forstwirtschaftlich genutzten Landparzellen. Nun ist jedoch y_j, über Bedingung (60) (Marktgleichgewicht auf dem Landwirtschaftsmarkt) eine implizite Funktion von S_i, und folglich lautet die Angebotsfunktion einer individuellen forstwirtschaftlich genutzten Landparzelle (bei Gleichgewicht auf dem Landwirtschaftsmarkt) wie folgt:

$$p^A(X_i) = \frac{\partial C}{\partial X_i}(X_i, S_i(X_i)) - \frac{\frac{\partial C}{\partial S_i}(X_i, S_i(X_i)) + (F - F_x)\frac{\partial K}{\partial(\sum S_i)}(y_j(S_i(X_i)), \sum_{i=1}^{F_x} S_i(X_i))}{\delta - N'(S_i(X_i))}$$
$$(68)$$

Zur Interpretation formen wir Gleichung (68) wie folgt um:

$$p - \frac{\partial C}{\partial X_i} = \frac{1}{\delta}\left\{\left[p - \frac{\partial C}{\partial X_i}\right]N'(S_i) - \left[\frac{\partial C}{\partial S_i} + (F - F_x)\frac{\partial K}{\partial(\sum S_i)}\right]\right\} \quad (69)$$

Auf der linken Seite von (69) steht der zusätzliche sofortige Gewinn *einer* forstwirtschaftlichen Landparzelle, der durch eine marginale Ausdehnung der Holzproduktion erreicht werden kann. Im langfristigen Gleichgewicht ist dieser zusätzliche Gewinn jedoch mit einem Verlust an zukünftigen dauerhaften Gewinn in den beiden Bereichen Forst– und Landwirtschaft verbunden. Der (Perioden–)*Gesamt*gewinn aus Forst– und Landwirtschaft im langfristigen Gleichgewicht (in nicht–abdiskontierten Werten) lautet:

$$G(S_i) = F_x\left[pN(S_i) - C[N(S_i), S_i]\right] + (F - F_x)\left[qy_j - K(y_j, F_xS_i)\right] \Rightarrow$$

$$\frac{dG}{dS_i}(S_i) = F_x\left[\left(p - \frac{\partial C}{\partial X_i}\right)N'(S_i) - \frac{\partial C}{\partial S_i}\right] + (F - F_x)\left[\left(-\frac{\partial K}{\partial(F_xS_i)}(y_j, F_xS_i)\right)F_x\right] \quad (70)$$

Folglich steht auf der rechten Seite von (69) nichts anderes als der Gegenwartswert des verminderten Gewinns, der durch eine marginale Verminderung des Ressourcenbestandes auf *einer* forstwirtschaftlichen Landparzelle verursacht wird. Dieser Verlust an Gegenwartswert zukünftigen Gewinns wird auch als Nutzungskosten bezeichnet. Im Gewinnoptimum (genauer im Maximum des Gegenwartswerts des Gewinns) im langfristigen Gleichgewicht muß also der sofortige Gewinn einer Erhöhung der Ressourcenproduktion gleich hoch sein, wie der dadurch verursachte verringerter Gegenwartswert der dauerhaften Gewinne in Land– und Forstwirtschaft in der Zukunft.

Die Kostenfunktion der Forstwirtschaft sei wieder durch Gleichung (11) gegeben. Wir nehmen nun an, daß die Kosten der landwirtschaftlichen Produktion quadratisch mit dem landwirtschaftlichen Output steigen und umgekehrt proportional zur Summe des Waldbestands auf allen (relevanten) forstwirtschaftlich genutzten Landparzellen sind. Analog zur speziellen Kostenfunktion in der Forstwirtschaft nehmen wir eine speziellen Kostenfunktion in der Landwirtschaft an, welche aus einer Cobb–Douglas–Produktionsfunktion abgeleitet wird, wobei die partiellen Produktionselastizitäten des (mit einem Marktpreis versehenen) landwirtschaftlichen Produktionsfaktors und des (unbezahlten) Faktors Summe der Waldbestände gleich 1/2 sind:

$$K(y_j, \sum_{i=1}^{F_x} S_i) = \beta \frac{y_j^2}{\sum_{i=1}^{F_x} S_i} \tag{71}$$

β: konstanter Parameter der Kostenfunktion

Bedingung (60) liefert die (individuelle) Angebotskurve der landwirtschaftlich genutzten Standardparzelle j. In unserem speziellen Fall gilt (unter Berücksichtigung, daß $\Sigma S_i = F_x S_i$):

$$q^A(y_j, F_x S_i(X_i)) = \frac{\partial K}{\partial y_j}(y_j, F_x S_i(X_i)) = 2\beta \frac{y_j}{F_x S_i(X_i)} \quad \forall \; j = F_x+1, F \tag{72}$$

q^A: Angebotspreis für das landwirtschaftliche Produkt (Angebotskurve)

Die Angebotsfunktion aller landwirtschaftlich genutzter Landparzellen lautet dann (wobei $y = \Sigma \; y_j = (F - F_x) y_j$):

$$q^A(y, F_x S_i(X_i)) = \frac{\partial K}{\partial y_j}(y_j, F_x S_i(X_i)) = 2\beta \frac{y}{F_x(F - F_x) S_i(X_i)} \tag{73}$$

Marktgleichgewicht im Landwirtschaftssektor bedeutet bei linearer Nachfragefunktion:

$$q^A(y, F_x S_i(X_i)) = q^N(y) = C - Dy \tag{74}$$

C, D: positive Parameter der Nachfragefunktion nach dem landwirtschaftlichen Produkt

y: landwirtschaftliche Produktion auf allen Parzelle $j = F_x+1, F_x+2, \ldots, F$;
$y = \Sigma \; y_j$

Gleichung (74) kann nach y aufgelöst werden:

$$y(X_i) = \frac{C}{D + \frac{2\beta}{F_x(F - F_x) S_i(X_i)}} \tag{75}$$

Marktgleichgewicht im Landwirtschaftssektor impliziert für die individuelle Produktionsmenge auf der landwirtschaftlich genutzten Standard-Landparzelle:

$$y_j(X_i) = \frac{C}{D(F - F_x) + \frac{2\beta}{F_x S_i(X_i)}} \qquad (76)$$

Gleichung (76) kann nun in Gleichung (67) eingesetzt werden, um die steady-state Angebotskurve für Holz aus der Landparzelle i (bei Gleichgewicht auf dem Landwirtschaftsmarkt) zu erhalten (hinter dem zweiten Gleichheitszeichen wurden die angenommenen speziellen Kostenfunktionen eingesetzt):

$$p^A(X_i) = \frac{\partial C}{\partial X_i}(X_i, S_i(X_i)) - \frac{\frac{\partial C}{\partial S_i}(X_i, S_i(X_i)) + (F - F_x)\frac{\partial K}{\partial(\sum S_i)}(y_j(X_i), F_x S_i(X_i))}{\delta - N'(S_i(X_i))} =$$

$$= 2\alpha \frac{X_i}{S_i(X_i)} + \frac{\alpha \frac{X_i^2}{[S_i(X_i)]^2} + (F - F_x)\beta \frac{[y_j(X_i)]^2}{[F_x S_i(X_i)]^2}}{\delta - N'[S_i(X_i)]} \qquad (77)$$

Die steady-state Holzangebotskurve der i-ten Landparzelle für den Fall von integrierten Eigentumsrechten am Wald und dem davon betroffenen Landwirtschaftsflächen kann, wie in Figur 13, grafisch abgeleitet werden. Im Quadranten rechts unten ist das biologische Gleichgewicht dargestellt (siehe (66)), im Quadranten links unten die Identität $S_i = S_i$ und im Quadranten links oben die Kurve $p^A(S_i)$: Diese erhält man, wenn in Gleichung (77) $S_i(X_i)$ durch S_i substituiert wird, und X_i durch $N(S_i)$ ersetzt wird. Wenn wieder alle Achsen in den vier Quadranten so skaliert werden, daß nebeneinander und übereinander liegende Achsen den gleichen Maßstab haben, kann im Quadranten rechts oben durch sukzessives Verbinden entsprechender Punkte die Angebotskurve eingezeichnet werden.

Diese Angebotskurve liegt immer oberhalb der Angebotskurve bei privaten und nicht-integrierten Eigentumsrechten am Wald, da nun neben den marginalen Produktionskosten und den internen marginalen user costs jetzt die externen marginalen user costs dazukommen (zweiter Term auf großem Bruch). Die externen marginalen user costs spiegeln den Effekt eines verminderten Waldbestandes auf die landwirtschaftlichen Produktionskosten wieder. Auch die externen user costs fallen um so stärker ins Gewicht, je kleiner S_i ist, d.h. vor allem der obere Ast der Angebotskurve wird sich von der Angebotskurve bei privaten und nicht integrierten Verfügungsrechten unterscheiden. Bei jeder Nachfragesituation wird die Ressource Wald bei integrierten privaten Eigentumsrechten deshalb im langfristigen Gleichgewicht weniger intensiv genutzt, wie im Falle von nicht-integrierten privaten Verfügungsrechten. Genauso, wie die Angebotskurve bei (nicht-integrierten) privaten

Figur 13: Ableitung der steady-state Angebotskurve bei integrierten privaten Verfügungsrechten am Wald und im davon betroffenen Landwirtschaftssektor

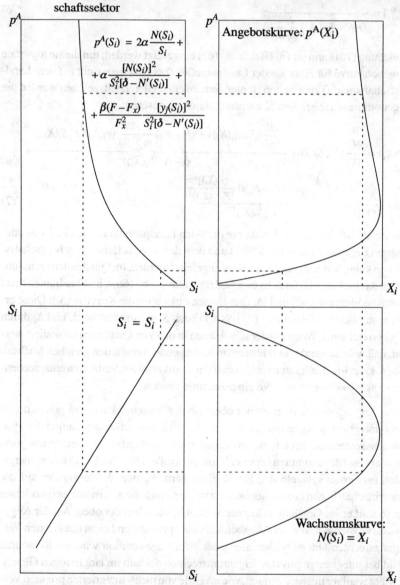

Folgende Parameter wurden zugrundegelegt: $S_u=10$, $S_o=100$, $r=0.2$, $\alpha=10$, $\delta=0.1$, $\beta=10$, $C=400$, $D=0.32$, $F_x=50$, $F_y=50$.

Verfügungsrechten nähert sich der obere Ast der Angebotskurve für $p \to \infty$ approximativ der Vertikalen $X_i^{\#} = N(S_i^{\#})$, wobei $S_i^{\#}$ jener Waldbestand ist, der $N'(S_i^{\#}) = \delta$ erfüllt. Deshalb ist die Existenz eines steady–state Gleichgewichts (wie bei nicht–integrierten privaten Verfügungsrechten) garantiert, unabhängig von der Höhe der Nachfragekurve.

Wenn die Gesamtnachfragefunktion auf dem Markt für Holz linear ist:

$$p^N = A - BX = A - BF_x X_i \tag{13}$$

A, B: positive Parameter der Marktnachfragekurve für Holz
F_x: Anzahl der forstwirtschaftlich genutzten Landparzellen.

dann impliziert Gleichgewicht auf dem Holzmarkt und auf dem Landwirtschaftsmarkt die Erfüllung der folgenden Gleichung:

$$A - B \, F_x \, X_i = \\ = \frac{\partial C}{\partial X_i}(X_i, S_i(X_i)) - \frac{\frac{\partial C}{\partial S_i}(X_i, S_i(X_i)) + (F - F_x)\frac{\partial K}{\partial(\sum S_i)}(y_j(X_i), F_x S_i(X_i))}{\delta - N'(S_i(X_i))} \tag{78}$$

Figur 14 zeigt verschiedene "steady–state Marktgleichgewichte" bei integriertem Management von Wald und Landwirtschaft bei unterschiedlichen Nachfragesituationen für Holz.

Dabei wurden die gleichen Nachfragekurven für Holz wie in den Kapiteln 2.1.1. und 2.1.2. verwendet. Es zeigt sich, daß nun selbst bei der relativ großen Nachfrage p^{N5} ein eindeutiges steady–state–Gleichgewicht existiert. Erst bei der noch höheren Nachfrage p^{N6} kommt es zu multiplen steady–state Gleichgewichten. In der dynamischen Analyse werden wir nur die Nachfragefunktionen p^{N3} und p^{N6} betrachten, da die qualitativen Eigenschaften der Lösungspfade bei den Nachfragekurven nach Holz p^{N3}, p^{N4} und p^{N5} identisch sind (eindeutiger steady–state mit Sattelpunkteigenschaft).

Die dynamischen Eigenschaften der verschiedenen steady–state Gleichgewichte leiten wir wieder mit Hilfe eines Phasendiagramms ab. Dazu differenzieren wir Gleichung (59) nach t (dabei ersetzen wir p durch $p^N(X_i)$) und setzen dS_i/dt nach (66) ein:

$$\frac{dl_i}{dt} = \left(\frac{dp^N}{dX_i}(X_i) - \frac{\partial^2 C}{\partial X_i^2}(X_i, S_i)\right)\frac{dX_i}{dt} - \frac{\partial^2 C}{\partial X_i \partial S_i}(X_i, S_i)\frac{dS_i}{dt} =$$

$$= \left(\frac{dp^N}{dX_i}(X_i) - \frac{\partial^2 C}{\partial X_i^2}(X_i, S_i)\right)\frac{dX_i}{dt} - \frac{\partial^2 C}{\partial X_i \partial S_i}(X_i, S_i)\,[\,N(S_i) - X_i\,] \tag{79}$$

und setzten mit Gleichung (63) gleich:

Figur 14: Ableitung von steady–state Gleichgewichten bei integrierten privaten Verfügungsrechten am Wald und im davon betroffenen Landwirtschaftssektor durch Angebots– und Nachfragekurven

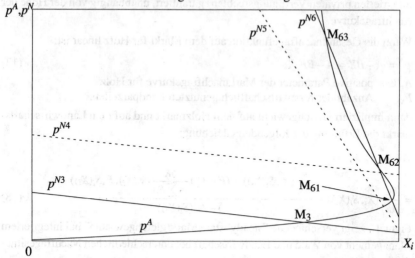

Folgende Parameter wurden zugrundegelegt: S_u=10, S_o=100, r=0.2, α=10, δ=0.1, β=10, C=400, D=0.32, F_x=50, F_y=50. Für die Nachfragefunktionen nach Holz gilt: p^{N3}=2.5–0.5X_i, p^{N4}=5.5–0.5X_i, p^{N5}=30.5–7.3X_i, p^{N6}=48–11.4X_i

$$\left(\frac{dp^N}{dX_i}(X_i) - \frac{\partial^2 C}{\partial X_i^2}(X_i, S_i)\right)\frac{dX_i}{dt} - \frac{\partial^2 C}{\partial X_i \partial S_i}(X_i, S_i) \ [\ N(S_i) - X_i \ ] =$$

$$= l_i \ [\ \delta - \frac{dN}{dS_i}(S_i) \ ] + \frac{\partial C}{\partial S_i}(X_i, S_i) + (F - F_x)\frac{\partial K}{\partial (\sum S_i)}(y_j, \sum_{i=1}^{F_x} S_i) =$$

$$= \left(p - \frac{\partial C}{\partial X_i}\right) [\ \delta - \frac{dN}{dS_i}(S_i) \ ] + \frac{\partial C}{\partial S_i}(X_i, S_i) + (F - F_x)\frac{\partial K}{\partial (\sum S_i)}(y_j, \sum_{i=1}^{F_x} S_i) \quad (80)$$

und erhalten, unter Berücksichtigung, daß y_j nach (60) eine implizite Funktion von S_i, also Lösung der folgenden Gleichung ist

$$q^N(y_j) = \frac{\partial K}{\partial y_j}(y_j, \sum_{i=1}^{F_x} S_i) \quad (81)$$

die Bewegungsgleichung für die Holznutzung:

$$\frac{dX_i}{dt} = \frac{\frac{\partial^2 C}{\partial X_i \partial S_i}[N(S_i) - X_i] + [p^N(X_i) - \frac{\partial C}{\partial X_i}](\delta - N'(S_i)) + \frac{\partial C}{\partial S_i} + (F - F_x)\frac{\partial K}{\partial (F_x S_i)}}{\frac{dp^N}{dX_i}(X_i) - \frac{\partial^2 C}{\partial X_i^2}(X_i, S_i)} \quad (82)$$

Für unsere speziellen Kostenfunktionen (11) und (71) erhalten wir:

$$\frac{dX_i}{dt} = \frac{-2\alpha \frac{X_i}{S_i^2}[N(S_i) - X_i] + [p^N(X_i) - 2\alpha \frac{X_i}{S_i}][\delta - N'(S_i)] - \alpha \frac{X_i^2}{S_i^2} - (F - F_x)\beta \frac{[y_j(S_i)]^2}{(F_x S_i)^2}}{\frac{dp^N}{dX_i}(X_i) - 2\frac{\alpha}{S_i}}$$

$$= \frac{-2\alpha N(S_i)\frac{X_i}{S_i^2} + [p^N(X_i) - 2\alpha \frac{X_i}{S_i}][\delta - N'(S_i)] + \alpha \frac{X_i^2}{S_i^2} - (F - F_x)\beta \frac{[y_j(S_i)]^2}{(F_x S_i)^2}}{\frac{dp^N}{dX_i}(X_i) - 2\frac{\alpha}{S_i}} \quad (83)$$

Die Kurve $dX_i/dt=0$ lautet dann für die Nachfragefunktion (13) wie folgt:

$$\frac{dX_i}{dt} = 0 \quad <=>$$

$$\frac{\alpha}{S_i^2}X_i^2 - \left[2\alpha \frac{N(S_i)}{S_i^2} + [BF_x + 2\frac{\alpha}{S_i}][\delta - N'(S_i)]\right]X_i + A[\delta - N'(S_i)] -$$

$$- (F - F_x)\beta \frac{[y_j(S_i)]^2}{(F_x S_i)^2} = 0 \quad (84)$$

Außerdem gilt:

$$\frac{dX_i}{dt} > 0 \quad <=>$$

$$\frac{\alpha}{S_i^2}X_i^2 - \left[2\alpha \frac{N(S_i)}{S_i^2} + [BF_x + 2\frac{\alpha}{S_i}][\delta - N'(S_i)]\right]X_i + A[\delta - N'(S_i)] -$$

$$- (F - F_x)\beta \frac{[y_j(S_i)]^2}{(F_x S_i)^2} < 0 \quad (85)$$

$$\frac{dX_i}{dt} < 0 \quad <=>$$

$$\frac{\alpha}{S_i^2}X_i^2 - \left[2\alpha \frac{N(S_i)}{S_i^2} + [BF_x + 2\frac{\alpha}{S_i}][\delta - N'(S_i)]\right]X_i + A[\delta - N'(S_i)] -$$

$$- (F - F_x)\beta \frac{[y_j(S_i)]^2}{(F_x S_i)^2} > 0 \quad (86)$$

Gleichung (84) ist von der Form $ax^2+bx+c=0$, wobei a>0 ist. Von den beiden Lösungen $x_{1,2} = 1/(2a)(-b \pm \sqrt{b^2-4ac})$ kommt hier nur

$x_2 = 1/(2a)(-b-\sqrt{b^2-4ac})$ in Frage, da nur diese Lösung (in Abhängigkeit von S_i) einen Schnittpunkt mit der Kurve $dS_i/dt=0$ aufweist. Für $x>x_2$ gilt dann: $ax^2+bx+c<0$ und für $x<x_2$ gilt dann: $ax^2+bx+c>0$. Folglich steigt die Ressourcenproduktion oberhalb der Kurve $dX_i/dt=0$ und unterhalb der Kurve sinkt sie. In den Figuren 15 und 16 sind die Phasendiagramme für die Nachfragekurven p^{N3} und p^{N6} dargestellt. Für die Nachfragekurven $p^{N1}-p^{N5}$ sind alle steady–state Gleichgewichte eindeutig und Sattelpunkte (siehe Figur 15). D.h. für einen gegebenen Anfangsbestand an Holz, $S_i(0)$ (welcher der Einfachheit halber für alle forstwirtschaftlich genutzten Landparzellen gleich hoch ist), gibt es nur einen optimalen Pfad, der das langfristige Gleichgewicht approximiert (die qualitativen Eigenschaften der zwei optimalen Pfade sind analog zu den Eigenschaften der Pfade in den Figuren 9 und 10 in Kapitel 2.1.2.).

Figur 15: Phasendiagram für Ressourcennutzung mit integrierten privaten Verfügungsrechten am Wald und davon betroffener Landwirtschaft (passend zu Nachfragekurve p^{N3} in Figur 14)

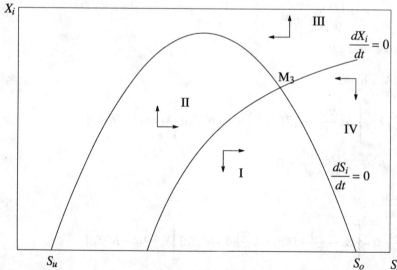

Folgende Parameter wurden zugrundegelegt: S_u=10, S_o=100, r=0.2, α=10, δ=0.1, β=10, C=400, D=0.32, F_x=50, F_y=50. Für die Nachfragefunktionen gilt: p^{N3}=2.5–0.5X_i

Bei der Nachfragekurve p^{N6} in Figur 16 gibt es drei steady-state Gleichgewichte, wobei M_{61} und M_{63} Sattelpunkte sind, während M_{62} ein instabiler Knoten ist (vgl. hierzu auch Figur 11 in Kapitel 2.1.2.). Je nach dem Anfangswert des Holzbestandes wird sich die Holzbestand und -nutzung dem stabilen Gleichgewicht M_{61} oder M_{62} approximieren.

Figur 16: Phasendiagram für Ressourcennutzung mit integrierten privaten Verfügungsrechten am Wald und davon betroffener Landwirtschaft (passend zu Nachfragekurve p^{N6} in Figur 14)

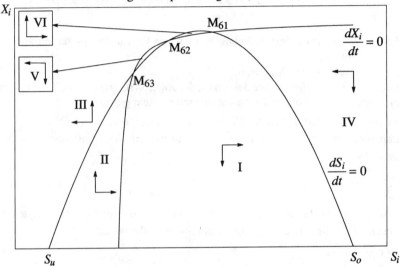

Folgende Parameter wurden zugrundegelegt: $S_u=10$, $S_o=100$, $r=0.2$, $\alpha=10$, $\delta=0.1$, $\beta=10$, $C=400$, $D=0.32$, $F_x=50$, $F_y=50$. Für die Nachfragefunktionen gilt: $p^{N6}=48-11.4X_i$

2.1.5. Wohlfahrtsverlust bei einem Ressourcenregime mit privaten (nicht-integrierten) Verfügungsrechten gegenüber einem Ressourcenregime mit integrierten privaten Verfügungsrechten im Forst- und Landwirtschaftssektor

Wir vergleichen nun die Wohlfahrtssituation im langfristigen Gleichgewicht bei Ressourcennutzung mit privaten (nicht-integrierten) Verfügungsrechten mit jener bei Ressourcennutzung unter integrierten privaten Verfügungsrechten. Dabei verwenden wir wieder das Konzept der Konsumenten- und Produzentenrente. Außerdem nehmen wir an, daß die Gesamtwohlfahrt zu verschiedenen Zeitpunkten durch Abdiskontierung mit einer sozialen Zeitpräferenzrate δ, die dem Marktzinssatz entspricht, vergleichbar gemacht wird. Die Wohlfahrt aus der Forstwirtschaft und

Landwirtschaft über einen unendlichen Planungshorizont ist daher wie folgt definiert (Wir haben bereits vorausgesetzt, daß auf allen forstwirtschaftlichen Landparzellen der Waldbestand und die Holznutzung zu jedem Zeitpunkt, also insbesondere auch zum Anfangszeitpunkt $t=0$ gleich groß sind. Außerdem ist die landwirtschaftliche Produktion auf allen landwirtschaftlich genutzten Parzellen identisch):

$$PW = \int_0^\infty \left\{ \int_0^{F_x X_i} p^N(u)du - F_x C(X_i, S_i) + \int_0^{(F-F_x)y_j} q^N(v)dv - (F - F_x)K(y_j, F_x S_i) \right\} e^{-\delta t} dt \quad (87)$$

PW: Wohlfahrtsintegral (Gegenwartswert von Konsumenten– und Produzentenrente)
δ: soziale Zeitpräferenzrate

Der Einfachheit halber wurde bei den Pfaden $X_i(t)$, $S_i(t)$, $y_j(t)$ im Wohlfahrtsintegral die Abhängigkeit von der Zeit nicht explizit sichtbar gemacht.

Es gilt auch weiterhin, daß der Waldbestand auf jeder forstwirtschaftlich genutzten Landparzelle sich mit der Differenz aus natürlichem Wachstum und Abholzung verändert:

$$\frac{dS_i}{dt} = N(S_i(t)) - X_i(t) \quad (2)$$

Um das obige Wohlfahrtsintegral zu maximieren, kann, gemäß der Theorie der optimalen Kontrolle folgende Hamiltonfunktion gebildet werden.

$$H(X_i, y_j, S_i, \lambda) =$$
$$= \left\{ \int_0^{F_x X_i} p^N(u)du - F_x C(X_i, S_i) + \int_0^{(F-F_x)y_j} q^N(v)dv - (F - F_x)K(y_j, F_x S_i) \right\} e^{-\delta t} +$$
$$+ \lambda[N(S_i) - X_i] \quad (88)$$

Erfüllt die Hamiltonfunktion die folgenden Bedingungen (innere Lösungen), führt dies zu einer Maximierung des Wohlfahrtsintegrals (87):

$$\frac{\partial H}{\partial X_i} = 0 \Rightarrow [F_x p^N(F_x X_i) - F_x \frac{\partial C}{\partial X_i}(X_i, S_i)] \ e^{-\delta t} - \lambda = 0 \quad (89)$$

$$\frac{\partial H}{\partial y_j} = 0 \Rightarrow (F - F_x)q^N[(F - F_x)y_j] - (F - F_x)\frac{\partial K}{\partial y_j}(y_j, F_x S_i)] = 0 \quad (90)$$

$$\frac{\partial H}{\partial S_i} = -\frac{d\lambda}{dt} =>$$

$$\left\{ F_x[-\frac{\partial C}{\partial S_i}(X_i, S_i)] + (F - F_x)F_x[-\frac{\partial K}{\partial(F_xS_i)}(y_j, F_xS_i)] \right\} e^{-\delta t} + \lambda N'(S_i) = -\frac{d\lambda}{dt} \quad (91)$$

Definieren wir wieder den Schattenpreis für Wald in laufenden (nicht abdiskontierten) Werten, so können Gleichungen (89) und (91) wie folgt geschrieben werden:

$$l := e^{\delta t}\lambda = F_x[p^N(X) - \frac{\partial C}{\partial X_i}(X_i, S_i)] \quad (92)$$

wobei für $F_xX_i = X$ eingesetzt wird.

$$\frac{dl}{dt} = e^{\delta t}\frac{d\lambda}{dt} + \delta l = l[\delta - \frac{dN}{dS_i}(S_i)] + F_x\frac{\partial C}{\partial S_i}(X_i, S_i) + (F - F_x)F_x\frac{\partial K}{\partial(F_xS_i)}(y_j, F_xS_i) \quad (93)$$

Um die Bewegungsgleichung für die Holznutzung zu erhalten, muß Gleichung (92) nach der Zeit abgeleitet werden, wobei für dS_i/dt Gleichung (2) eingesetzt wird.

$$\frac{dl}{dt} = F_x\left[\left(F_x\frac{dp^N}{dX}(X) - \frac{\partial^2 C}{\partial X_i^2}(X_i, S_i)\right)\frac{dX_i}{dt} - \frac{\partial^2 C}{\partial X_i\partial S_i}(X_i, S_i)\frac{dS_i}{dt}\right] =$$

$$= F_x\left[\left(F_x\frac{dp^N}{dX}(X) - \frac{\partial^2 C}{\partial X_i^2}(X_i, S_i)\right)\frac{dX_i}{dt} - \frac{\partial^2 C}{\partial X_i\partial S_i}(X_i, S_i)[N(S_i) - X_i]\right] \quad (94)$$

Gleichung (94) wir nun mit Gleichung (93) gleichgesetzt und nach dX_i/dt aufgelöst:

$$\frac{dX_i}{dt} = \frac{\frac{\partial^2 C}{\partial X_i\partial S_i}[N(S_i) - X_i] + \frac{l}{F_x}[\delta - N'(S_i)] + \frac{\partial C}{\partial S_i} + (F - F_x)\frac{\partial K}{\partial(F_xS_i)}(y_j, F_xS_i)}{F_x\frac{dp^N}{dX}(X) - \frac{\partial^2 C}{\partial X_i^2}(X_i, S_i)} \quad (95)$$

Nun muß noch l durch Gleichung (92) ersetzt werden, und die Bewegungsgleichung der Waldnutzung einer forstwirtschaftlich genutzten Landparzelle ist nur noch vom Waldbestand S_i der Holznutzung X_i und der landwirtschaftlichen Produktion y_j abhängig. y_j ist jedoch gemäß Gleichung (90) (Marktgleichgewicht im Landwirtschaftssektor) eine implizite Funktion von S_i, wobei $y_j(S_i)$ die Lösung von (96) ist:

$$q^N(y) = q^N[(F - F_x)y_j] = \frac{\partial K}{\partial y_j}(y_j, F_xS_i) \quad (96)$$

$$\frac{dX_i}{dt} = \frac{\frac{\partial^2 C}{\partial X_i\partial S_i}[N(S_i) - X_i] + [p^N(X) - \frac{\partial C}{\partial X_i}][\delta - N'(S_i)] + \frac{\partial C}{\partial S_i} + (F - F_x)\frac{\partial K}{\partial(F_xS_i)}}{F_x\frac{dp^N}{dX}(X) - \frac{\partial^2 C}{\partial X_i^2}(X_i, S_i)} \quad (97)$$

Gleichung (97) ist identisch mit Gleichung (82). Damit führen integrierte private Eigentumsrechte auch zu einer wohlfahrtstheoretisch optimalen Lösung, natürlich unter der Nebenbedingung festgeschriebener Bodenanteile für Land– und Forstwirtschaft. Das langfristige Gleichgewicht und auch die dynamischen Eigenschaften sind identisch.

Im langfristigen Gleichgewicht gilt $dX_i/dt=dS_i/dt=0$, und somit folgt aus (97):

$$p^N(X) = \frac{\partial C}{\partial X_i}(X_i, S_i) - \frac{1}{\delta - N'(S_i)}\left[\frac{\partial C}{\partial S_i}(X_i, S_i) + (F - F_x)\frac{\partial K}{\partial (F_x S_i)}(y_j, F_x S_i)\right] \quad (98)$$

wobei $X_i = N(S_i)$ und $X = \Sigma X_i$ und $y_j = y_j(S_i)$

Die linke Seite von (98) spiegelt die Nachfragekurve, die rechte Seite die Angebotskurve im langfristigen Gleichgewicht wieder. Die Gleichgewichtsbedingung (98) kann zur Interpretation folgendermaßen umgeschrieben werden:

$$p^N(X) - \frac{\partial C}{\partial X_i} = \frac{1}{\delta}\left\{\left[p^N(X) - \frac{\partial C}{\partial X_i}\right]N'(S_i) - \frac{\partial C}{\partial S_i} - (F - F_x)\frac{\partial K}{\partial (F_x S_i)}\right\} \quad (99)$$

Auf der linken Seite von (99) steht der sofortige Wohlfahrtsgewinn einer marginalen Ausdehnung der Ressourcennutzung im langfristigen Gleichgewicht (bezogen auf *eine* forstwirtschaftlich genutzte Landparzelle). Dieser Gewinn ist jedoch mit einem Verlust an zukünftiger dauerhafter Wohlfahrt aus Forst– und Landwirtschaft durch eine Verminderung des Ressourcenbestandes verbunden. Die Wohlfahrt *aller* forstwirtschaftlich und landwirtschaftlich genutzter Landparzellen (in nicht abdiskontierten Werten) im langfristigen Gleichgewicht lautet:

$$W(S_i) = \int_0^{F_x N(S_i)} p^N(z)dz - F_x C[N(S_i), S_i] + \int_0^{(F-F_x)y_j} q^N(v)dv - (F - F_x)K(y_j, F_x S_i) \Rightarrow$$

$$\frac{dW}{dS_i}(S_i) = F_x N'(S_i)\left\{p^N(X) - \frac{\partial C}{\partial X_i}\right\} - F_x \frac{\partial C}{\partial S_i}[N(S_i), S_i] - F_x(F - F_x)\frac{\partial K}{\partial (F_x S_i)} \quad (100)$$

Folglich steht auf der rechten Seite von (99) nichts anderes als der Gegenwartswert der verminderten Wohlfahrt aus Forst– und Landwirtschaft, der durch eine marginale Verminderung des Ressourcenbestandes auf *einer* forstwirtschaftlich genutzten Landparzelle verursacht wird. Dieser Verlust an Gegenwartswert zukünftiger Wohlfahrt wird auch als interne plus externe Nutzungskosten bezeichnet.

Nun können wir die Fläche unter der Nachfragekurve als Nutzen, die Fläche unter den Angebotskurven (einer forstwirtschaftlich genutzter Landparzellen) im langfristigen Gleichgewicht als Kosten (direkte Produktionskosten einschließlich interne plus externe Nutzungskosten) interpretieren. Der durch ein Ressourcenregime mit nicht integrierten privaten Nutzungsrechten verursachte Wohlfahrtsverlust einer forstwirtschaftlich genutzten Landparzelle kann folglich graphisch wie in Figur 17 dargestellt werden.

Figur 17: Wohlfahrtsverlust von "privaten nicht–integrierten Verfügungsrechten" und "freiem Zugang" gegenüber "privaten integrierten Verfügungsrechten"

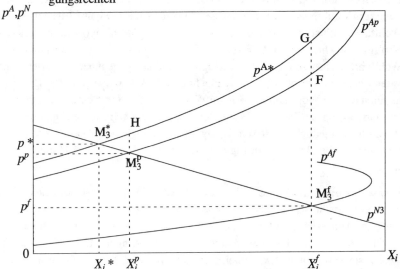

Für die drei Angebotsfunktion wurden folgende Parameter zugrundegelegt: S_u=10, S_o=100, r=0.2, α=10, δ=0.1, β=10, C=400, D=0.32, F=100, F_x=50. Die Nachfragefunktionen lautet: p^{N3}=2.5–0.5X_i

Figur 17 ist eine Kombination von Figur 8, Figur 12 und Figur 14, wobei nur ein Ausschnitt in der Umgebung der steady–state–Gleichgewichte bei freiem Zugang M_3^f, bei privaten nicht–integrierten Verfügungsrechten M_3^p und bei privaten integrierten Verfügungsrechten M_3^* gezeichnet wurde. Es wurde von der Nachfragekurve p^{N3} ausgegangen. Das Wohlfahrtsoptimum ist durch den Schnittpunkt von Angebotskurve bei privaten integrierten Verfügungsrechten p^{A*} und Nachfragekurve p^{N3} gegeben. Die Ressourcennutzung beträgt X_i*, der Holzpreis p*. Bei privaten nicht–integrierten Verfügungsrechten ist das langfristige Gleichgewicht M_3^p, als Schnittpunkt von Angebotskurve bei privaten nicht–integrierten Verfügungsrechten p^{Ap} und Nachfragekurve gegeben, die Ressourcennutzung beträgt dann X_i^p, der Holzpreis p^p. Der zusätzliche Nutzen der durch die Ausdehnung der Ressourcennutzung von X_i* nach X_i^p verursacht wird (Fläche unter der Nachfragefunktion zwischen X_i* und X_i^p) wird überkompensiert durch zusätzliche Kosten in Höhe der Fläche unter der Angebotskurve bei privaten integrierten Eigentumsrechten p^{A*} zwischen X_i^* und X_i^p. Der resultierende Wohlfahrtsverlust ist durch die Fläche $M_3^*M_3PH$ gegeben: Das ist der Wohlfahrtsverlust, der resultiert, wenn die privaten Verfügungsrechte am Wald und den davon betroffenen Landwirtschaftssektor nicht integriert sind.

Um den Gesamtwohlfahrtsverlust, der durch ein Ressourcenregime mit *freiem Zugang* zum Wald entsteht, zu erhalten, genügt es nicht den in Figur 12 ausgewiesenen Wohlfahrtsverlust von "freiem Zugang" gegenüber "privaten (nicht–integrierten) Verfügungsrechten", also die Fläche $M_3PM_3^fF$, zu den in Figur 17 ausgewiesenen Wohlfahrtsverlust von "privaten Verfügungsrechten" gegenüber "integrierten privaten Verfügungsrechten", also die Fläche $M_3^*M_3PH$ zu addieren. In Figur 12 ist nämlich nur der Wohlfahrtsgewinn im Waldsektor, der durch einen Übergang von "freiem Zugang" zu "privaten Verfügungsrechten" entsteht, aufgezeigt. Gleichzeitig ergibt sich jedoch bei diesem Übergang ein induzierter Wohlfahrtsgewinn im Landwirtschaftssektor, der in Figur 17 durch die Fläche M_3PFGH ausgewiesen wird.

Hier sei noch angemerkt, daß nicht jede Reduktion des Waldbestandes ein Indiz für ein wohlfahrtstheoretisch als negativ zu beurteilendes Umweltproblem darstellen muß. Im Anpassungspfad zum langfristigem Gleichgewicht kann sich natürlich durchaus der Bestand der erneuerbaren Ressource verringern. Und selbst, wenn der steady–state erreicht wird, kann sich durch eine Verschiebung der Nachfragekurven für die erneuerbare Ressource und für den Sektor, dessen Produktionskosten vom Waldbestand beeinflußt werden, ergeben, daß im optimalen Anpassungspfad zum neuen steady–state Gleichgewicht der Waldbestand zurückgeht. Dennoch ist dieser Rückgang Pareto–optimal. Andererseits ist ein konstanter Waldbestand kein Indiz dafür, daß die Umwelt (oder die erneuerbare Ressource) optimal genutzt wird. Auch bei freiem Zugang zur Ressource kann sich ein langfristiges Gleichgewicht mit konstantem Bestand der erneuerbaren Ressource durchsetzen, aber dennoch wird die erneuerbare Ressource sub–optimal genutzt.

Somit haben wir zwei wichtige Umweltprobleme, die mit der Waldnutzung zusammenhängen, in einem neoklassischen Rahmen abgesteckt. Einerseits führt Waldnutzung mit freiem Zugang zu einem Wohlfahrtsverlust, da der Preis nur mit den niedrigeren Durchschnittskosten und nicht mit den Grenzkosten übereinstimmt und die (internen) Nutzungskosten nicht berücksichtigt werden. Waldnutzung mit privaten Eigentumsrechten gewährleistet zwar innerhalb des Waldsektors, daß die Opportunitätskosten sich im Preis spiegeln, d.h. die Produktionsgrenzkosten und die internen Nutzungskosten gehen im Holzpreis ein, jedoch wird der positive externe

Effekt eines höheren Waldbestandes auf andere Sektoren (hier exemplarisch Landwirtschaft) nicht berücksichtigt. Diese Nicht-Berücksichtigung der externen Nutzungskosten führt zu einem Wohlfahrtsverlust gegenüber einem Regime, in dem der Wald und die davon betroffenen Landwirtschaft unter ein und demselben Verfügungsrecht steht. Jedoch muß bei integrierten privaten Eigentumsrechten verhindert werden, daß die Entscheidungseinheit ihre Marktmacht ausübt. Die Überlegenheit von integrierten privaten Verfügungsrechten gegenüber nicht-integrierten privaten Verfügungsrechten ist nur solange gewährleistet, als die Entscheidungseinheit Preisnehmer auf den beiden Märkten für Holz und für das landwirtschaftliche Produkt ist (natürlich muß die Entscheidungseinheit auch Preisnehmer auf den Faktormärkten sein).

2.1.6. Das Coase-Theorem: eine Möglichkeit zur Erreichung eines Wohlfahrtsoptimums bei privaten (nicht-integrierten) Verfügungsrechten?

Während wir in Kapitel 2.1.5. nachgewiesen haben, daß die Integration von privaten Verfügungsrechten in den beiden Sektoren Forst- und Landwirtschaft zu einem Wohlfahrtsmaximum führt (solange der Besitzer aller Forst- und davon betroffenen Landwirtschaftsflächen sich weiterhin als Preisnehmer verhält), hat *Coase* (1960) nachgewiesen, daß es (solange von Transaktionskosten abgesehen wird) noch eine zweite Möglichkeit gibt, die Externalität zwischen zwei Entscheidungseinheiten zu internalisieren. Wenn die die Externalität produzierenden und konsumierenden Entscheidungseinheiten in Verhandlung treten, um das Ausmaß der die Externalität bestimmenden Aktivität festzulegen, so wird die Externalität durch die Verhandlungslösung internalisiert. Dabei müssen jedoch die privaten Verfügungsrechte (in Bezug auf Aktivitätsrechte) genau definiert werden und übertragbar sein (*Coase* 1960: 8). Daraus folgt sofort, daß die Verhandlungslösung nicht greift, wenn wir es mit einer Ressource mit freiem Zugang zu tun haben, da es dort eben gar keine Verfügungsrechte gibt. Eine weitere Voraussetzung ist, wie wir später sehen werden, daß die Verfügungsrechte das Kriterium der Ausschließbarkeit erfüllen (*Pearce/Turner* 1990: 17).

Haben die *Waldbesitzer* ein unbeschränktes Verfügungsrechte über den Waldbestand, so werden die *Landwirte* mit den Waldbauern in Verhandlung treten, um sie dazu zu verpflichten einen bestimmten Waldbestand zu garantieren, und werden sie für diese Abtretung an ihren "Verfügungsrechten" kompensieren. Im einfachsten Falle steht genau ein Waldbesitzer einem Landwirt gegenüber. Das Verhandlungsgleichgewicht wäre genau dann erreicht, wenn der durch eine (marginale) Erhöhung des Waldbestandes verursachte zusätzliche Barwert des Gewinns für den Landwirt identisch ist mit dem dadurch verursachten verminderten Barwert des Gewinns des Forstwirts. Wären etwa der zusätzliche Barwert des Gewinns für den Landwirt größer als der verringerte Barwert des Gewinns für den Forstwirt, könnte der Landwirt bei einer Erhöhung des Waldbestandes den Forstwirt für den dadurch verursachten geringeren Barwert des Gewinn mehr als kompensieren.

Zum allokativ gleichen Ergebnis kommt man jedoch auch, wenn der *Landwirt* ein Anrecht auf einen bestimmten Waldbestand (z.B. in Höhe der Tragfähigkeit S_o) auf den forstwirtschaftlich genutzten Flächen hat. Nun kann der Forstwirt mit dem Landwirt verhandeln, daß dieser nur auf einem geringeren Waldbestand besteht. Eine vertragliche Verminderung des Waldbestandes kommt solange zustande, als der für den Forstwirt realisierbare erhöhte Barwert des Gewinns größer ist, als der dadurch verursachte verminderte Barwert des Gewinns des Landwirtes. Wieder ist im Verhandlungsgleichgewicht der durch eine marginale Erhöhung des Waldbestandes verursachte zusätzliche Barwert des Gewinn des Landwirtes (der identisch ist mit dem durch ein marginale Verminderung des Waldbestandes verursachte verminderte Barwert des Gewinns für den Landwirt) identisch mit dem dadurch verursachten verminderten Barwert des Gewinns für den Forstwirt. Unabhängig davon, wie die Verfügungsrechte am Wald definiert sind, führen deshalb, gemäß dem *Coase*-Theorem beide Fälle zum gleichen allokativen Ergebnis, beide Fälle unterscheiden sich nur in der Verteilung (deren Untersuchung wir zunächst ausgeschlossen haben). Nun muß noch gezeigt werden, daß das Verhandlungsgleichgewicht auch zu einem Wohlfahrtsoptimum führt. Der Grenzbarwert des Gewinns des Forstwirts (der hier alle F_x bewaldeten Flächen besitzt) bei einer Senkung des Waldbestandes im langfristigen Gleichgewicht lautet, wie wir bereits in Kapitel 2.1.2. gezeigt haben:

$$F_x\left\{p - \frac{\partial C}{\partial X_i} - \frac{1}{\delta}\left[\frac{dN}{dS_i}\left(p - \frac{\partial C}{\partial X_i}\right) - \frac{\partial C}{\partial S_i}\right]\right\} \tag{101}$$

Dabei ist $p-\partial C/\partial X_i$ der sofort realisierbare zusätzliche Gewinn, der aus einer Senkung des Ressourcenbestandes resultiert, während $N'(S_i)(p-\partial C/\partial X_i)-\partial C/\partial S_i$ den Effekt einer Senkung des Ressourcenbestandes auf den dauerhaften Gewinn angibt. Um den Gegenwartswert eines über einen unendlichen Zeithorizont fließenden Geldstrom zu erhalten, muß dieser noch mit der Diskontrate δ abgezinst werden (vergleiche (33)).

Der Grenzbarwert des Gewinns des Landwirts (der hier alle $F-F_x$ landwirtschaftlich genutzten Flächen besitzt) bei einer Senkung des Waldbestandes lautet:

$$(F-F_x)\frac{1}{\delta}\frac{\partial K}{\partial (F_x S_i)}F_x \tag{102}$$

Im Verhandlungsgleichgewicht muß der zusätzliche Gewinn bei einer Verminderung des Waldbestandes identisch sein mit dem verminderten Gewinn bei einer Verminderung des Waldbestandes). Folglich gilt im Verhandlungsgleichtgewicht:

$$F_x\left\{p - \frac{\partial C}{\partial X_i} - \frac{1}{\delta}\left[\frac{dN}{dS_i}\left(p - \frac{\partial C}{\partial X_i}\right) - \frac{\partial C}{\partial S_i}\right]\right\} = -(F - F_x)\frac{1}{\delta}\frac{\partial K}{\partial (F_x S_i)}F_x \qquad (103)$$

Das ist aber die gleiche Bedingung, wie bei integrierten privaten Verfügungsrechten (siehe (69)), und wir haben in Kapitel 2.1.5. nachgewiesen, daß diese Bedingung ein Pareto–Optimum darstellt.

In der *Coase*'schen Analyse gibt es jedoch nur *zwei* Verhandlungspartner. Was passiert, wenn einer Vielzahl von Forstwirten eine Vielzahl von Landwirten gegenübersteht. Wir sehen immer noch von Transaktionskosten (Such–, Informations–, Verhandlungs–, Kontrollkosten) ab. Haben im ersten Fall die Forstwirte ein unbeschränktes Verfügungsrecht am Wald, und gibt es nur einen Landwirt, so wird dieser mit allen Forstwirten bilateral verhandeln, bis ein Verhandlungsgleichgewicht erreicht ist. Dabei müssen die Kompensationszahlungen des Landwirtes an die verschiedenen Forstwirte nicht identisch sein, sie hängen vom Verhandlungsgeschick der Vertragspartner ab. Gibt es jedoch auch mehrere Landwirte, so ergibt sich das Problem des Trittbrettfahrer–Verhaltens. Alle Landwirte profitieren davon, wenn nur ein Landwirt mit allem Forstwirte eine Erhöhung des Waldbestandes vereinbart, und dafür Kompensationszahlungen leistet. Da für die Gruppe der Landwirte ein garantierter Waldbestand ein Kollektivgut ist (der "Produktionsfaktor" Waldbestand ist nicht ausschließbar, d.h. alle Landwirte setzen ihn automatisch ein), wird jeder Landwirt darauf warten, daß die anderen Landwirte die Verhandlungsinitiative ergreifen, um sich die Kompensationszahlungen zu sparen. Als Folge kommt es zu einer Unterversorgung mit dem öffentlichen Gut "gesicherter Waldbestand", d.h. das wohlfahrtstheoretische Optimum ist nicht erreichbar.

Der zweite Fall ist gegeben, wenn die Landwirte ein Anrecht auf einen bestimmten Mindestwaldbestand haben, welchen wir als größer als im wohlfahrtstheoretischen Optimum annehmen. (Ist der Mindestwaldbestand kleiner als im wohlfahrtstheoretischen Gleichgewicht, können wir wie im Fall mit uneingeschränkter Waldnutzung argumentieren, da dann eine Vergrößerung des Waldbestandes Vorteile bringt.) Steht einer Vielzahl von Forstwirten nur ein Landwirt gegenüber, so kann dieser mit allen Forstwirten in Verhandlungen treten, daß diese bei Zahlung der Kompensationszahlung nicht mehr den Mindestwaldbestand auf den bewaldeten Landparzellen aufrechterhalten müssen. Es kommt ein wohlfahrtstheoretisch optimales Verhandlungsgleichgewicht zustande. Stehen jedoch einer Vielzahl von Landwirten eine Vielzahl von Forstwirten gegenüber, so ergibt sich wieder das Problem der Trittbrettfahrer: Da die Forstwirte nur davon profitieren, wenn *alle* Landwirte bei Erhalt der Kompensationszahlung auf den garantierten Mindestwaldbestand verzichten, wird jeder Landwirt versuchen, sich einer Verhandlungslösung möglichst lange in den Weg zu stellen, um möglichst hohe Kompensationszahlungen zu erhalten. Nun kommt es zu einer Unterversorgung des öffentlichen Guts "reduzierter Waldbestand". Das Problem des Trittbrettfahrerverhalten bei nicht–ausschließbaren Umweltgütern erklärt die extreme Seltenheit von Verhandlungslösungen zur Internalisierung von externen Effekten in der Praxis (siehe *Quiggin* 1988a: 1078).

Die *Coase*'sche Verhandlungslösung, selbst wenn wir Transaktionskosten außer Acht lassen, führt also im allgemeinen (d.h. bei einer Vielzahl sowohl von Forst– als auch von Landwirten) nicht zu einem wohlfahrtstheoretischen Optimum. Der Fall, in dem die Verhandlungslösung nicht durch Trittbrettfahrerverhalten verunmöglicht wird (nur ein Forstwirt, wenn die Landwirte ein "Verfügungsrecht" für einen gesicherten Waldbestand haben, nur ein Landwirt, wenn die Forstwirte ein uneingeschränktes Verfügungsrecht der Waldnutzung besitzen), führt jedoch auch nur dann zu einem Pareto–Optimum, wenn alle Anbieter Preisnehmer sind, eine Annahme, die kaum realistisch ist, da ja je nach Annahme über die Verfügungsrechte nur ein Forstwirt oder nur ein Landwirt existiert (vgl. auch *Pearce/Turner* 1990: 73–74). Es ist also genauso unrealistisch, daß die *Coase*'sche Verhandlungslösung zu einem Pareto–Optimum führt, wie es unrealistisch ist, daß private integrierte Verfügungsrechte zu einem Pareto–Optimum führen. Die Frage, wie das Problem des Trittbrettfahrerverhaltens einer Gruppe vermieden werden kann, wird uns später beschäftigen, wenn wir zulassen, daß die Gruppenmitglieder ein institutionelles Arrangement treffen können, um Trittbrettfahrerverhalten auszuschließen und Transaktionskosten zu verringern (siehe Diskussion in Kapitel 4.).

2.2. Land- und Forstwirtschaft als Konkurrenten in der Bodennutzung

Bis jetzt haben wir einen wichtigen Grund der Reduktion der bewaldeten Flächen vernachlässigt: die Abholzung von Wald zur land- und viehwirtschaftlichen Nutzung des Bodens. In der Analyse in den bisherigen Kapiteln haben wir einfach angenommen, daß die für jede Nutzungsform reservierte Fläche exogen vorgegeben ist. In Wahrheit wird jedoch, wenn dem keine institutionellen Regelungen entgegenstehen, der Boden der produktivsten Verwendung zugeführt, d.h. diejenige Aktivität wird verfolgt, welche die höchste Bodenrente erzielt. Doch auch, wenn die Art der Bodennutzung eine Entscheidungsvariable ist, sind die Verfügungsrechte am Boden entscheidend. Wie im Kapitel 2.1. betrachten wir nur zwei Aktivitäten: Forstwirtschaft und Land- (und Vieh)wirtschaft. Dabei gehen wir davon aus, daß landwirtschaftlich genutzter Boden grundsätzlich einem exklusiven privaten Verfügungsrechte unterliegt.

2.2.1. Landnutzung, wenn der Wald eine Ressource mit freiem Zugang ist, auf landwirtschaftlich genutzten Boden jedoch ein Eigentumstitel vergeben wird

In vielen Ländern ist der Wald traditionell eine Ressource mit freiem Zugang. Die sich aus der historischen Entwicklung ergebende unterschiedliche Behandlung von Forst- und Landwirtschaft kann erst erklärt werden, wenn auch die Art der Bodennutzung zur Entscheidung steht. Vor allem der Urwald war früher praktisch eine schier unbegrenzte natürliche Ressource, also im Lichte der ökonomischen Theorie ein freies Gut, und folglich hatte die Organisation des Waldes als Ressource mit freiem Zugang keine Effizienzverluste zur Folge. *Kenneth Boulding* (1966) hat jene bis zu den späten sechziger Jahren vorherrschende Sichtweise der Ökonomie, die die Natur generell als unbegrenztes Angebot physischer Ressourcen betrachtet hat, als "frontier economics" bezeichnet (zitiert nach *Colby* 1990: 9). Eine "Urbarmachung" des Waldes zur landwirtschaftlichen Nutzung hatte jedoch, im Gegensatz dazu, erhebliche Investitionskosten (also Opportunitätskosten) zur Folge, und der landwirtschaftlich genutzte Boden ist folglich kein freies Gut, sondern ein knappes Gut. Deshalb ist in vielen Ländern (etwa Costa Rica, Brasilien, Malaysia, Philippinen) die "Urbarmachung" von Urwald zur land- (und vieh-)wirtschaftlichen Nutzung mit dem Erwerb des Eigentumstitels (privates Verfügungsrecht) verbunden (siehe *Dryzek/Glenn* 1987: 205–6, *Tschiersch* 1989: 47 und *Repetto* 1988: 15). Mit der zunehmenden Bevölkerung nahm jedoch die Holznutzung zu, und die Nachfrage nach landwirtschaftlichen Produkten übte Druck auf eine Umwandlung von Waldflächen in landwirtschaftliche Flächen aus. Das Holzangebot in Relation zur

Holznachfrage ist nicht mehr unbegrenzt, und der Wald ist nicht länger ein freies Gut, sondern ein knappes Gut. Jedoch wurde weiterhin der freie Zutritt zur Ressource Wald (zum Teil sogar gesetzlich) garantiert, was natürlich, wie oben gezeigt, zu Effizienzverlusten führt.

Steht die forstwirtschaftliche Nutzung des Waldes (bei freiem Zugang) in Konkurrenz zu einer landwirtschaftlichen Nutzung (mit privaten Eigentumsrechten), so wird überall dort, wo bei landwirtschaftlicher Nutzung eine positive Bodenrente erzielt werden kann, das Land landwirtschaftlich genutzt. Dies ist deshalb der Fall, da bei freiem Zugang die Bodenrente gänzlich verschwindet. In Übereinstimmung mit dieser Hypothese stellen dann auch *Dryzek* und *Glenn* (1987: 203) fest, daß in Costa Rica in der dicht besiedelten Zentralregion Wald nur noch auf unzugänglichen und zerklüfteten Landparzellen anzutreffen ist (d.h. dort, wo keine positive Bodenrente bei landwirtschaftlicher Nutzung erzielt werden kann). Da der freie Zugang zum Wald die Möglichkeit einer positiven Bodenrente verhindert, kann der Wald nur noch dort seine Umweltfunktion ausüben, wo die Landwirtschaft keine Bodenrente erzielt. Dies führt sicherlich zu einer suboptimale Bodennutzung.

In unserem Modell, in dem alle Landparzellen homogen sind, wird entweder der Wald gänzlich verschwinden (solange die Landwirtschaft eine positive Bodenrente abwirft), oder land– und forstwirtschaftlich genutzter Boden erzielen beide eine Bodenrente (d.h. Produzentenrente) von Null. Gilt jedoch für die Kostenfunktion des landwirtschaftlichen Sektors, daß sich die Kosten unendlich nähern, wenn der Waldbestand verschwindet (d.h. die Schutzfunktion des Waldes ist unerlässlich für den Fortbestand der Landwirtschaft), dann wird auch die Landwirtschaft eingestellt, wenn der Waldbestand gänzlich verschwindet. Dies wäre etwa bei der Kostenfunktion (71) der Fall. Man könnten dann von einer doppelten "tragedy of the commons" oder besser von einer doppelten "tragedy of open access" sprechen.

Für den Fall, daß im Gleichgewicht noch Forstwirtschaft betrieben wird, lautet die Bedingung im Gleichgewicht (unter der vereinfachenden Annahme, daß F_x stetig ist):

$$G(F_x) = p^N(F_x X_i) \; X_i - C(X_i, S_i) =$$
$$= \Gamma(F_x) = q^N[(F - F_x)y_j] \; y_j - K(y_j, F_x S_i) = 0 \qquad (104)$$

G: Steady–state–Gewinn in der Forstwirtschaft
Γ: Steady–state–Gewinn in der Landwirtschaft

Da nun landwirtschaftliche und forstwirtschaftliche Nutzung auf einer Landparzelle austauschbar sind, müssen wir jetzt auch Fixkosten in die Betrachtung einbeziehen. Wir gehen der Einfachheit halber davon aus, daß nur die Landwirtschaft fixe Produktionskosten aufweist. Gewinnmaximierung auf einer landwirtschaftlich genutzten Landparzelle impliziert, daß die Grenzkosten der landwirtschaftlichen Produktion mit dem Marktpreis identisch sind. Andererseits impliziert Bedingung (104), d.h. Gewinn von Null in der Landwirtschaft, daß der Marktpreis auch mit den Durchschnittskosten übereinstimmen muß. Also muß die Bodenaufteilung zwischen Forst- und Landwirtschaft so angepaßt werden, daß in der Landwirtschaft Durchschnittskosten, Grenzkosten und Marktpreis identisch sein müssen. Grafisch läßt sich ein solches Gleichgewicht in der Landwirtschaft, wie in Figur 18 darstellen: Nachfrage- und Angebotskurve (=Grenzkostenkurve) und Durschschnittskostenkurve schneiden sich in einem Punkt.

Figur 18: Angebots- und Nachfragekurve bezogen auf eine landwirtschaftliche Landparzelle bei freiem Zugang zum Wald und freier Wahl der Bodennutzung.

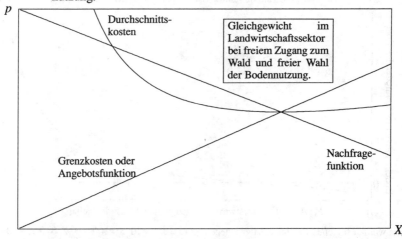

Wie in Figur 19 wurden folgende Parameter zugrundegelegt: $\alpha=10$, $S_u=10$, $S_o=100$, $r=0.2$, $\delta=0.1$, $A=0.6$, $B=0.003$, $F=100$, $C=1$, $D=0.0001$. Außerdem gilt: $F_x=33$ und $S_i=81$. Kostenfunktionen der Landwirtschaft: $K=10\ y_j^2/(F_x\ S_i) + 18.6$.

Eine mögliche Gewinnkurve der landwirtschaftlichen Landparzelle in Abhängigkeit der Anzahl forstwirtschaftlicher Landparzellen wird in der folgenden Figur 19 gezeigt. Die Gewinnkurve der landwirtschaftlich genutzten Landparzelle in Abhängigkeit der Anzahl forstwirtschaftlich genutzter Landparzellen kann jedoch auch einen anderen, als den aufgezeigten steigenden Verlauf, aufweisen. Für ein stabiles Gleichgewicht muß jedoch gelten, daß die Kurve $\Gamma(F_x)$ in der Umgebung dieses Gleichgewichts steigend ist. Links von einem solchen Gleichgewicht (d.h. im Vergleich zum Gleichgewicht wird zuwenig Fläche forstwirtschaftlich genutzt) wird in der Landwirtschaft ein Verlust erzielt, während in der Forstwirtschaft der Gewinn Null beträgt. Die Bodennutzer werden solange von Land– auf Forstwirtschaft umstellen, bis auch in der Landwirtschaft kein Verlust mehr erzielt wird. Entsprechend gilt rechts von einem solchen Gleichgewicht, daß in der Landwirtschaft ein Gewinn erzielt wird, während in der Forstwirtschaft der Gewinn mit Null identisch ist. Bodennutzer, die bisher Forstwirtschaft betrieben haben, werden deshalb auf Landwirtschaft umstellen, d.h. die Zahl der forstwirtschaftlich genutzten Landparzellen nimmt ab, in Richtung auf das Gleichgewicht.

Figur 19: Bodenrente der landwirtschaftlich genutzten Landparzelle in Abhängigkeit der Anzahl forstwirtschaftlich genutzter Parzellen bei freiem Zugang zum Wald

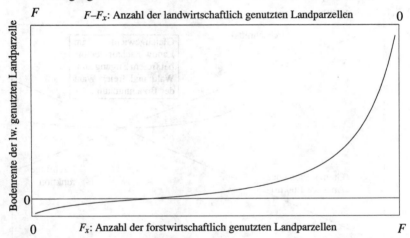

Es wurden folgende Parameter zugrundegelegt: $\alpha=10$, $S_u=10$, $S_o=100$, $r=0.2$, $\delta=0.1$, $A=0.6$, $B=0.003$ (für $F_x=50$ entsprechen die Parameter der Nachfragefunktion p^{NI} in Kapitel 2.1.1.), $F=100$, $C=1$, $D=0.0001$, Kostenfunktionen der Landwirtschaft: $K=10\, y_j^2/(F_x\, S_i) + 18.6$. Der Gewinn im Landwirtschaftssektor ist Null, wenn $F_x=33$.

2.2.2. Bodennutzung wenn sowohl forst– als auch landwirtschaftliches Land mit privaten Verfügungsrechten ausgestattet sind

Nun nehmen wir an, daß auch der forstwirtschaftlich genutzte Boden mit einem Eigentumstitel ausgestattet ist. Für den Bodenbesitzer stellt sich nun das Problem die Bodenrente pro Jahr durch geeignete Wahl der Bodennutzung zu maximieren. Dabei nehmen wir an, daß es sich um eine diskrete Entscheidung handelt, d.h. entweder wird die ganze Landparzelle forstwirtschaftlich oder sie wird landwirtschaftlich genutzt (Die zugrundeliegende Idee ist, daß sowohl für die landwirtschaftliche als auch für die forstwirtschaftliche Nutzung eine Minimalfläche notwendig ist. Diese Minimalfläche nehmen wir als Größe der Standardlandparzelle). Bei der forstwirtschaftlichen Nutzung ergibt sich im langfristigen Gleichgewicht folgende Bodenrente (in laufenden Werten) pro (marginaler) Zeiteinheit und Landparzelle:

$$G = p^p X_i^p - C(X_i^p, S_i^p) \qquad (105)$$

p^p: Gleichgewichtspreis für Holz im steady–state bei privaten Verfügungsrechten

X_i^p: Gleichgewichtsproduktionsmenge an Holz für die Parzelle i bei privaten Verfügungsrechten

S_i^p: Gleichgewichtsressourcenbestand für die Parzelle i bei privaten Verfügungsrechten

wobei p^p der Gleichgewichtspreis auf dem Markt für Holz, $X_i{}^p$ die den Gegenwartswert des Gewinns maximierende Holzproduktion und $S_i{}^p$ der dazu gehörige Waldbestand einer Standardlandparzelle im langfristigen Gleichgewicht sind. Natürlich hängen alle drei Variablen, p^p, $X_i{}^p$ und $S_i{}^p$ und damit der Periodengewinn G von der Anzahl der forstwirtschaftlich genutzten Flächen F_x ab (die für die Landparzelle i relevante Nachfragefunktion ändert sich mit F_x). Die Bodenrente der landwirtschaftlichen Produktion ergibt sich aus dem gewinnmaximierenden landwirtschaftlichen Output. Je nach dem, wie groß der Waldbestand auf den umliegenden landwirtschaftlich genutzten Landparzellen ist, werden sich jedoch die Produktionskosten ändern, d.h. der Waldbestand geht als Parameter in das Entscheidungsproblem ein.

$$\Gamma = q^p y_j^p - K(y_j^p, \Sigma S_i^p) \qquad (106)$$

q^p: Gleichgewichtspreis für das landwirtschaftliche Produkt (Grenzkosten=Preis)

y_j^p: Gleichgewichtsmenge des landwirtschaftlichen Produktes

Da die für die landwirtschaftlich genutzte Landparzelle j relevante Nachfragekurve von der Anzahl der landwirtschaftlich genutzten Parzellen $F-F_x$ abhängt, und der Waldbestand $S_i{}^p$ von F_x, sind alle drei Variablen, q^p, $y_j{}^p$ und $S_i{}^p$ und damit der landwirtschaftliche Gewinn Γ von F_x abhängig.

Der Boden wird forstwirtschaftlich genutzt, wenn $G>\Gamma$, und er wird landwirtschaftlich genutzt, wenn $G<\Gamma$. Auch hier können sich Koordinationsprobleme ergeben. Erzielt jeder einzelne Landbesitzer unter einer landwirtschaftlichen Nutzung eine höhere Bodenrente als unter einer forstwirtschaftlichen Nutzung, wird es in dem betreffenden Gebiet keine Bäume mehr geben, und unter der Annahme, daß ein geringerer Waldbestand in der Region zu Bodenerosion führt, werden die landwirtschaftlichen Produktionskosten immens ansteigen. Im Extremfall ist überhaupt keine landwirtschaftliche Produktion mehr möglich. Doch ist die Wahrscheinlichkeit einer totalen Abholzung geringer als im Fall von freiem Zugang. Folglich sichern private Eigentumsrechte ein Fortbestehen des Waldes nur solange, als die forstwirtschaftliche Nutzung institutionell festgeschrieben ist (siehe Kapitel 2.1.2.). Freier Zugang zum Wald mit institutionell geregelten Nutzungsrechten (siehe Kapitel 2.1.1.) sichert eventuell sogar einen höheren Waldbestand im Gesamtgebiet als private Verfügungsrechte mit Wahlfreiheit der Art der Nutzung. Eine mögliche Gewinnkonstellation von Forst– und Landwirtschaft ist in Figur 20 dargestellt.

Figur 20: Bodenrente der forst– und landwirtschaftlich genutzten Landparzelle in Abhängigkeit der Anzahl forstwirtschaftlich genutzter Parzellen bei privaten Verfügungsrechten im Forst– und Landwirtschaftssektor

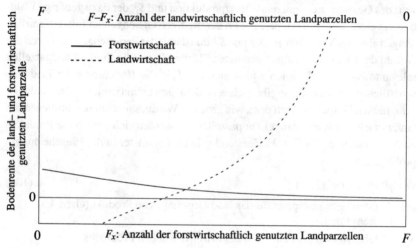

Es wurden folgende Parameter zugrundegelegt: $\alpha=10$, $S_u=10$, $S_o=100$, $r=0.2$, $\delta=0.1$, $A=2.5$, $B=0.01$ (für $F_x=50$ entsprechen die Parameter der Nachfragefunktion p^{N3} in Kapitel 2.1.2.), $F=100$, $C=1$, $D=0.0001$, Kostenfunktionen der Landwirtschaft: $K=10\ y_j^2/(F_x\ S_i) + 18.6$. Das Gleichgewicht liegt bei $F_x=40$.

Es gibt einen eindeutigen Schnittpunkt zwischen den steady–state–Gewinnfunktionen der land– und forstwirtschaftlich genutzten Landparzellen. Das Bodennutzungsgleichgewicht ist stabil, da bei (im Verhältnis zum Gleichgewicht) zu geringer forstwirtschaftlich Nutzung des Bodens der Gewinn einer forstwirtschaftlichen Nutzung der Gewinn einer landwirtschaftlichen Nutzung übersteigt. Einige Bodennutzer werden deshalb von Land– auf Forstwirtschaft umstellen. Stabilität des Gleichgewichts setzt also voraus, daß die Steigung des landwirtschaftlichen Gewinns in Abhängigkeit der forstwirtschaftlich genutzten Fläche steiler ist als die Steigung des forstwirtschaftlichen Gewinns. Der Verlauf der Gewinnfunktionen in Abhängigkeit von der Anzahl forstwirtschaftlich genutzter Landparzellen ist jedoch nicht notwendigerweise so wie dargestellt. Es kann eventuell sogar mehrfache Gleichgewichte geben, wobei nur jene stabil sind, in deren Umgebung der Gewinnfunktion für die landwirtschaftliche Landparzelle eine größere Steigung hat als jene für die forstwirtschaftliche Nutzung.

2.2.3. Bodennutzung, wenn land- und forstwirtschaftlich genutzter Boden mit integrierten privaten Verfügungsrechten ausgestattet sind

Nun nehmen wir an, daß der Boden von allen Landparzellen Eigentum der gleichen Entscheidungseinheit ist. Der Landbesitzer maximiert dann die Bodenrente der gesamten in seinem Besitz befindlichen Bodenfläche, wobei wir annehmen, daß er die Preise als Datum nimmt (Preisnehmer). Wir nehmen an, daß die relevanten externen Effekte sich nur auf diese Bodenfläche beziehen. Sind also F Landparzellen im Besitz der Entscheidungseinheit, ist die Bodenrente dieser Fläche durch geeignete Wahl der für die beiden Aktivitäten Forstwirtschaft und Landwirtschaft reservierten Flächen zu maximieren:

$$\max \sum_{i=1}^{F_x} \int_0^\infty [p\, X_i - C(X_i, S)]e^{-\delta t}\, dt + \sum_{j=F_x+1}^{F} \int_0^\infty [q\, y_j - K(y_j, \sum_{i=1}^{F_x} S_i)]e^{-\delta t}\, dt \quad (107)$$

wobei F_x die forstwirtschaftlich und $F_y = F - F_x$ die landwirtschaftlich genutzte Fläche ist. Das Kontrollproblem ist identisch zu (55), mit dem Unterschied, daß nun F_x auch Entscheidungsvariable ist. Folglich ist die Hamiltonfunktion für dieses Kontrollproblem identisch zu (57). Nehmen wir der Einfachheit halber zunächst an, daß auch F_x eine stetige Variable ist. Nun kommt als weiter Bedingung zu (58) – (61) hinzu:

$$\frac{\partial H}{\partial F_x} = 0 \Leftrightarrow pX_i - C(X_i, S_i) - [qy_j - K(y_j, F_x S_i)] - (F - F_x)S_i \frac{\partial K}{\partial (F_x S_i)}(y_j, F_x S_i) = 0$$

$$\Leftrightarrow p\, X_i - C(X_i, S_i) - (F - F_x)S_i \frac{\partial K}{\partial (F_x S_i)}(y_j, F_x S_i) = q\, y_j - K(y_j, F_x S_i) \quad (108)$$

Wir interessieren uns, wie vorher, nur für die Lösung im langfristigen Gleichgewicht, der optimale Anpassungspfad zur Erreichung dieses Gleichgewichts interessiert uns hier nicht. Eine Umwandlung einer forstwirtschaftlich in eine landwirtschaftlich genutzte Landparzelle ist solange von Vorteil, als die Bodenrente der forstwirtschaftlichen Produktion einschließlich des Effekts einer Ausdehnung der Forstwirtschaft auf die landwirtschaftlichen Produktionskosten kleiner ist, als die Bodenrente bei landwirtschaftlicher Nutzung. Eine marginale Ausdehnung der forstwirtschaftlichen Produktionsflächen vermindert die Produktionskosten der Landwirtschaft auf allen ($F-F_x$) landwirtschaftlich genutzten Landparzellen um

$$\frac{\partial K}{\partial (F_x S_i)}(y_j, F_x S_i)\, S_i \qquad (109)$$

Wir bezeichnen den rechten Ausdruck der zweiten Zeile von (108) als modifizierte forstwirtschaftliche Bodenrente: Darin enthalten ist die gewöhnliche forstwirtschaftliche Bodenrente und der Effekt einer Ausdehung der Waldfläche auf die Landwirtschaft. In der folgenden Figur 21 wird für hypothetische Nachfrage- und Kostenfunktionen, für eine hypothetische Wachstumsfunktion des Waldes und für eine hypothetische Gesamtzahl von Landparzellen die Entwicklung der modifizierten Bodenrente der forstwirtschaftlichen Landparzelle und der Bodenrente der landwirtschaftlichen Landparzelle in Abhängigkeit der Aufteilung des Bodens aufgezeigt. Beim Schnittpunkt der beiden Kurven handelt es sich um ein stabiles Gleichgewicht. Links vom Gleichgewicht ist der modifizierte (steady–state) (Perioden–)Gewinn der Forstwirtschaft größer als der (steady–state) Gewinn der

Figur 21: Modifizierte Bodenrente der forstwirtschaftlich genutzten Landparzelle und Bodenrente der landwirtschaftlichen Landparzelle in Abhängigkeit der Anzahl forstwirtschaftlich genutzter Parzellen bei integrierten privaten Verfügungsrechten im Forst- und Landwirtschaftssektor

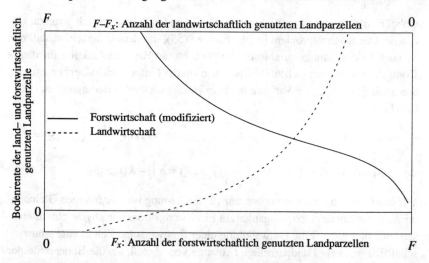

Es wurden folgende Parameter zugrundegelegt: $\alpha=10$, $S_u=10$, $S_o=100$, $r=0.2$, $\delta=0.1$, $A=2.5$, $B=0.01$ (für $F_x=50$ entsprechen die Parameter der Nachfragefunktion p^{N3} in Kapitel 2.1.4.), $F=100$, $C=1$, $D=0.0001$, Kostenfunktionen der Landwirtschaft: $K=10\, y_j^2/(F_x\, S_i) + 18.6$. Das Gleichgewicht ist bei $F_x=68$.

Landwirtschaft, der Bodennutzer wird also einige Flächen von Land- auf Forstwirtschaft umstellen, und bewegt sich in Richtung auf das Gleichgewicht.

2.2.4. Wohlfahrtsverlust bei "privaten nicht-integrierten Verfügungsrechten" und bei "freiem Zugang zum Wald" gegenüber "integrierten privaten Verfügungsrechten"

Wir vergleichen nun die Wohlfahrtssituation bei verschiedenen institutionellen Regelungen der Verfügungsrechte im langfristigen Gleichgewicht. Dabei messen wir den Nutzen als Fläche unter den Nachfragefunktionen, die Kosten ergeben sich aus den Kostenfunktionen. Die Nachfragefunktionen sind im Idealfall die einkommenskompensierten Nachfragefunktionen und die Kostenfunktionen spiegeln die Opportunitätskosten wieder. Nun definieren wir die Gesamtwohlfahrt zu jedem Zeitpunkt t als die Differenz des so definierten Nutzens und der Kosten. Diese Differenz ist identisch mit der Summe aus Konsumenten- und Produzentenrente. Außerdem nehmen wir an, daß die Gesamtwohlfahrt zu verschiedenen Zeitpunkten durch Abdiskontierung mit einer sozialen Zeitpräferenzrate δ, die dem Marktzinssatz entspricht, vergleichbar gemacht wird. Die Gesamtwohlfahrt aus beiden Aktivitäten (Forst- und Landwirtschaft) über einen unendlichen Planungshorizont ist daher wie folgt definiert. (Wir haben bereits vorausgesetzt, daß auf allen forstwirtschaftlichen Landparzellen der Waldbestand und die Holznutzung zu jedem Zeitpunkt, also insbesondere auch zum Anfangszeitpunkt $t=0$ gleich groß sind. Außerdem ist die landwirtschaftliche Produktion auf allen landwirtschaftlich genutzten Landparzellen identisch):

$$PW =$$
$$= \int_0^\infty \left\{ \int_0^{F_x X_i} p^N(u)du - F_x C(X_i, S_i) + \int_0^{(F-F_x)y_j} q^N(v)dv - (F - F_x) K(y_j, F_x S_i) \right\} e^{-\delta t} dt \quad (110)$$

PW: Wohlfahrtsintegral (Gegenwartswert von Konsumenten- und Produzentenrente)

Der Einfachheit halber wurde bei den Pfade $F_x(t), X_i(t), S_i(t), y_j(t)$ im Wohlfahrtsintegral die Abhängigkeit von der Zeit nicht explizit sichtbar gemacht.

Es gilt auch weiterhin, daß der Waldbestand auf jeder forstwirtschaftlich genutzten Landparzelle sich mit der Differenz aus natürlichem Wachstum und Abholzung verändert:

$$\frac{dS_i}{dt} = N(S_i(t)) - X_i(t) \quad (2)$$

Wenn wir zunächst annehmen, daß F_x konstant ist, dann kommen wir zu den gleichen Bedingungen für ein Wohlfahrtsoptimum wie in Kapitel 2.1.5.

Um nun noch die optimale Anzahl der forst– und landwirtschaftlich genutzten Landparzellen zu bestimmen, muß das Wohlfahrtsintegral (110) auch bezüglich der Anzahl forstwirtschaftlicher Landparzellen F_x maximiert werden. Wir interessieren uns nur für die optimale Aufteilung zwischen Forst– und Landwirtschaft im langfristigen Gleichgewicht, den optimalen Anpassungspfad dorthin analysieren wir nicht. (Dazu müßte modelliert werden, wie die Umstellung von Forst– auf Landwirtschaft oder umgekehrt erfolgt. Da bei einer Umstellung von bisher forstwirtschaftlich genutzten Land auf eine landwirtschaftliche Nutzung der Wald auf dieser Fläche vollständig abgeholzt wird, müßte für die umzustellenden Landparzellen ein optimaler Abholzungsplan ermittelt werden. In der Übergangszeit wären die Waldbestände und Holznutzungsraten für verschiedene Landparzellen unterschiedlich hoch). Als weitere Bedingung kommt deshalb hinzu, daß die Hamilton–Funktion bezüglich der Anzahl forstwirtschaftlich genutzter Landparzellen F_x maximiert werden muß. Solange die Ableitung der Hamilton–Funktion nach F_x kleiner als Null ist, wird noch eine Landparzelle von Forst– auf Landwirtschaft umgestellt, sobald die Ableitung grösser als Null wird, wird die Umstellung eingestellt.

$$\frac{\partial H}{\partial F_x} =$$

$$= \left\{ p^N(X)\ X_i - C(X_i, S_i) - q^N(y)y_j + c_y(y_j, F_xS_i) - (F - F_x)\frac{\partial c_y}{\partial (F_xS_i)}(y_j, S_i)\right\} e^{-\delta t} \quad (111)$$

Um ein Wohlfahrtsoptimum durch Anpassung der Landnutzungen zu erreichen, wird die Anzahl landwirtschaftlich genutzter Landparzellen solange auf Kosten der Forstwirtschaft ausgedehnt, wie der Gewinn einer forstwirtschaftlich genutzten Landparzelle einschließlich des kostenmindernden Effekts einer Ausdehnung der forstwirtschaftlich genutzten Landparzelle auf die Landwirtschaft (modifizierter Gewinn) kleiner als der Gewinn der landwirtschaftlichen genutzten Landparzelle ist. Das heißt, die Landwirtschaft wird solange ausgedehnt, wie:

$$p^N(X)\ X_i - C(X_i, S_i) - (F - F_x)\frac{\partial K}{\partial F_x}(y_j, S_i) - [q^N(y)y_j - K(y_j, F_xS_i)] < 0 \quad (112)$$

Das ist die gleiche Bedingung wie Gleichung (108) in Kapitel 2.2.3. Maximale Wohlfahrt bei freier Wahl der Bodennutzung kann also auch mit integrierten privaten Eigentumsrechten erreicht werden.

Nun kann die modifizierte Gewinnfunktion der Forstwirtschaft als Wohlfahrtsverlust bei einer Ausdehnung der landwirtschaftlich genutzten Flächen interpretiert werden, die Gewinnfunktion der Landwirtschaft ist der mit einer Ausdehnung der Landwirtschaft verbundene Wohlfahrtsgewinn. Die Fläche unter der modifizierten Gewinnfunktion der Forstwirtschaftsparzelle von rechts bis zum Gleichgewicht ist also der mit einer Ausdehnung der Landwirtschaft (von einer Situation, in welcher überhaupt keine Landwirtschaft betrieben wird) verbundene Wohlfahrtsverlust, die Fläche (von rechts bis zum Gleichgewicht) unter der Gewinnfunktion der Landwirtschaftsparzelle ist der mit einer Ausdehnung der Landwirtschaft verbundene Wohlfahrtsgewinn. In unseren Beispiel ist die Parallelität zu der Argumentation mit Konsumenten- und Produzentenrente in einem Angebots-/Nachfragediagramm offensichtlich. Wir sollten uns jedoch in Erinnerung rufen, daß die Steigungen der beiden Gewinnfunktionen in Abhängigkeit der Anzahl forstwirtschaftlicher Landparzellen nicht notwendigerweise wie in Figur 21 sind.

Um den Wohlfahrtsverlust bei "privaten nicht-integrierten Verfügungsrechten" aufzuzeigen, gehen wir in zwei Schritten vor. Wir gehen aus von der Aufteilung der Landparzellen auf forst- und landwirtschaftliche Nutzung bei "privaten Verfügungsrechten" am Wald und privaten Verfügungsrechten bei landwirtschaftlicher Nutzung und bei freier Entscheidung über die Landnutzung (siehe Gleichgewichtspunkt in Figur 20). Wir halten zunächst diese Landaufteilung bei, und betrachten, wie sich die Wohlfahrt in beiden Sektoren (Forst- und Landwirtschaft) verändert, wenn die Forstwirtschaft und Landwirtschaft mit einem integrierten Eigentumstitel ausgestattet wird. Dieser Vergleich wurde bereits in Kapitel 2.1.5. (siehe Figur 17) angestellt.

In einem zweiten Schritt vergleichen wir die Wohlfahrt bei privaten integrierten Eigentumsrechten in beiden Sektoren bei vorgegebener Landaufteilung mit der Wohlfahrt bei freier Wahl der Bodennutzung (siehe Figur 22). Wir beachten dabei, daß links vom Schnittpunkt der modifizierten Gewinnfunktion der forstwirtschaftlich genutzten Landparzelle und der Gewinnfunkion der landwirtschaftlichen Landparzelle eine Ausdehnung der forstwirtschaftlich genutzten Flächen zu einem Nettowohlfahrtsgewinn führt. Der Nettowohlfahrtsverlust des zweiten Schrittes (integrierte private Verfügungsrechte mit institutionell festgelegter Bodennutzung versus integrierte private Verfügungsrechte mit freier Wahl der Bodennutzung) wird deshalb durch die Fläche ABC zwischen beiden Gewinnkurven aufgezeigt.

Genauso kann vorgegangen werden, um den Wohlfahrtsverlust des Ressourcenregimes "freier Zugang" zum Wald zu verdeutlichen: Wir gehen aus von der Gleichgewichtslandaufteilung zwischen Forst- und Landwirtschaft bei freiem Zugang (siehe Gleichgewichtspunkt in Figur 19). Wir behalten zunächst diese Landaufteilung bei und stellen die gleiche Überlegung wie in Kapital 2.1.5. auf, um den Wohl-

Figur 22: Wohlfahrtsverlust zwischen "privaten integrierten Verfügungsrechten" bzw. "freiem Zugang" und vorgegebener Aufteilung der Landnutzung und "privaten integrierten Verfügungsrechten" bei freier Aufteilung der Landnutzung.

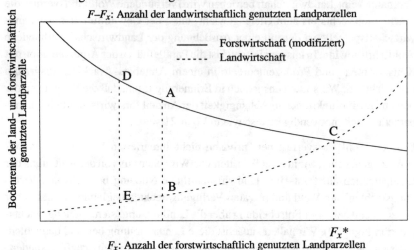

Es wurden folgende Parameter zugrundegelegt: $\alpha=10$, $S_u=10$, $S_o=100$, $r=0.2$, $\delta=0.1$, $A=2.5$, $B=0.01$ (für $F_x=50$ entsprechen die Parameter der Nachfragefunktion p^{N3} in Kapitel 2.1.4.), $F=100$, $C=1$, $D=0.0001$, Kostenfunktionen der Landwirtschaft: $K=10\ y_j{}^2/(F_x\ S_i) + 18.6$. Das Gleichgewicht ist bei $F_x{}^*=68$.

fahrtsverlust von "freiem Zugang" bei vorgegebener Landaufteilung aufzuzeigen (siehe Figur 17). In einem zweiten Schritt vergleichen wir die Wohlfahrt bei integrierten privaten Verfügungsrechten, aber mit festgelegter Landaufteilung (und zwar jener die sich als Gleichgewichtslösung bei "freiem Zugang" ergibt) mit jener Wohlfahrt die sich bei freier Wahl der Landnutzung ergibt. Im zweiten Schritt ergibt sich hier folglich ein Wohlfahrtsverlust in Höhe der Fläche CDE (siehe Figur 22).

Damit wäre aufgezeigt, daß private (und nicht–integrierte) Verfügungsrechte allein kein "Allheilmittel" für den Schutz der Ressource sind und auch nicht ein wohlfahrtstheoretisches Optimum erreichen können. Wie in Kapitel 2.2.2. beschrieben, kann es unter bestimmten Konstellationen immer noch zu einem Absterben der Ressource kommen, und das Land wird dann im schlimmsten Falle sowohl für die Forst– als auch für die Landwirtschaft unbrauchbar. Private (und nicht–integrierte) Verfügungsrechte am Wald führen nicht nur dazu, daß auf jeder Landparzelle ein wohlfahrtstheoretisch zu niedriger Waldbestand aufrechterhalten wird, sondern auch dazu, daß bei freier Wahl der Bodennutzung ein zu geringer Anteil der Landfläche forstwirtschaftlich genutzt wird. Die *Coase*'sche Verhandlungslösung zur Internalisierung externer Effekte ist im allgemeinen wegen der zu großen Zahl von Verhandlungspartnern impraktikabel: sowohl Trittbrettfahrerverhalten, als auch die hohen Transaktionskosten führen, wenn überhaupt, zu Pareto–suboptimalen Verhandlungsergebnissen.

Jedoch können die Transaktionskosten und das Problem des Trittbrettfahrerverhaltens durch eine institutionelle Regelung und eine entsprechende Kombination von privaten und kollektiven Verfügungsrechten eventuell vermindert werden (siehe Diskussion in Kapitel 4.).

3. Erneuerbare Ressourcen in Allmendeeigentum: Eine spieltheoretische Interpretation

Beim Management natürlicher Ressourcen treten zwei Probleme auf. Das erste Problem bezieht sich auf die intertemporal optimale Nutzung einer natürlich nachwachsenden Ressource: Wie wir gesehen haben, garantieren private Eigentumsrechte unter den neoklassischen Maximierungsannahmen eine optimale intertemporale Nutzung der Ressource für sich genommen, da die (internen) user costs in die Entscheidung einbezogen werden. Im Gegensatz dazu kommt es bei freiem Zugang zu einer suboptimalen Übernutzung der natürlichen Ressource, die im Extremfall das Absterben der Ressource zur Folge hat. Die in vielen Entwicklungsländern beobachtbare Ressourcendegradierung wurde deshalb oft auf schlecht definierte Verfügungsrechte zurückgeführt und als Instrument der Verbesserung der Ressourcenallokation eine Privatisierung empfohlen. Dies gilt natürlich nur solange, als die Grundbesitzer tatsächlich ihren Nutzen oder Gewinn maximieren. Bereits Adam Smith hat jedoch darauf hingewiesen, daß vor allem die großen feudalen Grundeigentümer wegen ihres Reichtums ihr Land vernachlässigen, also nicht den maximal möglichen Gewinn erwirtschaften (siehe *Elsner* 1986: 262). Auch *Bromley/Cernea* (1989: 12) stellen die Gültigkeit der neoklassische Gewinnmaximierungshypothese in Frage, wenn sie feststellen, daß im Lateinamerika die besten landwirtschaftlichen Böden (der Großgrundbesitzer) für die (weniger produktive) Viehwirtschaft verwendet werden, während die ärmeren Böden für die Getreideproduktion verwendet werden. Vor allem abwesende Grundeigentümer sind oft gar nicht in der Lage effizient zu produzieren, da sie mit den lokalen ökologischen Bedingungen wenig vertraut sind (*Runge* 1986: 631).

Das zweite Problem bezieht sich auf externe Effekte, die ein Bestand einer natürlichen Ressource (z.B. Wald) auf andere Sektoren ausübt. Die Entscheidungseinheit, deren Aktion externe Effekte verursacht, bezieht diese Kosten (Erträge), die anderen auferlegt werden (zugutekommen), nicht in den Entscheidungsprozeß ein. Eine Möglichkeit, das Problem externer Effekte zu überwinden, ist die Integration der Verfügungsrechte der Sektoren, welche externe Effekte "produzieren" und welche externe Effekte "konsumieren". Jedoch widerspricht diese Ballung von Entscheidungsmacht dem Konzept des vollständigen Wettbewerbs, welches eben auf einer großen Anzahl von Entscheidungseinheiten basiert (siehe *Bromley* 1986: 38). So ist jeweils in den neoklassischen Modellen der Kapitel 2.1.4. und 2.2.3. nicht einzusehen, warum sich die Entscheidungseinheit, die nun den Wald und den davon betroffenen Landwirtschaftssektor besitzt, nicht wie ein Monopolist benimmt. Verhält sich der Anbieter wie ein Monopolist, sind eventuell nicht integrierte private

Eigentumsrechte integrierten privaten Verfügungsrechte vom Wohlfahrtsstandpunkt aus gesehen vorzuziehen.

In Kapitel 2.1.6. haben wir gezeigt, daß auch die von *Coase* vorgeschlagene Verhandlungslösung zur Internalisierung der externen Effekte bei (nicht–integrierten) privaten Verfügungsrechten wegen des Problems des Trittbrettfahrerverhaltens nicht zu einem Pareto–Optimum führt.

Um das Problem der Externalitäten zu lösen, wurde in der politischen Diskussion immer wieder für staatliche Interventionen plädiert, sei es durch (*Pigou*–)Steuern und/oder Subventionen oder durch direkte Kontrolle von Inputs und/oder Outputs. Das Ziel dieser Eingriffe ist die möglichst exakte Angleichung der sozialen und privaten Kosten und Nutzen (siehe *Ciriacy–Wantrup/Bishop* 1975: 714). Der Staat wird dabei als nur eine Einheit betrachtet, es wird nicht zwischen seinen verschiedene föderalen Ebenen differenziert. Dies führt in den Entwicklungsländern mit meist zentralistischer Staatsphilosophie dazu, daß natürliche Ressourcen mit ihren besonderen lokalen umweltrelevanten Funktionen fernab von den Ressourcennutzern in der Hauptstadt verwaltet werden.

In jenem Fall, in dem "kollektive" Verfügungsrechte (eigentlich ihr degenerierter Fall von freiem Zugang, siehe weiter unten) versagen, wird für private Verfügungsrechte plädiert. Führen jedoch auch private Verfügungsrechte zu einer Ressourcendegradierung (infolge der Externalitäten), wird für das andere Extrem, staatliche Intervention, d.h. eine Kollektivierung auf der höchsten Ebene, plädiert. Eine lokale Kollektivierung auf der Ebene der betroffenen Ressourcennutzer fällt zwischen diese beiden Extreme und soll in den folgenden Kapiteln analysiert werden.

3.1. Zum Begriff der kollektiven Verfügungsrechte

Als Lösung der beiden Probleme – intertemporal optimale Nutzung und Externalitäten – bieten sich hier eventuell kollektive Verfügungsrechte ("common property rights") an (hierfür plädieren *Ciriacy–Wantrup/Bishop* 1975: 721). Diese müssen jedoch zuerst definiert werden. In der Ökonomie wurden lange Zeit kollektive Verfügungsrechte (oder Gemeinschaftseigentum) mit freiem Zugang verwechselt. Während freier Zugang zu einer Ressource bedeutet, daß überhaupt kein Verfügungsrecht existiert ("res nullius"), sind kollektive Verfügungsrechte ("res communis") jedoch gleichzusetzen mit privaten Verfügungsrechten der Gruppe (*Runge* 1986: 626; *Quiggin* 1988: 1071; *Ciriacy–Wantrup/Bishop* 1975: 713; *Dahlman* 1980: 23 und 100/101). Nur die Gruppenmitglieder haben ein Nutzungsrecht und nur die Gruppenmitglieder (z.B. Stammesmitglieder oder die Dorfgemeinschaft) werden an Entscheidungen, welche die Nutzung betreffen, beteiligt. Neben den Rechten haben die Gruppenmitglieder auch Pflichten. Nicht–Gruppenmitglieder werden, ganz ähnlich wie bei privaten Eigentumsrechten, ausgeschlossen (siehe *Ciriacy–Wantrup/Bishop* 1975: 715). Im Gegensatz zu einem Ressourcenregime mit freiem Zugang, welches einen Anreiz zur möglichst schnellen Ausbeutung einer Ressource schafft, gibt es allgemein anerkannte und allen Gruppenmitgliedern bekannte Regeln. Die Befolgung dieser Gruppenregeln wird mit ökonomisch und außer–ökonomischen Anreizen gewährleistet, und so kann unsoziales Verhalten der Gruppenmitglieder (Trittbrettfahrerverhalten) verhindert werden.

Entgegen der neoklassischen Theorie, in der Individuen ihr egoistisches Eigeninteresse verfolgen, streben Individuen, vor allem in der überschaubaren Gruppe, auch nach sozialer Anerkennung, die durch Befolgung der Gruppennormen erreicht wird. Reicht das schon bei Adam Smith erwähnte Motiv der sozialen Anerkennung (siehe *Elsner* 1986: 225) nicht aus, um unsoziales Gruppenverhalten zu vermeiden, ist eine gruppeninterne Autorität (als eigene Entscheidungseinheit) notwendig, die Sanktionen gegen regelmißachtendes Gruppenverhalten durchsetzen kann (siehe *Bromley/Cernea* 1989: 15–20 und *Runge* 1986; näheres dazu siehe Kapitel 4.2. der vorliegenden Arbeit). Bricht allerdings das gruppeninterne Normen– und Autoritätssystem zusammen, wird aus einem kollektiven Verfügungsrecht eine Ressource mit freiem Zugang für die Gruppenmitglieder, ähnlich wie private Verfügungsrechte unwirksam werden, wenn es keine Autorität gibt, die sichert, daß die mit dem Eigentum verbundenen Rechte und Pflichten auch eingehalten werden. Erst wenn das kollektive Verfügungsrecht auch nach außen zusammenbricht, wird aus einer Ressource mit kollektiven Verfügungsrechte eine Ressource mit freiem Zugang, d.h. alle haben Zugang zur Ressource, nicht nur die Gruppenmitglieder. Für die Wirksamkeit sowohl von privaten Verfügungsrechten als auch von kollektiven Verfügungsrechten müssen wir also Institutionen voraussetzen, die die Nutzungsrechte gegenüber Dritten gewährleisten. So müssen etwa die Dörfer, welche in England des Mittelalters Wälder, Weiden, Flüsse und Weiher in Allmendeeigentum genutzt haben, Zugang zu den königlichen Gerichten gehabt haben, um Gebietsstreitigkeiten zwischen zwei benachbarten Dörfern zu regeln (*Dahlman* 1980: 101).

Diesen degenerierten Fall von kollektiven Eigentumsrechten, in welchem Außenstehende dieses Eigentum nicht respektieren, behandelt *Hardin* (1968) in seinem Artikel "die Tragödie des Gemeinschaftslands". Er übersieht dabei, daß viele Ressourcen in Gemeinschaftseigentum deshalb Jahrhunderte überlebt haben, da sie eben mit einem effektiven Regel– und Normensystem ausgestattet waren. Daß er jedoch in Wirklichkeit das Problem von freiem Zugang anspricht (und seinen Artikel besser mit dem Titel die Tragödie von freiem Zugang versehen hätte), wird an seinem zitierten Beispiel deutlich: "Die Tragödie des Gemeinschaftslands entwikkelt sich in folgender Weise. Stellen Sie sich Weideland vor, das *für alle offen* ist. Es ist zu erwarten, daß jeder Hirte versucht, so viele Rinder wie möglich auf dem Gemeinschaftsland zu halten." (*Hardin* 1968: 1244, Übersetzung und Hervorhebung durch den Autor). Jeder potentielle Hirte (bzw. jeder Holzfäller) versucht seinen Gewinn zu maximieren. Um zu entscheiden, ob er die Anzahl der Rinder (das Ausmaß der Holznutzung) erhöhen oder vermindern soll, muß er abschätzen, welcher zusätzliche Nettonutzen aus einem zusätzlichen Rind (einem zusätzlich gefällten Baum) resultiert. Dabei erhält der Hirte den vollen Erlös des zusätzlichen Rindes (des zusätzlichen Holzes), während die Kosten auf ihn und alle anderen Hirten (oder Holzfäller) gleichmäßig verteilt werden: Im Beispiel der Weidenutzung sind diese Kosten identisch mit einer Verminderung der Produktivität des Weidelandes durch Überbeanspruchung. Im Fall der Waldnutzung bestehen diese Kosten in einer Beeinträchtigung des natürlichen Wachstums der Bäume durch eine Verminderung des Waldbestandes.

Da jedoch jeder Hirte oder jeder Holzfäller nach diesem rationalen Kalkül vorgeht, kommt es zu einem sub–optimalen Gewinn für alle, oder die natürliche Ressource kann im schlimmsten Falle durch Degradierung überhaupt nicht mehr genutzt werden. Falls das kollektive Verfügungsrecht auch nach außen zusammengebrochen ist, d.h. jeder beliebige potentielle Ressourcennutzer hat Zugang zu der Ressource (so wie in *Hardin*'s Zitat) kommen wir zum gleichen Ergebnis wie in den Kapiteln 2.1.1. und 2.2.1.: Solange noch ein positiver Gewinn erzielt werden kann, werden neue Ressourcennnutzer in den Markt eintreten.

Ist jedoch der Zugang zur Ressource auf eine Gruppe beschränkt (und es gibt keinen Grund bei kollektiven Verfügungsrechten davon auszugehen, daß jeder Zutritt zur Ressource hat, während der Staat private Verfügungsrechte gegen illegale Nutzung Außenstehender schützt), so gilt: Während die Hirten (oder Holzfäller) in ihrer Gesamtheit durch eine Einschränkung ihrer Aktivität (des Viehbestandes oder des Holzeinschlages) profitieren würden, steht jeder Hirte (oder Holzfäller) für sich genommen besser da, wenn er sich keiner Einschränkung unterzieht. Es wurde oft argumentiert, daß das Allmendeproblem formal identisch ist mit dem n–Personen–Gefangenendilemma. *Runge* (1986) dagegen hat behauptet, daß Allmendeproblem sei ein Zusicherungsproblem. In den Kapiteln 3.2.1. und 3.2.2. werden wir das n–Personen–Gefangenendilemma und das Zusicherungsproblem darstellen und in Kapitel 3.3.3. werden wir überprüfen, ob das Gemeinschaftsland–Problem mit einem dieser sich gegenseitig ausschließenden spieltheoretischen Modellen beschrieben werden kann.

3.2. Spieltheoretische Modelle

3.2.1. Das n–Personen–Gefangenendilemma

Im Gefangenendilemma führt individuell–rationales Verhalten der Gruppenmitglieder zu suboptimalen Ergebnissen für jeden einzelnen und für die Gruppe als ganzes. Im 2–Gefangenenfall gilt: Wenn die beiden Gefangenen kooperieren, d.h. sie gestehen beide nicht, erhalten sie auf Grund der ungesicherten Beweislage nur geringe Strafen. Wenn einer den anderen verrät, erhält der Verräter im besten Fall einen Freispruch (Kronzeugenregelung), während der andere eine schärfere Strafe erhält, da seine Schuld nun bewiesen ist, er jedoch uneinsichtig ist, da er nicht gesteht. Gestehen beide, erhalten beide eine Strafe, die höher ist als wenn beide kooperieren, aber niedriger als die, wenn der andere verrät.[5] Die Gewinn–/Verlustmatrix dieses Gefangenendilemmas (die beiden Gefangenen bekannt ist) kann wie folgt dargestellt werden (siehe *Runge* 1986: 626, *Wade* 1987: 97 und *Holler/Illing* 1991: 2):

Tabelle 1: Gewinn–/Verlustmatrix des 2–Personen–Gefangenendilemmas

Person 1	Person 2	
	Kooperiert (K)	Gesteht (D)
Kooperiert (K)	(1,1)	(–2,2)
Gesteht (D)	(2,–2)	(–1,–1)

Quelle: nach *Runge* (1986: 626).

Der Einfachheit halber nehmen wir im folgenden an, daß die Auszahlungsfunktionen für alle Spieler symmetrisch sind. Angewandt auf das Allmendeproblem bedeutet das, daß alle Ressourcennutzer auf der Allmende die gleiche Technologien anwenden, und für den Fall wiederholter Spiele, daß die zukünftigen Auszahlungen aller Spieler mit der gleichen Zeitpräferenzrate abdiskontiert werden.

Werden nun beide Gefangene getrennt verhört, gilt: Unabhängig von der Entscheidung von Person 2 ist der Gewinn (Verlust) für Person 1 höher (niedriger), wenn Person 1 gesteht. Das gleiche gilt für Person 2, d.h. Gestehen ist für beide eine dominante Strategie (d.h. unabhängig von der Strategie des anderen Spielers garantiert Gestehen einen mindestens gleich hohen Gewinn, mindestens für eine Strategie des anderen Spielers einen höheren Gewinn als Kooperieren). In der Gewinn–/Verlustmatrix der Tabelle 1 ist das Element rechts unten das eindeutige und Pareto–inferio-

---

5. Um Mißverständnisse auszuschließen: Mit Kooperation wird die Strategie "nicht Gestehen" bezeichnet. Eine Kooperation mit dem Strafverfolgungsbehörden ist jedoch mit der Strategie "Gestehen" gleichzusetzen.

re Nash–Gleichgewicht. Im Nash–Gleichgewicht gilt, daß alle Spieler Strategien der besten Antwort anwenden. Die beste–Antwort–Strategie, in Abhängigkeit der Strategien der anderen Spieler, sichert (bei gegebener Strategie der anderen Spieler) eine maximale Auszahlung. Im Gefangenendilemma ist jedoch die Strategie D die Strategie der besten Anwort, unabhängig davon, was der jeweilige Gegenspieler für eine Strategie wählt.

Hier sei noch angemerkt, daß ein Gefangenendilemma–Spiel nicht die Möglichkeit von Kommunikation zwischen den Spielern ausschließt. Lediglich bindende, d.h. einklagbare Verträge zwischen den Spielern werden ausgeschlossen, d.h. es handelt sich um ein nicht–kooperatives Spiel. Auch wenn Spieler 1 mit Spieler 2 vereinbaren sollte, nicht zu gestehen, wird er trotzdem diese Vereinbarung brechen. Er muß ja damit rechnen, daß sein Gegenspieler genau das gleiche tut.

Das 2–Personen–Gefangenendilemma kann folgendermaßen zu einem Mehrpersonen–Gefangenendilemma verallgemeinert werden: (1) Wieder wird unterstellt, daß jeder Spieler zwischen zwei (reinen) Strategien wählen kann (Gestehen und Kooperieren) und seine Entscheidung in Unkenntnis der Entscheidungen der anderen ($n-1$) Ressourcennutzern trifft und (2) die Strategie Gestehen ist (universell) dominant.

Da die Entscheidung, welche der beiden Strategie gewählt wird, die Auszahlung (Nutzen, Gewinn) aller anderen Spieler beeinflußt, haben wir es mit einer binären Entscheidungssituation mit Externalitäten zu tun (siehe *Runge* 1986: 626). Dabei stellt sich jeder der Beteiligten besser, wenn er selbst gesteht und wenn möglichst viele andere kooperieren. Stehen sich alle n Spieler der gleichen Entscheidungssituation gegenüber und haben alle die gleiche Auszahlungsfunktion, so kann die Auszahlung für einen einzelnen, sowohl wenn er kooperiert als auch wenn er gesteht, in Abhängigkeit der Anzahl der anderen kooperierenden Gruppenmitgliedern grafisch wie in Figur 23, dargestellt werden.

Der Gewinn des Spielers ist auf der vertikalen Achse aufgetragen, die Gesamtanzahl der anderen Spieler, die sich für die Kooperationsstrategie entscheiden, ist auf der horizontalen Achse aufgetragen. Die Gewinnfunktion eines gestehenden Spielers in Abhängigkeit der Gesamtanzahl der anderen kooperierenden Spieler ist mit D gekennzeichnet, die Gewinnfunktion eines kooperierenden Spielers ist entsprechend mit K gekennzeichnet. Bei der in Figur 23 dargestellten Situation ist die Strategie D der Kooperationsstrategie in jeder Situation überlegen. Ausgehend vom Nash–Gleichgewicht (alle wählen D, Punkt O), ist es zwar möglich, daß durch eine Vereinbarung von mindestens k^* Spielern die Strategie K zu wählen, diese nun einen größeren Gewinn als in der Ausgangssituation erzielen. Jedoch gibt es für jeden

Figur 23: Gewinn eines Spielers im Mehrpersonen–Gefangenendilemma in Abhängigkeit von seiner eigenen Strategie und der Gesamtanzahl der Spieler, die die Kooperationsstrategie wählen.

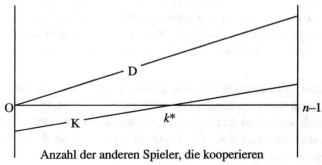

Quelle: nach *Runge* (1986: 627).

in dieser Kooperationsgruppe einen Anreiz die Vereinbarung zu brechen, da die Spieler, welche Strategie D gewählt haben, einen noch höheren Gewinn erzielen, d.h. die Kooperationsgruppe (Koalition) ist inhärent instabil. In Figur 23 ist der Gewinn der D–Strategie immer höher als der Gewinn der K–Strategie, unabhängig von den gewählten Strategien der anderen, d.h. die D–Strategie ist dominant. Das Dilemma im Mehrpersonen–Gefangenenproblem kann wie folgt zusammengefaßt werden:

(1) Suboptimales Gleichgewicht. Jedes Individuen wählt als Ergebnis einer rationalen Entscheidung die D–Strategie, welche alle schlechter stellt als im Falle, in dem alle kooperieren.

(2) Dabei ist die D–Strategie generell der Kooperationsstrategie überlegen, unabhängig von der Erwartung, wie sich die anderen Ressourcennutzer entscheiden. Die universelle Dominanz der D–Strategie hat zur Folge, daß die individuellen Entscheidungen separabel sind. Das heißt, die Wahl der D–Strategie erfolgt unabhängig von den Entscheidungen der anderen Spieler, Unsicherheit über die Entscheidung der anderen spielt also keine Rolle.

(3) Wegen der Instabilität der Kooperationsgruppe muß die Einhaltung von Gruppenregeln (die Zusicherung die K–Strategie zu wählen) von außen durchgesetzt werden (siehe *Runge* 1986: 627 und *Runge* 1984: 160).

3.2.2. Das Zusicherungsproblem

Wie oben gezeigt, ist eine wesentliche Eigenschaft des Gefangenendilemmas, daß die Entscheidung eines Individuums eine bestimmte Strategie zu wählen, unabhängig ist von der Erwartung, wie sich die anderen Ressourcennutzer entscheiden. Eine solche Situation ist (für eine binäre Entscheidungssituation) in Figur 23 gegeben. Unabhängig von der Erwartung, wie viele andere Spieler sich für die Kooperationsstrategie entscheiden, ist die D–Strategie für jeden Spieler dominant. Man spricht dann davon, daß die individuellen Entscheidungen "separabel" sind (*Runge* 1984: 160).

In jenen Fällen, in denen die Entscheidung, zu kooperieren (oder allgemein: Strategie K zu wählen) oder zu gestehen (Strategie D zu wählen), von der Erwartung abhängt, wieviele andere Spieler kooperieren, müssen wir es mit einer anderen als in Figur 23 gezeichneten Situation zu tun haben: Es kann sich dann nicht mehr um ein Gefangenendilemma handeln, denn dieses ist bekanntlich gekennzeichnet durch eine dominante Strategie, d.h. eine Strategie, welche optimal ist unabhängig von den Entscheidungen der anderen. Ein Spiel, in welchem die optimale Entscheidung von den Entscheidungen der anderen Spielern abhängt ist das "Zusicherungsproblem" ("assurance problem"): Bei einer geringen Anzahl von Kooperierenden ist die Wahl der Strategie D vorteilhaft, während bei einer hohen Anzahl von Kooperierenden ein Anschluß an die Kooperationskoalition vorteilhaft ist.[6] Je nachdem, welche Erwartung ein Individuum über die Entscheidung der anderen Spieler hat, wird es sich für die Kooperation (hohe Anzahl von Kooperierenden) oder Gestehen (kleine Anzahl von Kooperierenden) entscheiden. Eine solche Situation ist in Figur 24 eingezeichnet.

Sobald das repräsentative Individuum die Erwartung hat, daß mehr als y andere Spieler die K–Strategie wählen, ist die K–Strategie der D–Strategie überlegen. Es kommt dann darauf an, daß eine "kritische Masse" y von Spielern erwartet, daß mindestens y Spieler kooperieren. Es müssen also genügend Spieler die Zusicherung haben, daß auch genügend andere Spieler (y) kooperieren, dann wird sich automatisch jener Punkt Z, in dem alle kooperieren, einstellen: Punkt Z ist gegenüber Punkt O Pareto–superior, da die Auszahlung im Punkt Z für alle höher ist als die

---

6. Der Begriff des Zusicherungsproblems ("assurance problem") wurde erstmals von *Sen* (1967: 115) eingeführt: dabei hat jedes Individuum eine Präferenz die D–Strategie zu wählen, solange nicht alle anderen Spieler kooperieren. Nur wenn alle $n-1$ anderen Spieler bereits kooperieren, bevorzugt der n–te die K–Strategie. *Runge* (1986) verallgemeinert *Sen*'s Definition des Zusicherungsproblems. Wenn alle anderen $n-1$ Spieler die Kooperationsstrategie wählen, bevorzugt das n–te Individuum die Kooperationsstrategie, wenn alle anderen $n-1$ Spieler die D–Strategie wählen, bevorzugt das n–te Individuum die D–Strategie.

Figur 24: Gewinn eines Spielers im Zusicherungsproblem in Abhängigkeit von seiner eigenen Strategie und der Gesamtanzahl der Spieler, die die Kooperationsstrategie wählen.

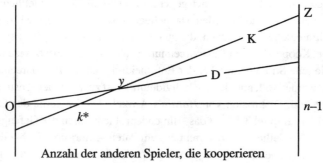

Quelle: nach *Runge* (1986: 629).

Auszahlung im Punkt O. Eine spontane Vereinbarung von betroffenen Spielern stellt sich dabei oftmals schon allein deshalb ein, weil – sobald sich mindestens k^* Spieler an die Vereinbarung anschließen – beträchtliche Gewinne erzielt werden können, verglichen mit der Situation im Punkt O (siehe *Runge* 1986: 629). Es ist jedoch nötig, daß mindestens y Individuen die Kooperationsstrategie wählen, sonst ist die K–Strategie, genauso wie beim Gefangenendilemma instabil, rentiert es sich doch dann immer noch auf die D–Strategie zu wechseln.

Hier sei noch erwähnt, daß sowohl Punkt O als auch Punkt Z ein Nash–Gleichgewicht darstellen. Gegeben, daß alle $n-1$ anderen Spieler kooperieren, dann ist es auch für den n–ten Spieler optimal zu kooperieren. Gegeben, daß alle $n-1$ anderen Spieler gestehen, dann ist es auch für den n–ten Spieler optimal zu gestehen: Man spricht deshalb bei den Nash–Strategien auch von Strategien der besten Antwort. Jedoch ist auch der Punkt, in dem sich beide Kurven schneiden, ein Nash–Gleichgewicht, sofern y eine natürliche Zahl ist: Entscheiden sich y Ressourcennutzer für die Kooperation und $n-y$ Ressourcennutzer für das Gestehen, so führen alle eine Strategie aus, die ihre Auszahlung, bei gegebener Strategie der anderen, maximiert. Allerdings ist dieses Nash–Gleichgewicht, im Gegensatz zu den Punkten O und Z ein instabiles Nash–Gleichgewicht. Wählt nur einer der Spieler statt der D–Strategie die K–Strategie, ist für alle die K–Strategie die beste Antwortstrategie. Es wird sich also das Nash–Gleichgewicht Z einstellen. Wechselt einer der Spieler von der K–Strategie auf die D–Strategie, ist für alle die D–Strategie die beste Antwortstrategie und es wird sich das Nash–Gleichgewicht O einstellen. Im Gegensatz dazu verändert die Strategieänderung nur eines Spielers in den Nash–Gleichgewichten O und Z nicht die Dominanzbeziehung zwischen den Strategien D und K.

Das Problem des Gemeinschaftslandes (Allmendeproblem, Problem kollektiver Verfügungsrechte) ist durch zwei sich gegenseitig ausschließende spieltheoretische Modelle zu deuten versucht worden. Dabei liegt es natürlich nahe, die K–Strategie mit jener Strategie gleichzusetzen, die zu einem maximalen Gegenwartswert des Gewinns bei Kooperation der Ressourcennutzer führt. Im Gegensatz dazu wäre die D–Strategie jene Strategie, die bei der Entscheidung, ob die Ressourcennutzung ausgedehnt werden soll, nur die vom Individuum selbst zu tragenden Kosten mitberücksichtigt (vgl. Diskussion von *Hardin's* Artikel "Die Tragödie des Gemeinschaftslands" in Kapitel 3.1.). Ist das Allmendeproblem durch das Gefangenendilemma richtig modelliert, dann kommt es zum Pareto–inferioren Nash–Gleichgewicht O, ist das Allmendeproblem jedoch ein Zusicherungsproblem, so kann es sowohl zum Pareto–inferioren Nash–Gleichgewicht O als auch zum Pareto–superioren Nash–Gleichgewicht Z kommen.

Beide Deutungsmuster haben recht unterschiedliche wirtschafts- und ordnungspolitische Konsequenzen: Wird das Problem kollektiver Verfügungsrechte an natürlichen Ressourcen mit dem Gefangenendilemma erklärt, kommt es grundsätzlich zu einem Zusammenbruch der Institution kollektiver Verfügungsrechte, d.h. irgendwelche Gruppenregeln werden schließlich gänzlich ignoriert (es kommt zum Pareto–inferioren Nash–Gleichgewicht O). Sind jedoch kollektive Verfügungsrechte mit Gewinnauszahlungsmatrizen verbunden, die der Struktur des Zusicherungsproblems in der Spieltheorie folgen, ist der Zusammenbruch kollektiver Verfügungsrechte nicht mehr zwingend (es kann sowohl zum Nash–Gleichgewicht O als auch zum Nash–Gleichgewicht Z kommen, welches O im Sinne von Pareto überlegen ist). Doch welche Sichtweise von kollektiven Verfügungsrechten ist die richtige? Gibt es theoretische Gründe, die für die eine oder andere Interpretation sprechen? In Kapitel 3.3. versuchen wir diese Frage für eine erneuerbare Ressource in Gemeinschaftseigentum zu beantworten. Dabei sehen wir von möglichen Externalitäten, die von dem Bestand dieser Ressource auf andere Wirtschaftssektoren einwirken, zunächst ab. Eine Ausnahme von dieser Einschränkung bildet Kapitel 3.3.5.: Dort werden wir zeigen, weshalb in einer Dorfgemeinschaft die Kombination von einem kollektiven Verfügungsrecht an der erneuerbaren Ressource mit privaten Verfügungsrechten an zerstreut liegenden landwirtschaftlich genutzten Landparzellen eine effiziente Lösung darstellen kann. Geht nämlich vom Bestand der Ressource ein positiver externer Effekt auf die umliegenden landwirtschaftlich genutzten Flächen aus, so wird durch eine Zersplitterung des landwirtschaftlichen Grundbesitzes jedes Individuums erreicht, daß mögliche Konfliktsituationen zwischen den Mitgliedern der Dorfgemeinschaft vermindert werden (*Quiggin* 1988b).

3.3. Ein einfaches Modell einer erneuerbaren Ressource in Gemeinschaftseigentum: Das Allmendeproblem als nicht–kooperatives Differentialspiel

Nun wollen wir an Hand eines einfachen Modells einer erneuerbaren Ressource in Gemeinschaftseigentum der Frage nachgehen, ob die Gewinnauszahlungsfunktionen in Abhängigkeit der Strategiewahl dem Gefangenendilemma oder dem Zusicherungsproblem entspricht. Insgesamt gibt es n Gruppenmitglieder mit kollektivem Verfügungsrecht an der Ressource. Der Einfachheit halber lassen wir den Index für die Landparzelle weg. Die natürliche Wachstumsfunktion der erneuerbaren Ressource lautet, wie in Gleichung (1):

$$N(S) = r \ (S - S_u) \ (1 - \frac{S}{S_o}) \tag{113}$$

Das natürliche Wachstum des im Wald gebundenem Holzvolumens wird durch die Abholzung der Gruppenmitglieder, Σx_j, verringert, so daß die Bewegungsgleichung für den Waldbestand (bei Annahme stetiger Zeit) wie folgt lautet:

$$\frac{dS}{dt} = N[S(t)] - \sum_{j=1}^{n} x_j(t) = N[S(t)] - x_j(t) - X_{n-j}(t) \tag{114}$$

dS/dt: tatsächliche Veränderung des Waldbestandes pro Zeiteinheit
x_j: Holzeinschlag von Individuum j pro Zeiteinheit, wobei
$X_{n-j}(t) = \sum_{j=1}^{n} x_j(t) - x_j(t)$
n: Anzahl der Gruppenmitglieder

Die individuelle Kostenfunktion für die Holzproduktion (welche wir als identisch für alle Ressourcennutzer annehmen) c ist wie in den Gleichungen (5) und (3) definiert (wir lassen hier den Index für die Landparzelle i weg):

$$c(x_j, X, S) = \frac{x_j}{X} C(X, S) \tag{115}$$

X: Gesamternte auf der Allmende; $X = \sum_{j=1}^{n} x_j$

Der Periodengewinn eines Ressourcennutzers ist daher wie folgt gegeben:

$$g(x_j, X, S) = g(x_j, x_j + X_{n-j}, S) = p \, x_j - c(x_j, x_j + X_{n-j}, S) \tag{116}$$

Es gilt:

$$\frac{\partial g}{\partial S}(x_j,X,S) = -\frac{\partial c}{\partial S}(x_j,X,S) = -\frac{x_j}{X}\frac{\partial C}{\partial S}(X,S) > 0 \quad \text{für } X > 0 \text{ und } S > 0 \tag{117}$$

$$\frac{\partial g}{\partial X_{n-j}}(x_j,x_j+X_{n-j},S) = -\frac{\partial c}{\partial X_{n-j}}(x_j,x_j+X_{n-j},S) = -\frac{x_j}{X}\left(\frac{\partial C}{\partial X}(X,S) - \frac{C(X,S)}{X}\right) < 0$$

für $X > 0$ und $S > 0$ (118)

Aus den Gleichungen (117) und (118) folgt, daß der Periodengewinn eines Allmendenutzers um so höher ist, je höher der Ressourcenbestand auf der Allmende und je niedriger die Ressourcennutzung der anderen Ressourcennutzer. Diese zwei Effekte geben die dynamische Externalität und die statische Überfüllungsexternalität wieder, die zum Allmendeproblem führen.

Gardner et al. (1990: 340–346) unterteilt die Allmendeprobleme in zwei Klassen: Aneignungsprobleme ("appropriation problems") und Bereitstellungsprobleme ("provision problems"). Bei den Aneignungsproblemen stehen Stromgrößen, während bei den Bereitstellungsproblemen Bestandsgrößen im Vordergrund stehen. Da die Strom- und Bestandsgröße nicht unabhängig voneinander sind (siehe Gleichung (113)), ist diese Klassifikation nicht ausschließend (disjunkt). Die Aneigungsprobleme betreffen:

(1) die individuellen Erntemengen (Stromgröße) und die dafür aufgewendeten individuellen Inputs,

(2) den Zeitpunkt und den Ort der individuellen Ernten und

(3) die dafür verwendeten individuellen Technologien.

Zu hohe individuelle Ernten können zu Pareto–suboptimalen Gewinnen führen ("rent dissipation"). Ist die Ressource räumlich heterogen verteilt, kann es zu einem Zuordnungsproblem kommen ("problem of assignment": Wer erntet wo?). Werden verschiedene Technologien verwendet, kann es zu Externalitäten nicht nur innerhalb den Gruppen sondern auch zwischen den Gruppen, welche gleiche Technologien verwenden, kommen. Da wir gleiche Technologie für alle und eine räumlich homogen verteilte Ressource annehmen, modellieren wir nur das Problem der Rentendissipation.

Die Bereitstellungsprobleme betreffen den optimalen Bestand und die Produktivität der Ressource. Angebotsseitige Bereitstellungsprobleme sind angesprochen, wenn die Ressource durch die Ressourcennutzer ungenügend erstellt oder instandgehalten wird. Beispiele sind die Erstellung und Instandhaltung eines Bewässerungssystems, oder auch Aufwände, um das natürliche Wachstum des Waldes zu erhöhen (Waldpflege).

Beim nachfrageseitigen Bereitstellungsproblem geht es darum, den Ressourcenbestandspfad zu erreichen, der den Gegenwartswert des sozialen Nettonutzens maximiert. Sofern jedoch die private und die soziale Diskontrate übereinstimmen und von der Nutzung der untersuchten Ressource auf andere Wirtschaftssektoren keine externen Effekte ausgehen, ist das nachfrageseitige Bereitstellungsproblem schon in den oben erläuterten Aneignungsproblemen enthalten (wie oben erwähnt ist die Klassifikation von *Gardner et al.* (1990) nicht disjunkt).

Im obigen Modell (Gleichungen (113)–(118)) werden angebotsseitige Bereitstellungsprobleme nicht berücksichtigt, da wir annehmen, daß das natürliche Wachstum der Ressource nicht durch Anstrengungen der Ressourcennutzer verändert werden kann. Auch das nachfrageseitige Bereitstellungsproblem (sofern es nicht in den Aneignungsproblemen enthalten ist) wurde ausgeschlossen, da hier durchgängig die Gleichheit von sozialer und privater Diskontrate angenommen wird und externe Effekte von der Ressourcennutzung auf andere Wirtschaftssektoren ausgeschlossen wurden. In Kapitel 3.3.5. berücksichtigen wir jedoch externe Effekte zwischen der erneuerbaren Ressource und anderen Sektoren (Landwirtschaft).

Da wir annehmen, daß alle Ressourcennutzer, die auf der Allmende produzieren, die Entscheidungen über die Ernte x_j simultan, in Unkenntnis der Entscheidung der anderen treffen, ist der Strategieraum identisch mit den zugelassenen Produktionsmengen. In der Spieltheorie wird zwischen einem Handlungsraum (hier die zugelassenen Produktionsmengen) und einem Strategieraum unterschieden. Strategien sind Entscheidungsregeln, die die Handlung von der verfügbaren Information über vergangene Handlungen aller Spieler abhängig machen. Wir nehmen an, daß alle Individuen die biologische Wachstumsfunktion kennen. Es erscheint daher vernünftig, die Menge der zulässigen Ernten x_j folgendermaßen einzuschränken: Es ist offensichtlich, daß die Produktionsmengen größer oder gleich Null sein muß. Die Höchstmenge der Produktion bezeichnen wir mit $\bar{x}$, wobei gilt:

$$p\,\bar{x} - c(\bar{x},\bar{x},S_o) = p\,\bar{x} - C(\bar{x},S_o) = 0 \text{ und } \bar{x} \neq 0 \tag{119}$$

$\bar{x}$: Höchstmögliche Ernte, die bei günstigsten Bedingungen gerade noch keinen Verlust einbringt

$\bar{x}$ ist als höchstmögliche Ernte definiert, welche gerade noch keinen Verlust zur Folge hat; dabei wurde sowohl für den Ressourcenbestand S als auch für die Ernte der anderen Ressourcennutzer die günstigsten Bedingungen gewählt, d.h. $S = S_o$ und $x_j = 0$ für $i \neq j$.

Im Gegensatz zu den in den Kapiteln 3.2.1. und 3.2.2. vorgestellten spieltheoretischen Modellen des Gefangenendilemmas und des Zusicherungsproblems handelt es sich folglich nicht um eine binäre Entscheidungssituation, da der Strategieraum kompakt und konvex ist, d.h. es gibt unendlich viele Strategien. Es könnte sich aber immer noch um ein Mehr–Personen–Gefangenendilemma handeln, wenn jene Strategie, die zum eindeutigen Nash–Gleichgewicht (D–Strategie) führt, (universell) dominant ist und gleichzeitig das Nash–Gleichgewicht gegenüber der Kooperationslösung (alle wählen die K–Strategie) Pareto–inferior ist. Universelle Dominanz bedeutet, daß unabhängig von der Entscheidung der anderen Allmendenutzer die D–Strategie eine höher Auszahlung zur Folge hat als jede andere Strategie aus dem Strategieraum mit unendlich vielen Elementen. Daß dies nicht der Fall sein kann, werden wir in Kapitel 3.3.3. zeigen.

Die Auszahlungsfunktion jeder der n Allmendemitglieder ist durch den Gegenwartswert des Gewinns bestimmt (der Einfachheit halber nehmen wir unendlichen Planungshorizont an[7]).

$$pv_j = \int_0^\infty \{ p\, x_j(t) - c[x_j(t), X(t), S(t)] \}\, e^{-\delta t} \tag{120}$$

pv_j: Gegenwartswert des Gewinns eines Allmendemitglieds

Es handelt sich also um ein Differentialspiel mit Gleichung (114) als Bewegungsgleichung der Zustandsvariable, wobei S die Zustandsvariable und x_j die Kontrollvariable jedes Spielers $j=1,2, ... n$ ist. Außerdem ist $S(0) = \bar{S}$ gegeben[8]. Gleichung (120) gibt das Auszahlungsintegral wieder (siehe *Feichtinger/Jørgensen* 1983: 137). In Kapitel 3.3. modellieren wir das Problem der Nutzung einer erneuerbaren Ressourcen als nicht–kooperatives Spiel. Das wesentliche eines nicht–kooperativen Spiels im Gegensatz zum kooperativen Spiel ist nicht etwa, daß zwischen den Spielern keine Kommunikation stattfinden darf, sondern daß die Spieler im nicht–kooperativen Spiel keine bindenden Vertragsvereinbarungen treffen können. Kommunikation ist für das Zustandekommen von bindenden Abmachungen notwendig, aber nicht hinreichend. Bindende Vertragsvereinbarungen setzen voraus, daß exogene Mechanismen die Einhaltung von Verträgen durchsetzen (*Friedman* 1986: 2, 14 und *Holler/Illing* 1991: 25, 183).

Für die Frage, wie die Menge der zulässigen Kontrollvariablen für jeden Spieler beschaffen ist, ist es entscheidend, welcher Informationsstruktur sich die Spieler ge-

---

7. Auch *Elster* (1989: 43) argumentiert, daß die meisten Situationen im wirklichen Leben eher ein offenes Ende haben, da sich die Leute immer wieder gegenüberstehen, ohne daß der Endzeitpunkt vorherbestimmt wäre.
8. Würde man statt mit stetiger Zeit mit diskreter Zeit rechnen, müßte man die Nutzung einer erneuerbaren Ressource in Allmendeeigentum als zeitabhängiges wiederholtes Spiel modellieren (siehe *Gardner et al.* (1990: 346). Zeitabhängige wiederholte Spiele werden in *Friedman* (1986: 115–123) behandelt.

genüber stehen. Wir betrachten nur den Fall, in dem perfekte Information über den Ressourcenbestand vorliegt. Im Fall der offenen Schleife (open–loop) ist den Spielern der Ressourcenbestand nur zu Beginn des Spiels bekannt, also nur $\bar{S}$, bekannt. Im Fall der gedächtnislosen geschlossenen Schleife (closed–loop) ist den Spielern nur der Ressourcenbestand zu Beginn des Spiels $\bar{S}$ und zu jedem Zeitpunkt t der laufende Wert des Ressourcenbestandes $S(t)$ bekannt. Im Rückkopplungs–(feedback)–Fall ist den Spielern zu jedem Zeitpunkt t nur der laufende Wert des Ressourcenbestandes $S(t)$ bekannt (siehe *Feichtinger/Jørgensen* 1983: 138 und *Basar/Olsder* 1982: 212). Folglich kann bei open–loop Information die Kontrollvariable, d.h. hier die Ernte jedes Spielers nur eine Funktion von Zeitpunkt und Anfangswert der Ressource sein. Bei gedächtnisloser closed–loop Information hängt die Kontrollvariable ab von Zeitpunkt, Anfangswert und laufenden Wert des Ressourcenbestandes; und im Fall von feedback Information nur von der Zeit und vom laufenden Wert der Ressource. Damit gilt entweder:

$x_j(t) = \phi_j(t,\bar{S})$ (offene Schleife)   oder

$x_j(t) = \phi_j(t,\bar{S},S(t))$ (gedächtnislos geschlossene Schleife)   oder

$x_j(t) = \phi_j(t,S(t))$ (Rückkopplung)   (121)

ϕ_j: Ressourcennutzung als Funktion der verfügbaren Information (Strategie)[9]

3.3.1. Ableitung des Nash–Gleichgewichts im Fall von Information des Typs offene Schleife

Da wir es mit einem dynamischen Problem zu tun haben, wird nicht die Maximierung des Periodengewinns, sondern die Maximierung des Gegenwartswertes des Gewinns angestrebt. Wir nehmen zunächst an, daß für einen beliebigen Allmendenutzer j die Ernten aller anderen Ressourcennutzer $X_{n-j}(t)$ für den Zeitraum $[0,\infty]$ bekannt sind; d.h. $X_{n-j}(t)$ geht in das Maximierungsproblem als Parameter ein. Bei Annahme von stetiger Zeit und eines unendlichen Planungshorizonts bedeutet Maximierung des Gegenwartswertes des Gewinns die Maximierung des folgenden Integrales:

$$\max_{\{x_j(t)\}} \int_0^\infty \{ p\, x_j(t) - c[x_j(t),X(t),S(t)] \}\, e^{-\delta t} \text{ wobei}$$

$\dfrac{dS(t)}{dt} = N[S(t)] - X(t)$, $X(t) = X_{n-j}(t) + x_j(t)$ und außerdem

$0 \leq x_j(t) \leq \bar{x}$, $S(t) \geq 0$ und $S(0)=\bar{S}$ vorgegeben   (122)

---

9. Mit dem Funktionssymbol ϕ_j sind in den Alternativen in Gleichung (121) unterschiedliche Funktionen angesprochen.

Das ist ein Problem der optimalen Kontrolle, wobei S die Zustandsvariable und x_j die Kontrollvariable ist (*Kamien/Schwartz* 1981: 111). $x_k(t)$ $k=1,2,...n$, $k \neq j$ sind Parameter, die nicht unter der Kontrolle des Individuums j stehen. Die Hamilton–Funktion zu diesem Kontrollproblem lautet (die Variable X in der Kostenfunktion c wurde durch $x_j + X_{n-j}$ ersetzt):

$$H(t, x_j(t), S(t), \lambda(t)) =$$
$$= \{px_j(t) - c[x_j(t), X_{n-j}(t) + x_j(t), S(t)]\} e^{-\delta t} + \lambda(t) [N[S(t)] - X_{n-j}(t) - x_j(t)] \quad (123)$$

Die notwendigen Bedingungen (für innere Lösungen) zur Maximierung des Gegenwartswerts des Gewinns lauten (siehe *Kamien/Schwartz* 1981: 116, 159f; zur Schreibvereinfachung wurde das Zeitpunktargument bei den Variablen zum Teil weggelassen)[10]:

$$\frac{\partial H}{\partial x_j} = 0 \Rightarrow \lambda(t) = \left[p - \frac{\partial c}{\partial x_j} - \frac{\partial c}{\partial X} \right] e^{-\delta t}, \; \lambda(t) > 0 \; \Rightarrow l(t) := e^{\delta t} \lambda(t) = p - \frac{\partial c}{\partial x_j} - \frac{\partial c}{\partial X}$$

$$\text{oder } l(t) = p - \frac{C(X,S)}{X} - \frac{x_j}{X} \left(\frac{\partial C}{\partial X}(X,S) - \frac{C(X,S)}{X} \right) \quad (124)$$

$l(t)$: Schattenpreis (user–costs) der Ressource in laufenden (nicht abdiskontierten) Werten.

$$\frac{\partial H}{\partial S} = -\frac{d\lambda(t)}{dt} \Rightarrow \frac{d\lambda(t)}{dt} = \frac{\partial c}{\partial S} e^{-\delta t} - \lambda(t) N'(S) \Rightarrow \frac{dl(t)}{dt} = l[\delta - N'(S)] + \frac{\partial c}{\partial S} =$$

$$= l[\delta - N'(S)] + \frac{x_j}{X} \frac{\partial C}{\partial S}(X,S) \quad (125)$$

$$\frac{\partial H}{\partial \lambda} = \frac{dS(t)}{dt} \Rightarrow \frac{dS(t)}{dt} = N[S(t)] - x_j(t) - X_{n-j}(t) \quad (126)$$

Wir nehmen an, daß ein optimaler Pfad $\{x_j(t)\}$ existiert. Natürlich ist der durch die Bedingungen (124)–(126) definierte optimale Pfad der individuellen Ressourcennutzung $\{x_j(t)\}$ abhängig von dem Pfad der Ressourcennutzung der $n-1$ anderen Ressourcennutzer $\{X_{n-j}(t)\}$. Bevor wir uns Gedanken machen, wie wir Informationen über das Verhalten der $n-1$ anderen Ressourcennutzer bekommen, leiten wir noch die Bedingungen für ein langfristiges Gleichgewicht ab, um diese dann ökonomisch zu interpretieren. Im langfristigem Gleichgewicht gilt (*Kamien/Schwartz* 1981: 116):

---

10. Damit die nachfolgenden Bedingungen zu einem Maximum führen, nehmen wir an, daß die Kostenfunktion c konkav ist, d.h. die in Anhang A2. abgeleiteten hinreichenden Bedingungen erfüllt sind.

$$\frac{dl}{dt} = \frac{dS}{dt} = 0 \tag{127}$$

Aus den Gleichungen (124)–(127) folgt daher, daß im langfristigen biologisch–ökonomischen Gleichgewicht die folgenden zwei Bedingungen erfüllt sein müssen:

$$x_j = N(S) - X_{n-j} \tag{128}$$

$$p - \frac{C(X,S)}{X} - \frac{x_j}{X}\left(\frac{\partial C}{\partial X}(X,S) - \frac{C(X,S)}{X}\right) = \frac{1}{\delta - N'(S)}\left(-\frac{x_j}{X}\frac{\partial C}{\partial S}(X,S)\right) \quad \text{oder}$$

$$p - \frac{C(X,S)}{X} - \frac{x_j}{X}\left(\frac{\partial C}{\partial X}(X,S) - \frac{C(X,S)}{X}\right) =$$

$$= \frac{1}{\delta}\left\{N'(S)\left[p - \frac{C(X,S)}{X} - \frac{x_j}{X}\left(\frac{\partial C}{\partial X}(X,S) - \frac{C(X,S)}{X}\right)\right] - \frac{x_j}{X}\frac{\partial C}{\partial S}(X,S)\right\} \tag{129}$$

Gleichung (128) besagt, daß im langfristigem Gleichgewicht die Ernten von Ressourcennutzer j und von den $n-1$ anderen Ressourcennutzern gleich dem natürlichen Wachstum sein müssen. Gleichung (129) besagt, daß für den (individuell) gewinnmaximierenden Ressourcennutzer der marginale sofortige Gewinn einer Erhöhung der Ernte auf Kosten des Ressourcenbestandes (linke Seite der Gleichung) identisch sein muß mit der dadurch induzierten Veränderung des Gegenwartswerts des dauerhaften individuellen Gewinns (rechte Seite der Gleichung). Der dauerhafte Gewinn in Abhängigkeit des Ressourcenbestandes ist wie folgt definiert:

$$g(S) = p\,[\,N(S) - X_{n-j}\,] - c(N(S) - X_{n-j}, N(S), S) =$$

$$= p\,[\,N(S) - X_{n-j}\,] - \frac{N(S) - X_{n-j}}{N(S)}\,C(N(S), S) \tag{130}$$

Wird Gleichung (130) nach S differenziert, erhalten wir genau den Ausdruck in geschweiften Klammern auf der rechten Seite von (129):

$$\frac{dg}{dS}(S) = N'(S)\left[p - \frac{\partial c}{\partial x_j} - \frac{\partial c}{\partial x}\right] - \frac{\partial c}{\partial S} =$$

$$= N'(S)\left[p - \frac{C(X,S)}{X} - \frac{x_j}{X}\left(\frac{\partial C}{\partial X}(X,S) - \frac{C(X,S)}{X}\right)\right] - \frac{x_j}{X}\frac{\partial C}{\partial S}(X,S) \tag{131}$$

Wir haben nun gezeigt, daß der optimale Pfad $\{x_j(t)\}$ eine Funktion des Pfades der Ressourcennutzung der $n-1$ anderen Ressourcennutzern $\{X_{n-j}(t)\}$ ist. Diese entscheiden sich jedoch bei unkoordinierter Ressourcennutzung genau nach dem selben Kalkül wie der Ressourcennutzer j (da wir gleiche Kostenfunktionen und gleiche Zeitpräferenzrate für alle Ressourcennutzer angenommen haben). Deshalb gilt im Nash–Gleichgewicht zu jedem Zeitpunkt t, daß $x_j(t) = x_k(t)$ und somit:

$$X_{n-j}(t) = \sum_{\substack{k=1 \\ k \neq j}}^{n} x_k(t) = (n-1)\, x_j(t) \tag{132}$$

Ein individuell optimaler Pfad im Nash–Gleichgewicht ist folglich durch die folgenden drei Gleichungen charakterisiert (vgl. Gleichungen (124)–(126), siehe auch *Basar/Olsder* 1982: 279):

$$\frac{\partial H}{\partial x_j} = 0 \Rightarrow l = p - \frac{C(nx_j, S)}{nx_j} - \frac{1}{n}\left(\frac{\partial C}{\partial X}(nx_j, S) - \frac{C(nx_j, S)}{nx_j}\right) \tag{133}$$

$$\frac{\partial H}{\partial S} = -\frac{d\lambda(t)}{dt} \Rightarrow \frac{dl(t)}{dt} = l[\delta - N'(S)] + \frac{1}{n}\frac{\partial C}{\partial S}(nx_j, S) \tag{134}$$

$$\frac{\partial H}{\partial \lambda} = \frac{dS(t)}{dt} \Rightarrow \frac{dS(t)}{dt} = N[S(t)] - nx_j(t) \tag{135}$$

Das langfristige Nash–Gleichgewicht ist demnach durch die folgenden zwei Gleichungen definiert (vgl. (128)–(129)), welche die Angebotskurve im steady–state beschreiben (n ist dabei ein Lageparameter):

$$N(S) = n\, x_j = X \tag{136}$$

$$p^A(X, S) = \frac{C(X, S)}{X} + \frac{1}{n}\left(\frac{\partial C}{\partial X}(X, S) - \frac{C(X, S)}{X}\right) - \frac{1}{n}\frac{1}{\delta - N'(S)}\frac{\partial C}{\partial S}(X, S) \tag{137}$$

Wir bezeichnen die Lösung (S, x_j) der Gleichungen (136) und (137) mit (S^N, x_j^N). Außerdem bezeichnen wir den Vektor der individuellen Gegenwartswerte des Gewinns in Nash–Gleichgewicht mit $pv^N = (pv_1^N, pv_2^N, \dots, pv_n^N)$, wobei $x_j^N = x_k^N$ und $pv_j^N = pv_k^N$ für alle $j,k = 1, 2, \dots, n$. Nur wird klar, daß eine unkoordinierte Gewinnmaximierung der Gruppenmitglieder nicht zu den gleichen Ergebnissen führt, wie freier Zugang zur Ressource. Während bei freiem Zugang zur Ressource der Periodengewinn im steady–state verschwindet (vgl. Gleichung (7), Preis identisch Durchschnittskosten), ist hier der Preis (strikt) größer als die Durchschnittskosten und folglich wird ein positiver Periodengewinn erzielt. Ist also die Zahl der Gruppenmitglieder, die eine Ressource in Allmendeeigentum bewirtschaften, begrenzt, so wird eine positive Bodenrente erzielt. Auch im mittelalterlichen System des offenen Feldes in England war das Allmendeland nur offen für eine bestimmte, wohldefinierte Gruppe. Die Einwanderung wurde von den Dorfmitgliedern kontrolliert. Das hatte zur Folge, daß das kollektiv genutzte Weideland noch eine beträchtliche Bodenrente erzielen konnte (*Dahlman* 1980: 101/102). Nur wenn die Anzahl der Gruppenmitglieder gegen Unendlich geht, führt unkoordinierte Gewinnmaximierung zu den gleichen Ergebnissen wie freier Zugang zur Ressource. Doch genau in dieser Situation haben wir es mit freiem Zugang zu tun, d.h. auch Nicht–Gruppenmitglieder haben Zutritt zur Ressource.

3.3.2. Koordinierte Maximierung des Gegenwartswertes des Gewinns

Unter koordinierter Maximierung des Gegenwartswertes des Gewinns (=Auszahlung) verstehen wir die Maximierung der Auszahlung, unter der Nebenbedingung, daß die Auszahlungen für alle gleich hoch sind. Da wir außerdem gleiche Technologie für alle angenommen hat, impliziert das gleiche Produktionsmengen für alle Ressourcennutzer, also $x_j = x_k$ für alle $j,k=1,2,\ldots n$.

Die koordinierte Maximierung des Gegenwartswertes des Gewinns aller n Ressourcennutzer kann deshalb wie folgt beschrieben werden:

$$\max_{\{x_j(t)\}} \int_0^\infty \{\, p\, x_j(t) - c[x_j(t), X(t), S(t)] \,\} \, e^{-\delta t} \quad \text{wobei}$$

$$\frac{dS(t)}{dt} = N[S(t)] - X(t), \quad X(t) = n\, x_j(t) \text{ und außerdem}$$

$$0 \leq x_j(t) \leq \bar{x},\; S(t) \geq 0 \text{ und } S(0)=\bar{S} \text{ ist vorgegeben} \tag{138}$$

Die Hamilton–Funktion zu diesem Kontrollproblem und die notwendigen Bedingungen (innere Lösungen) für ein Maximum lauten (für X wurde bereits nx_j eingesetzt, zur Schreibvereinfachung wurde die Abhängigkeit der Variablen von der Zeit nicht immer explizit sichtbar gemacht):

$$H(t, x_j(t), S(t), \lambda(t)) =$$

$$= \{\, p\, x_j(t) - c[x_j(t), nx_j(t), S(t)] \,\} \, e^{-\delta t} + \lambda(t)\, [\, N[S(t)] - nx_j(t) \,] \tag{139}$$

$$\frac{\partial H}{\partial x_j} = 0 \implies n\lambda(t) = \left[p - \frac{\partial c}{\partial x_j} - n\frac{\partial c}{\partial X}\right]e^{-\delta t}, \ \lambda(t) > 0 \qquad \implies$$

$$l(t) := e^{\delta t}\lambda(t) = \frac{1}{n}\left[p - \frac{\partial c}{\partial x_j} - n\frac{\partial c}{\partial X}\right] \qquad \text{oder}$$

$$l = \frac{1}{n}\left[p - \frac{C(X,S)}{X} - \left(\frac{\partial C}{\partial X}(X,S) - \frac{C(X,S)}{X}\right)\right] = \frac{1}{n}\left(p - \frac{\partial C}{\partial X}(X,S)\right) \tag{140}$$

$$\frac{\partial H}{\partial S} = -\frac{d\lambda(t)}{dt} \implies \frac{d\lambda(t)}{dt} = \frac{\partial c}{\partial S}e^{-\delta t} - \lambda(t)N'(S) \implies \frac{dl(t)}{dt} = l[\delta - N'(S)] + \frac{\partial c}{\partial S} \quad \text{oder}$$

$$\frac{dl(t)}{dt} = l[\delta - N'(S)] + \frac{1}{n}\frac{\partial C(X,S)}{\partial S} \tag{141}$$

$$\frac{\partial H}{\partial \lambda} = \frac{dS(t)}{dt} \implies \frac{dS(t)}{dt} = N[S(t)] - nx_j(t) \tag{142}$$

Nun wird sofort klar, daß das Nash–Gleichgewicht Pareto–ineffizient ist. Auch im Nash–Gleichgewicht ist die Ressourcennutzung für alle n Individuen gleich groß, d.h. $x_j^N = x_k^N$ für alle $j,k=1,2,\ldots n$ (siehe Erläuterungen im Kapitel 3.3.1. zu Gleichungen (136) und (137)). Da jedoch die koordinierte Strategie dadurch gekennzeichnet ist, daß sie einen *maximalen* Gegenwartswert des Gewinns erzeugt, wenn alle die gleiche Ressourcennutzung aufweisen, muß der Gegenwartswert des Gewinns im Nash–Gleichgewicht *kleiner* sein als bei der Kooperationslösung. Folglich ist *eine* Eigenschaft des Gefangenendilemmas beim Allmendeproblem erfüllt. Das eindeutige Nash–Gleichgewicht ist Pareto–ineffizient. Das Gefangenendilemma ist jedoch auch dadurch gekennzeichnet, daß das Nash–Gleichgewicht aus dominanten Strategien aller Spieler hervorgeht (vgl. *Dasgupta/Heal* 1979: 59). Bevor wir im Kapitel 3.3.3. nachweisen, daß die Spieler beim Allmendeproblem keine dominanten Strategien aufweisen können, wollen wir das langfristige biologisch–ökonomische Gleichgewicht bei vollständiger Kooperation noch ökonomisch interpretieren. Dazu setzen wir:

$$\frac{dl}{dt} = \frac{dS}{dt} = 0 \tag{143}$$

Aus den Gleichungen (140)–(142) folgt daher:

$$N(S) = n\, x_j = X \tag{144}$$

$$p - \frac{\partial c}{\partial x_j} - n\frac{\partial c}{\partial X} = \frac{1}{\delta}\left[N'(S)\left(p - \frac{\partial c}{\partial x_j} - n\frac{\partial c}{\partial X}\right) - n\frac{\partial c}{\partial S}\right] \quad \text{oder}$$

$$p - \frac{\partial C}{\partial X}(X,S) = \frac{1}{\delta}\left[N'(S)\left(p - \frac{\partial C}{\partial X}(X,S)\right) - \frac{\partial C}{\partial S}(X,S)\right] \quad (145)$$

Auf der linken Seite von Gleichung (145) steht der zusätzliche sofortige Gewinn, welcher aus einer Erhöhung der Ressourcenproduktion eines Ressourcennutzers auf Kosten des Ressourcenbestandes für *alle n* Gruppenmitglieder resultiert. Dabei werden nicht nur die *eigenen* Grenzkosten von Individuum *j* berücksichtigt ($\partial c/\partial x_j$ +$\partial c/\partial X$), sondern auch die zusätzlichen Kosten der anderen *n*–1 Gruppenmitglieder, die durch eine Erhöhung der Ressourcenproduktion von Individuum *j* verursacht werden ((n–1)$\partial c/\partial X$). Auf der rechten Seite steht die durch eine Veränderung des Ressourcenbestandes resultierende Veränderung des Gegenwartswertes des dauerhaften Gewinns *aller n* Gruppenmitglieder. Im langfristigen Kooperationsgleichgewicht muß der sofortige Grenzgewinn für *alle* Ressourcennutzer identisch sein mit dem Gegenwartswert des dauerhaften Grenzgewinns für *alle* Ressourcennutzer. Der dauerhafte Gewinn aller Ressourcennutzer ist gegeben durch:

$$G(S) = n\left(p\frac{N(S)}{n} - c(\frac{N(S)}{n,}N(S),S)\right) = n\left(p\frac{N(S)}{n} - \frac{C(N(S),S)}{n}\right) =$$

$$= p\,N(S) - C(N(S),S) \quad (146)$$

Wird nun Gleichung (146) nach S differenziert, erhalten wir genau den Inhalt der eckigen Klammer auf der rechten Seite von Gleichung (145). Die Pareto–Ineffizienz der unkoordinierten Gewinnmaximierung im Nash–Gleichgewicht resultiert folglich aus der Nichtbeachtung der statischen und dynamischen Externalität der individuellen Ressourcenproduktion: Bei der statischen Externalität (Überfüllungsexternalität, crowding externality) sind die zusätzlichen Kosten der *n*–1 anderen Ressourcennutzer angesprochen, die durch eine Erhöhung der Produktion von Individuum *j* verursacht werden ((n–1)$\partial c/\partial X$), bei der dynamischen Externalität sind die zusätzlichen Kosten angesprochen, welche durch eine Verminderung des Ressourcenbestandes den *n*–1 anderen Ressourcennutzern aufgebürdet werden ((n–1)$\partial c/\partial S$). Wird Gleichung (145) mit Gleichung (144) kombiniert und nach *p* aufgelöst, erhält man die Angebotskurve im langfristigen Gleichgewicht (steady–state) bei der Kooperationslösung:

$$p^A(X,S) = \frac{\partial C}{\partial X}(X,S) - \frac{1}{\delta - N'(S)} \frac{\partial C}{\partial S}(X,S) \quad (147)$$

Die Lösung der Gleichungen (144) und (147) bezeichnen wir mit ($S^C, x_j{}^C$). Den daraus resultierenden Vektor der Gegenwartswerte des Gewinns bezeichnen wir mit $pv^C = (pv_1{}^C, pv_2{}^C, \ldots, pv_n{}^C)$, wobei $pv_j{}^C = pv_k{}^C$ und $x_j{}^C = x_k{}^C$ für alle $j,k=1,2,\ldots,n$. Das sind die gleichen Bedingungen, wie bei (unkoordinierten) privaten Verfügungsrechten (vgl. Gleichung (30)). D.h., wenn vollständige Kooperation der Gruppenmitglieder, welche kollektiv das Verfügungsrecht an der Ressource innehaben, erreicht werden kann, kommt es zum gleichen Pareto–Optimum, wie bei privaten Verfügungsrechten. Zu einem Allmendeproblem (Problem kollektiver Verfügungsrechte) kommt es, wenn dieses Pareto–Optimum wegen Koordinationsproblemen nicht erreicht wird. Es wird stattdessen zum oben beschriebenen Nash–Gleichgewicht kommen, welches jedoch vom Gleichgewicht bei freiem Zugang unterschieden werden muß.

3.3.3. Warum das Allmendeproblem bei Information des Typs offene Schleife weder ein Gefangenendilemma noch ein Zusicherungsproblem sein kann

Eine Strategie aus dem Strategieraum $0 \leq x_j(t) \leq \bar{x}$ ist die Ernte in Höhe der Ressourcennutzung $x_j{}^C(t)$, d.h. jener Pfad der individuellen Ressourcennutzung, der zu einem Pareto–Optimum führt, wobei alle Allmendenutzer gleiche Mengen produzieren.

Der Gegenwartswert des Gewinns des Kooperierenden, wenn alle sich an die stinting–Regel halten (d.h. die Ernte $x_j{}^C(t)$ wählen), lautet daher:

$$pv_j{}^C = \int_0^\infty [\, p \; x_j^C(t) - c(x_j^C(t), nx_j^C(t), S(t)) \,]\; e^{-\delta t} \, dt \quad \text{wobei}$$

$$\frac{dS}{dt} = N[S(t)] - nx_j^C(t) \quad \text{und } S(0)=\bar{S} \text{ vorgegeben} \quad (148)$$

$pv_j{}^C$: Gegenwartswert des Gewinns eines Kooperierenden, wenn alle kooperieren. Welchen Problem sieht sich ein Ressourcennutzer gegenüber, der darauf vertrauen kann, daß die $n-1$ anderen Ressourcennutzer kooperieren, also $x_j{}^C(t)$ ernten? Formell läßt sich sein Maximierungsproblem wie folgt beschreiben:

$$\max_{\{x_j(t)\}} \int_0^\infty \{ p\, x_j(t) - c[x_j(t),(n-1)x_j{}^C(t)+x_j(t),S(t)] \} \, e^{-\delta t} \quad \text{wobei}$$

$$\frac{dS(t)}{dt} = N[S(t)] - x_j(t) - (n-1)\, x_j^C(t) \quad \text{und außerdem}$$

$0 \leq x_j(t) \leq \bar{x}$, $S(t) \geq 0$ und $S(0)=\bar{S}$ ist vorgegeben (149)

Wir bezeichnen die Lösung von (149) mit pv_{n-1} und den optimalen Pfad der Ressourcennutzung mit $\{x_{j,n-1}(t)\}$. Wir werden nun zeigen, daß die Strategie "Ressourcennutzung zu jedem Zeitpunkt $t \in [0,\infty]$ entsprechend dem Pfad $\{x_{j,n-1}(t)\}$" zu einem höheren Gegenwartswert des Gewinns führt als Kooperation, d.h. Nutzung der Ressourcen entsprechend dem Pfad $\{x_j{}^C(t)\}$. Nun folgt, daß $pv_{n-1}=pv(\{x_{j,n-1}(t)\})>$ $>pv(\{x_j(t)\})$ für alle Pfade der Ressourcennutzung $\{x_j(t)\}\neq\{x_{j,n-1}(t)\}$ und damit auch für $\{x_j(t)\}=\{x_j{}^C(t)\}$. Aber $pv(\{x_j{}^C(t)\})$ ist gerade der Gewinn des Kooperierenden $pv_j{}^C$. Somit haben wir gezeigt, daß, wenn alle $n-1$ anderen Ressourcennutzer kooperieren, die Strategie der individuellen Gewinnmaximierung der Kooperationsstrategie überlegen ist. Somit ist das Problem von Gemeinschaftsland, wenn es als Differentialspiel mit Information des Typs offene Schleife modelliert werden kann, kein Zusicherungsproblem, die Argumentation von *Runge* (1986) bricht zusammen: Die Gewinnauszahlungsmatrix (Gegenwartswert des Gewinns) im Allmendeproblem verletzt die Eigenschaft des Zusicherungsproblems, daß die Kooperationslösung *ein* Nash–Gleichgewicht ist.

Nun ist noch zu zeigen, daß das Allmendeproblem auch kein Gefangenendilemma ist. Dazu genügt es, zu zeigen, daß die individuellen Strategien im Nash–Gleichgewicht, also $\{x_j{}^N(t)\}$ keine dominanten Strategien sind. Eine dominante Strategie ist eine Strategie, die unabhängig von der Strategiewahl der anderen Spieler zu einer höheren Auszahlung als alle anderen Strategien führt (*Holler/Illing* 1991: 57). Aber, wie wir oben gezeigt haben, garantiert die Strategie $\{x_j{}^N(t)\}$ nur einen maximalen Gegenwartswert des Gewinns, wenn auch alle $n-1$ anderen Allmendenutzer nach dem Pfad $\{x_j{}^N(t)\}$ ernten. Ernten jedoch alle anderen Allmendenutzer nach dem Pfad $\{x_j{}^C(t)\}$, garantiert nicht mehr der Pfad $\{x_j{}^N(t)\}$ maximale Auszahlung, sondern der Pfad $\{x_{j,n-1}(t)\}$. Somit haben wir gezeigt, daß das Allmendeproblem weder ein Gefangenendilemma noch ein Zusicherungsproblem ist (siehe auch *Dasgupa/Heal* 1979: 59 und *Wagner* 1991: 388, die jedoch beide nur die statische Überfüllungsexternalität behandeln).

3.3.4. Ein Pareto–optimales Nash–Gleichgewicht im Differentialspiel mit Rückkopplungsinformation

Bis jetzt haben wir das Allmendeproblem so behandelt, als ob für ein Allmendemitglied bis zum Zeitpunkt $t=\infty$ keine Informationen über den aktuellen Ressourcenbestand und den Ressourcenbestand in vergangenen Perioden (mit Ausnahme des Startwerts $\bar{S}$) verfügbar wären. Nun nehmen wir an, daß der Ressourcenbestand $S(t)$ zu jedem Zeitpunkt $t \in [0,\infty]$ bekannt ist. Dies dürfte realistischer sein, da z.B. die Brennholznutzer durchaus eine Veränderung des Waldbestandes wahrnehmen. Es handelt sich dann um ein Differentialspiel mit Rückkopplungsinformation (*Feichtinger/Jørgensen* 1983: 138, *Basar/Olsder* 1982: 212). Das heißt die Ressourcennutzung (Strategie) kann jetzt von der vergangenen Ressourcennutzung aller Spieler abhängig gemacht werden. Bezüglich der verfügbaren Information behandeln wir den gleichen Fall, den *Olson* (1968) im Auge hat, wenn er von Gruppen mittlerer Größe spricht. Im Gegensatz zur kleinen Gruppe hat jeder einzelne für sich genommen keinen Anreiz, zur Versorgung mit dem öffentlichen Gut beizutragen. Wird das öffentliche Gut beim Allmendeproblem als Einschränkung der Produktion definiert, so hat jeder einzelne keinen Anreiz, die kooperative Menge $x_j^C(t)$ zu produzieren, wenn alle anderen $x_j^N(t)$ produzieren. Anderseits ist die Gruppengröße bei der mittleren Gruppe nicht so groß, daß die anderen Gruppenmitglieder nicht erkennen, ob ein bestimmtes Gruppenmitglied zur Versorgung mit dem öffentlichen Gut beigetragen hat oder nicht (Fall der großen Gruppe). Wenn wir das Allmendeproblem als Differentialspiel mit Rückkopplungsinformation behandeln, so setzen wir gerade voraus, daß aus dem bekannten momentanen Ressourcenbestand die Handlungen aller Ressourcennutzer in vergangenen Periode abgeleitet werden können (siehe auch *Wade* 1987: 101).

Die Idee, bei der Nutzung von Allmendeeigentum Strategien zuzulassen, die die Ernte einer Periode von vorhergehenden Ernten der anderen Ressourcennutzer (Spieler) abhängig machen, ist nicht neu. So erwähnt etwa *Wade* (1987: 99), daß die Nutzung einer common–pool Ressource (wie Wasser, Weide, Wald) in einer Dorfgemeinschaft in einem Entwicklungsland besser als wiederholtes Spiel modelliert werden soll. Dabei läßt er an sich offen, wie die Auszahlungsmatrix jedes Teilspiels beschaffen ist. Vielmehr könnte durch das Zurückgreifen auf *Axelrod*'s (1981) Analyse eines wiederholten Gefangenendilemma sogar der Eindruck entstehen, es handele sich beim Allmendeproblem um ein wiederholtes Gefangenendilemma. Daß dies bei der statischen Überfüllungsexternalität nicht der Fall ist, haben *Dasgupa/ Heal* 1979: 59 und *Wagner* 1991: 388 gezeigt. *Wagner* (1991: 391) ist meines Wissens der erste, der die Idee eines wiederholten Spiels aufgreift und formal auf die statische Überfüllungsexternalität bei Allmendeeigentum anwendet. Da wir hier jedoch die dynamische Externalität bei einer erneuerbaren Ressource behandeln, können wir nicht auf die einfache Theorie wiederholter Spiele zurückgreifen. Da sich ja der Ressourcenbestand von einer zur nächsten Periode verändert, sind die Teilspiele nicht Jahr für Jahr gleich. Wir müssen deshalb auf die Differentialspieltheorie zurückgreifen. Aber die Analogie von Differentialspielen zu wiederholten Spielen ist offensichtlich. Wenn in einem wiederholten Spiel keine Information über die gewählten Strategien in vergangenen Spielen verfügbar sind, gibt es auch nur eine Aneihung von identischen Pareto–inferioren Nash–Gleichgewichten jedes (identischen) Teilspiels. Genauso gibt es im Differentialspiel mit offener Schleife nur ein Pareto–inferiores Nash–Gleichgewicht.

Da sich nun die Informationsmenge in Vergleich zum Differentialspiel mit offener Schleife erweitert, bleibt das Nash–Gleichgewicht $x^N=(x_1^N, x_2^N, \ldots, x_n^N)$ mit $x_i^N = x_j^N$ aus Kapitel 3.3.1. weiterhin *ein* Nash–Gleichgewicht für das Differentialspiel mit Rückkopplungsinformation (*Mehlmann* 1985: 24). Um die Probleme der Berechnung eines optimalen Anpassungspfads der Ernten in Richtung auf das langfristige Gleichgewicht (steady–state) über einen unendlichen Zeithorizont zu vermeiden, nehmen wir an, daß die Kostenfunktion linear im Output ist, d.h. wir verwenden die Kostenfunktion des Gordon–Schaefer–Modells:[11]

$$C(X,S) = \alpha\, X/S \implies c(x_j,X,S) = (x_j/X)\, C(X,S) = \alpha\, x_j/S \qquad (150)$$

Außerdem nehmen wir an, daß eine bestimmte individuelle Ernte, x^{max} aus Kapazitätsgründen nicht überschritten werden kann. Dann nähert sich der Ressourcenbestand entlang des schnellstmöglichen Anpassungspfades dem steady–state an (*Spence/Starrett* 1975). Der Gegenwartswert des Gewinns kann dann mit Hilfe von zwei Integralen berechnet werden. Während der Anpassungsphase zum steady–state wird immer die maximal mögliche Ernte realisiert, der Ressourcenbestand verändert sich gemäß der Bewegungsgleichung für die Ressource. Der Gegenwartswert des Gewinns während der Anpassungsphase kann im allgemeinen nur numerisch berechnet werden. Ist der steady–state erreicht, kann der Gegenwartswert des Gewinns während der steady–state Phase sogar analytisch berechnet werden.

Wir gehen nun davon aus, daß der Anfangsbestand der Ressource genau dem steady–state–Wert bei Kooperation entspricht, also $\bar{S} = S^C$. Wir betrachten nun die folgende Strategie $x_j^T(t)$: Kooperiere in der ersten (infinitesimal kleinen) Periode

---

11. Die nachfolgende Argumentation wäre auch bei einer verallgemeinerten Kostenfunktion des Gordon–Schaefer–Typs, die wie folgt definiert ist, gültig: $c(x_j,X,S) = (x_j/X)\, C(X,S) =$
$= a\, x_j\, A(S)$, wobei gilt: $A(S) > 0$; $A'(S) < 0$.

$t=0$. Kooperiere in einer Periode $t>0$ nur solange, wie aus dem Ressourcenbestand der Schluß gezogen werden kann, daß alle anderen Allmendenutzer in der Vergangenheit kooperiert haben. Sobald der Ressourcenbestand kleiner als jener Ressourcenbestand, der aus vollständiger Kooperation aller Gruppenmitglieder in der Vergangenheit folgt, ist, wende die Nash–Strategie aus dem Differentialspiel mit offener Schleife $x_j^N(t)$ an. Da schon die Abweichung eines Spielers von der Kooperationsstrategie x_j^C ausreicht, um die gesamte Gruppe für alle Zukunft auf das Nash–Gleichgewicht des Differentialspiels mit offener Schleife zu bringen, nennt man diese Strategie Trigger–Strategie (vgl. *Friedman* 1986: 85f und *Elster* 1989: 44). Formal läßt sie sich wie folgt schreiben:[12]

$$x_j^T(t) = \begin{cases} x_j^C & \text{für } t=0 \\ x_j^C & \text{für } t>0 \text{ und } S(\tau) = S^C \text{ für alle } 0 \leq \tau \leq t \\ x_j^N(t) & \text{sonst} \end{cases}$$

wobei

$$x_j^N(t) = \begin{cases} x^{max} & \text{für } S(t) > S^N \\ 0 & \text{für } S(t) < S^N \\ x_j^N & \text{für } S(t) = S^N \end{cases}$$

(151)

Da $\bar{S} = S^C > S^N$, kommt bei der Strategie $x_j^N(t)$ nur die erste und dritte Zeile in Frage[13]. Nun stellt sich die Frage, ob die Trigger–Strategie eine glaubhafte Strategie ist, d.h. ist es im Interesse des Spielers, sollte der Ressourcenbestand unter S^C fallen, die Strategie $x_j^N(t)$ zu verfolgen. Die Frage kann mit ja beantwortet werden, da ja die Strategie $x_j^N(t)$, wenn sie von allen verfolgt wird, zu einem Nash–Gleichgewicht des Differentialspiels, in dem $S(t)<S^C$ der Anfangsbestand der Ressource ist (*Friedman* 1986: 86), führt.

Nun gehen wir davon aus, daß alle $(n-1)$ anderen Gruppenmitglieder vom Zeitpunkt $t=0$ ab die Trigger–Strategie verfolgen. Welche Strategie wird ein Individuum wählen, welches von der Trigger–Strategie abweicht, aber darauf vertrauen kann, daß alle anderen Gruppenmitglieder weiterhin die Trigger–Strategie verfolgen? Da sich unter den genannten Annahmen ein Abweichen von der Trigger–Strategie sofort (in infinitesimal kleiner Zeit) in einem niedrigeren Ressourcenbestand bemerkt macht, werden alle $(n-1)$ anderen Gruppenmitglieder

---

12. Die Annahme $\bar{S} = S^C$ vereinfacht die Darstellung, ist jedoch für die Ableitung des Ergebnisses nicht notwendig. Für ein beliebiges $\bar{S}$ müßte die Kooperationsstrategie x_j^C in (151) durch $x_j^C(t)$ ersetzt werden, wobei gilt:

$$x_j^C(t) = \begin{cases} x^{max} & \text{für } S(t) > S^C \\ 0 & \text{für } S(t) < S^C \\ x_j^C & \text{für } S(t) = S^C \end{cases}$$

13. Für $n \geq 2$ gilt $S^C > S^N$, nur für $n=1$ gilt: $S^C = S^N$. Aber in diesem Fall haben wir es nicht mit einem Allmendeproblem zu tun, sondern mit dem Fall eines exklusiven privaten Eigentums.

sofort auf die Nash–Strategie $x_j^N(t)$ umstellen. Deshalb ist es auch für den "Ausbrecher" optimal, sofort die Nash–Strategie $x_j^N(t)$ zu verfolgen. Da weiter in der Zukunft liegende Gewinnströme stärker abgezinst werden, wird der Ausbrecher, sollte es sich lohnen, so früh, wie möglich, d.h. zum Zeitpunkt $t=0$ aussteigen. Damit entspricht die maximale Auszahlung (Gegenwartswert des Gewinns) jenes Ressourcennutzer, der von der Trigger–Strategie abweicht, während alle anderen Ressourcennutzer weiterhin die Trigger–Strategie verfolgen, der Auszahlung im Nash–Gleichgewicht des Differentialspiels mit Information des Typs offene Schleife. Wir haben jedoch schon in Kapitel 3.3.2. gezeigt, daß der Gegenwartswert des Gewinns in Nash–Gleichgewicht bei Informationen des Typs offene Schleife geringer ist als bei der kooperativen Lösung. Damit rentiert sich ein Abweichen von der Trigger–Strategie für keinen Ressourcennutzer. Somit unterstützt die Trigger–Strategie die Pareto–optimale kooperative Lösung x^C als Nash–Gleichgewicht, und zwar unabhängig von der Höhe der Zeitpräferenzrate ($\delta<\infty$). Da das Nash–Gleichgewicht aus einer glaubhaften Strategie resultiert, handelt es sich um ein teilspielperfektes Gleichgewicht. Von einer Tragödie des Gemeinschaftslands kann man deshalb nicht länger sprechen. Das Pareto–inferiore Nash–Gleichgewicht x^N existiert zwar weiterhin, ist jedoch nicht mehr eindeutig, d.h. eine unvermeidbare Folge von Gemeinschaftseigentum. Allerdings ist das Pareto–optimale Nash–Gleichgewicht nicht stabil. Weicht nur ein Ressourcennutzer von der Trigger–Strategie $x_j^T(t)$ ab (sei es, da er irrational ist), so stellen alle auf die Strategie $x_j^N(t)$ um. Insofern hat der Ausdruck Tragödie doch noch einiges an Berechtigung.

Wir bezeichnen den Zeitpunkt t, in welchem (wenn ein Ressourcennutzer von der Trigger–Strategie abweicht) der Ressourcenbestand S^N erreicht wird, mit t^N. Der Gegenwartswert des Aussteigers ist folglich durch

$$pv_j^N = \int_0^{t^N} [\, p\, x^{max} - c(x^{max}, S(t))\,]\, e^{-\delta t} + \int_{t^N}^{\infty} [\, p\, x_j^N - c(x_j^N, S^N)\,]\, e^{-\delta t} =$$

$$= \int_0^{t^N} [\, p\, x^{max} - c(x^{max}, S(t))\,]\, e^{-\delta t} + \frac{e^{-\delta t^N}}{\delta}[\, p\, x_j^N - c(x_j^N, S^N)\,] \qquad \text{wobei}$$

$$\frac{dS}{dt} = N(S(t)) - n\, x^{max} \quad \text{für } 0 \leq t \leq t^N,\ S(0)=S^C,\ S(t^N) = S^N \qquad \text{und}$$

$$x_j^N(t) = \begin{cases} x^{max} & \text{für } 0 \leq t \leq t^A \\ x_j^N & \text{für } t > t^A \end{cases}$$

(152)

Während die Existenz eines Pareto–optimalen Nash–Gleichgewichts im wiederholten Spiel der Allmendenutzung einer Ressource konstanter Größe von der Höhe der Zeitpräferenzrate abhängt (siehe *Wagner* 1991: 391), existiert das Pareto–optimale Nash–Gleichgewicht in dem hier behandelten Modell einer erneuerbaren Ressource unabhängig von der Höhe der Zeitpräferenzrate $\delta<\infty$. Dies läßt sich daraus erklären, daß in dem von *Wagner* behandelten Fall das Abweichen eines Ressourcennutzer von der Trigger–Strategie erst in der nächsten Periode entdeckt wird. Damit kann der "Abweicher" eine Periode lang davon profitieren, daß die restlichen Ressourcennutzer noch die kooperative Strategie verfolgen. Diese Möglichkeit besteht jedoch in dem hier behandelten Differentialspiel mit Rückkopplungsinformation nicht. Die restlichen Ressourcennutzer werden ein Abweichen eines Ressourcennutzers von der Trigger–Strategie in infinitesimal kleiner Zeit wahrnehmen, da der Ressourcenbestand in infinitesimal kleiner Zeit kleiner als der erwarteten Ressourcenbestand wird. Der maximal mögliche Gegenwartswert des Gewinns eines Aussteigers entspricht deshalb genau dem Gegenwartswert des Gewinns im Nash–Gleichgewicht.

Die konventionelle wirtschafts– und ordnungspolitische Empfehlung, daß Allmendeeigentum als Ressourcen–verschwendende Organisationsform in Privateigentum umgewandelt werden sollte, ist nicht zulässig. Es kann durchaus auch zu durch Trigger–Strategien erzeugte Pareto–optimalen Nash–Gleichgewichten kommen. Dann kann man aber nicht mehr von einer Tragödie des Gemeinschaftslands sprechen. Eine Pareto–inferiore Übernutzung der Ressource ist nicht mehr unausweichlich.

Damit haben wir auch eine theoretische Begründung geliefert für die von Runge geäußerte Ansicht, das Allmendeproblem sei ein Zusicherungsproblem (assurance problem) (*Runge* 1986: 628f). Sowohl die Strategiekombination $\{x^N(t)\}$ = = $(\{x_1^N(t)\},\{x_2^N(t)\}, \dots ,\{x_n^N(t)\})$ als auch die Strategiekombination von $\{x^T(t)\}=(\{x_1^T(t)\},\{x_2^T(t)\}, \dots ,\{x_n^T(t)\})$ führt zu einem Nash–Gleichgewicht; wenn alle $n-1$ anderen Spieler kooperieren, ist es in Anbetracht der Trigger–Strategie auch für das n–te Individuum optimal zu kooperieren, wenn alle $n-1$ anderen Spieler die Strategie $x_j^N(t)$ verfolgen, ist es auch für das n–te Individuum optimal, die Strategie $x_j^N(t)$ zu wählen. So kann also erklärt werden, warum informelle Vereinbarungen, nur eine bestimmte Menge der Ressource zu ernten (auf Englisch: stinting) stabil sind, obwohl diese Vereinbarung nicht durch eine bindende (einklagbare) Vereinbarung zustandegekommen ist. In *Olson*'s (1968) Worten haben wir es somit mit "freiwilligem" kollektiven Handeln zu tun. Sie kommt ohne selektive Bestrafungen oder Anreize zustande. Natürlich könnte man die durch die Trigger–Strategie der anderen Allmendenutzer ausgelöste Verminderung des Gegenwartswerts des Gewinns des Ausbrechers als Bestrafung interpretieren. Es handelt sich aber sicher nicht um eine selektive Bestrafung, da sich ja der Gegenwartswert aller (des Ausbrechers aus der Trigger–Strategie und jener, die die Trigger–Strategie weiterverfolgen) vermindert. Und außerdem wäre der Begriff Bestrafung zu weit ausgelegt, würde man auch die durch die Strategiewahl der anderen bedingte Veränderung der Auszahlungsfunktion einbeziehen. Bis jetzt haben wir das Problem der Allmendenutzung aber als nicht–kooperatives Spiel betrachten, d.h. bindend verpflichtende Vereinbarungen werden nicht zugelassen. Insofern kann es sich bei der Anwendung der Trigger–Strategie beim Übergang zur Nash–Strategie des Differentialspiels mit offener Schleife nicht um eine Bestrafung einer nicht befolgten Verpflichtung handeln, da je eine solche gar nicht eingegangen werden kann.

3.3.5. Das System von Allmende und zerstreutem privatem Grundbesitz: Eine Möglichkeit der Internalisierung von Externalitäten?

Sowohl historische als auch heutige Institutionen von Allmendeeigentum enthalten auch Komponenten individuell bewirtschafteten Grundbesitzes. Meist ist etwa Wald oder Weideland mit einem kollektiven Verfügungsrecht und landwirtschaftlich genutzter Boden mit einem privaten Verfügungsrecht ausgestattet. Die Ausstattung einer bestimmten Landparzelle mit privaten oder kollektiven Verfügungsrechten kann sich sowohl im Jahresablauf als auch im Fruchtfolgeablauf ändern: So kann eine privat bewirtschaftete landwirtschaftliche Landparzelle im Jahresablauf nach der Ernte oder während der Brachperiode in der Fruchtwechselfolge kollektiv (in Allmendeeigentum) genutzt werden (*Dahlman* 1980: 20f). Dabei waren die von einem Individuum individuell bewirtschaftet Böden im System des offenen Felds ("open–field system") im mittelalterlichen England räumlich stärker zersplittert als durch die Fruchtwechselfolge erklärt werden könnte. Es wurde argumentiert, daß die räumliche Zersplitterung zusätzliche Wege– und Transportkosten verursacht und daher ineffizient ist. Wenn man der *Property Rights* Schule (*Demsetz* 1967) folgt, wird sich das im jeweiligen Zeitpunkt effizienteste System von Verfügungsrechte durchsetzen (*Quiggin* 1988b). Da ein solches System von Verfügungsrechten im mittelalterlichen England existiert hat (und vielerorts auch noch heute existiert), muß es also effizienter gewesen sein als alternative Systeme von Verfügungsrechten.

Viele Erklärungen für die Zersplitterung des individuellen Landbesitzes beziehen sich auf die Situation, in welcher bindende Vereinbarungen zwischen den Ressourcennutzern möglich sind (kooperative Spiele, siehe Kapitel 4.4.). Hier werden wir jedoch den Fall behandeln, in dem zerstreuter privater Grundbesitz an landwirtschaftlichen Flächen konsolidiertem landwirtschaftlichem Grundbesitz (Stichwort Flurbereinigung bzw. Güterzusammenlegung) selbst dann überlegen sein kann, wenn keine bindenden Vereinbarungen zulässig sind (nicht–kooperative Spiele). Dabei gehen wir davon aus, daß die nachwachsende Ressource Wald in Allmendeeigentum genutzt wird und die verschiedenen Landparzellen unterschiedlich von höheren Erosionsschutz durch höheren Waldbestand profitieren.

Wäre es nun so, daß *eine* Gruppe des Dorfes den Wald (bzw. das Weideland) in Allmendeeigentum bewirtschaften würde und eine *andere* Gruppe ihre jeweiligen landwirtschaftlichen Landparzellen (zersplittert oder konsolidiert) individuell bewirtschaften würde, so würde die Gruppe der Waldbesitzer, selbst wenn sich im Differentialspiel mit Rückkopplungsinformation das sektoral Pareto–optimale Nash–Gleichgewicht durchsetzen sollte, die negativen Folgen eines kleineren Waldbestandes auf den Landwirtschaftssektor nicht berücksichtigen. Während es sich bei der dynamischen und Überfüllungsexternalität innerhalb des Sektors der nachwachsenden Ressource in Allmendeeigentum um einen wechselseitigen negativen externen Effekt handelt, ist der externe Effekt zwischen der erneuerbaren Ressource (z.B. Wald) und dem anderen Wirtschaftssektor (Landwirtschaft) einseitig. Innerhalb des Sektors der nachwachsenden Ressource in Allmendeeigentum leiden alle, wenn die Individuen bei ihren Entscheidungen ("internen") Externalitäten nicht einbeziehen (das Nash–Gleichgewicht in offener Schleife ist der Kooperationslösung im Sinne von Pareto unterlegen). Die Nutzer der nachwachsenden Ressource (z.B. Wald) in Allmendeeigentum können jedoch nur verlieren, wenn sie Externalitäten auf den anderen Sektor (Landwirtschaft) miteinbeziehen. Sind jedoch Verhandlungen zwischen den zwei Gruppen entsprechend dem *Coase*–Theorem zulässig und erfolgreich, können beide Gruppen durch Berücksichtigung der Externalitäten in ihre Entscheidungen profitieren, siehe oben, Kapitel 2.1.6. Voraussetzung dafür ist jedoch, daß die Transaktionskosten nicht zu hoch sind (siehe Kapitel 4.).

Sobald jedoch die Gruppe der Landwirte, welche ihre Felder von gleicher Größe, Qualität und gleich starkem externen Effekt der Forst– auf die Landwirtschaft individuell und mit identischen Technologien bewirtschaften, mit der Gruppe der Forstwirte, die den Wald in Allmendeeigentum bewirtschaften, identisch sind, könnte sich ein auf beide Sektoren bezogenes Pareto–Optimum einstellen. Doch gerade diese Situation trifft im mittelalterlichen System des offenen Feldes in England und in vielen zeitgemäßen Systemen von kollektiven Verfügungsrechten in Entwicklungsländern zu. Das Recht auf Allmendemitgliedschaft des Sektors der nachwachsenden Ressource ist mit dem Anteil an dem privaten Verfügungsrecht an jenem Sektor gekoppelt, der vom Ressourcenbestand der nachwachsenden Ressource profitiert.

In Analogie zur obigen Analyse gäbe es ein Pareto–inferiores Nash–Gleichgewicht des Differentialspiels in offener Schleife, wobei jeder seinen individuellen Gegenwartswert des Gewinns aus beiden Sektoren maximiert, ohne den Effekt seiner Entscheidung auf den Gegenwartswert des Gewinns der anderen zu berücksichtigen. Diesem Nash–Gleichgewicht wäre das Pareto–Optimum überlegen, bei welchem der Gegenwartswert des Gewinns maximiert wird, unter der Nebenbedingung, daß alle gleiche Mengen an Holz und landwirtschaftlichen Früchten produzieren (kooperative Lösung). Nun kann sich aber im Differentialspiel mit Rückkopplungsinformation ein zweites Pareto–optimales Nash–Gleichgewicht einstellen, welches durch Trigger–Strategien unterstützt wird: Eine Trigger–Strategie besteht darin, in der ersten Periode eine kooperative Strategie zu wählen, und in allen folgenden Perioden eine kooperative Strategie zu wählen, dann und nur dann, wenn aus dem Ressourcenbestand folgt, daß auch alle anderen Gruppenmitglieder in den vorangegangenen Perioden die kooperative Strategie gewählt haben. Sobald diese Bedingung nicht erfüllt ist, wird die Nash–Strategie aus dem Differentialspiel mit offener Schleife gewählt. Da jedoch in der Realität die verschiedenen Landparzellen vom externen Effekt eines höheren Waldbestandes unterschiedlich profitieren, wird durch eine räumliche Zersplitterung der individuellen Landparzellen erreicht, daß die Bedingung: "Jedes Allmendemitglied besitzt zugleich landwirtschaftliche Flächen gleicher Größe, Qualität und Erosionsgefährdung" erfüllt ist.

In der bisherigen Analyse von kollektiven Verfügungsrechten haben wir nur die nicht–kooperative Spieltheorie angewandt. Aber grundsätzlich spricht nichts dagegen, bindende Vereinbarungen (welche natürlich Kommunikation voraussetzen) zwischen der Ressourcennutzern zuzulassen. Auch im historischen System des offenen Feldes in England kam es offensichtlich zu bindenden Absprachen, denn sonst könnte die folgende Aussage von *Dahlman* (1980: 95) nicht zutreffen: "Die kollektiven Weiderechte waren eingeschränkt (stinted), und die Gerichte hatten sehr viel Schwierigkeiten durchzusetzen, daß kein Individuum das Land zum Weiden übernutzte" (Übersetzung durch den Autor). Die Gerichte erfüllten dabei die Funktion des außenstehenden Dritten, der den bindenden Vereinbarungen, die Weiderechte einzuschränken, durch Sanktionen Geltung verschafft. Deshalb werden wir in Kapitel 3.4. das Allmendeproblem als kooperatives Spiel analysieren.

3.4. Das Allmendeproblem als kooperatives Differentialspiel

Im Gegensatz zur nicht–kooperativen Spieltheorie sind in der kooperativen Spieltheorie bindend verpflichtende Vereinbarungen zulässig. Bei der Analyse von Allmendeeigentum gibt es keinen prinzipiellen Grund dafür, bindende Vereinbarungen zwischen den Ressourcennutzern auszuschließen. Bindende Vereinbarungen zwischen den Ressourcennutzern sind, im Gegensatz zu Kartellabsprachen, nicht illegal. Während also bei Kartellen die nicht–kooperative Spieltheorie wegen der Illegalität von Kartellabsprachen das natürliche Modellierungsinstrument ist, kann man sich bei Allmendeeigentum streiten, ob sich die Ressourcennutzer entsprechend der nicht–kooperativen oder der kooperativen Spieltheorie verhalten. Sind etwa die Transaktionskosten, welche sowohl im Prozeß bis zum Vertragsabschluß als auch bei der Kontrolle der Einhaltung des Vertrags anfallen, prohibitiv hoch, so wird man für die Anwendung der nicht–kooperativen Spieltheorie plädieren. Ist das jedoch nicht der Fall, wäre die kooperative Spieltheorie das richtige Analyseinstrument.

Bindende Vereinbarungen setzen zunächst einmal Kommunikation voraus. Diese Abmachungen müssen aber zusätzlich durch einen außenstehenden Dritten durchsetzbar sein (*Holler/Illing* 1991: 183f). Da diese Abmachungen einen zivilrechtlichen Vertrag darstellen, erfüllen die Zivilgerichte die Funktion des außenstehenden Dritten. Die kooperative Spieltheorie konzentriert sich auf die Gestaltung der Abmachung (und den damit verbundenen Auszahlungen) und nicht auf deren Durchsetzung. Dabei werden Transaktionskosten, d.h. u.a. Kosten der Verhandlungsführung, vernachlässigt (siehe weiter unten). Im Mittelpunkt stehen die aus einer Kooperation, im Vergleich zur Nicht–Kooperation, möglichen Nutzengewinne.

Ein kooperatives Spiel ist demnach durch den Konfliktpunkt K gegeben, der aus der Nichteinigung der Spieler resultiert, und der Menge aller möglichen Auszahlungsvektoren (Auszahlungsraum). In unserem Ressourcennutzungsproblem bei Allmendeeigentum bestehen die individuellen Auszahlungsfunktionen aus den über einen unendlichen Zeitraum abdiskontierten Gewinnströmen.

3.4.1. Das Allmendeproblem im kooperativen Differentialspiel mit Information des Typs offene Schleife

Der Konfliktpunkt ist durch den Vektor $pv^N=(pv_1^N, pv_2^N, ..., pv_n^N)$ der Gegenwartswerte des Gewinns im eindeutigen Nash–Gleichgewicht des nicht–kooperativen Spiels mit Informationen des Typs offene Schleife gegeben, wobei $pv_i^N=pv_j^N$ für alle $i,j=1,2,\ldots,n$ (symmetrischer Konfliktpunkt).[14] Ein Lösungsproblem ist dann gegeben, wenn es mehrere Auszahlungsvektoren gibt, die alle n Spieler besser stellen als im Konfliktpunkt K (*Holler/Illing* 1991: 185). Wir haben bereits gezeigt, daß es mindestens einen Auszahlungsvektor (Vektor der Gegenwartswerte des Gewinns) gibt, nämlich $pv^C=(pv_1{}^C, pv_2{}^C,\ldots,pv_n{}^C)$ (oben als kooperative Lösung bezeichnet), der alle Ressourcennutzer besser stellt als bei Nicht–Kooperation. Auch der Auszahlungsraum, d.h. die Menge aller möglichen Kombinationen von Gegenwartswerten des Gewinns, ist symmetrisch. Die Nutzengrenze (oder Auszahlungsgrenze) gibt den maximal möglichen Gegenwartswert des Gewinns für Ressourcennutzer i an, bei gegebenen Gegenwartswerten des Gewinns für alle $j\neq i$ anderen Ressourcennutzer. Die Nutzengrenze ist wie folgt definiert[15]:

$$\sum_{i=1}^{n} pv_i = n\, pv_i{}^C = n\, 1/\delta\, x_i{}^C\, (p - \alpha/S^C) \qquad (153)$$

wobei $x_i{}^C$ und S^C in Gleichung (144) und (147) definiert wurden. Die Symmetrie der Nutzengrenze folgt daraus, daß wir gleiche Kostenfunktionen für alle Ressourcennutzer annehmen. Die Linearität der Nutzengrenze folgt aus der Linearität der Zielfunktion in der Kontroll– (=Output–) variable und dem symmetrischen Eingang der Kontrollvariable in die Bewegungsgleichung der Bestandsvariable (Ressourcenbestand).

Figur 25 stellt einen Ausschnitt des Auszahlungsraums, den Konfliktpunkt und einen Ausschnitt der Nutzengrenze für den 2–Ressourcennutzer–Fall dar.

Der Auszahlungsraum AR ist durch die Fläche, welche von der Nutzengrenze und den Achsen umschlossen wird, gegeben. Mit Ausnahme der Punkte auf der Nutzengrenze ist es bei allen Punkten im Auszahlungsraum möglich, den Gewinn mindestens eines Ressourcennutzers zu erhöhen, ohne den Gewinn auch nur eines anderen Ressourcennutzers zu vermindern. Der Konfliktpunkt, K, ist durch das Nash–Gleichgewicht pv^N gegeben. Als Lösung des Verhandlungsproblems kommen alle Punkte in Frage, bei denen die Auszahlung (Gegenwartswert des Gewinns) für alle Ressourcennutzer größer ist als im Konfliktpunkt, also Elemente der folgenden Menge: $\{pv\,|\,pv_i > pv_i{}^N, \text{für alle } i=1,2,\ldots,n\}$. Außerdem müssen die Lösungen natür-

---

14. *Holler* und *Illing* (1991: 226) weisen jedoch darauf hin, daß der Konfliktpunkt nicht notwendigerweise dem Nash–Gleichgewicht entsprechen muß, insbesondere, wenn das Nash–Gleichgewicht nicht eindeutig ist.
15. Wieder gehen wir davon aus, daß der Anfangswert des Ressourcenbestandes $S(0)$ dem Wert des Ressourcenbestandes im steady–state des Pareto–Optimums entspricht: $S(0)=S^C$. Ist $S(0)\neq S^C$ müßte $pv_i{}^C$ mit Hilfe von zwei Integralen berechnet werden, analog zur Berechnung von $pv_i{}^N$ (siehe Gleichung (152)).

Figur 25: Auszahlungsraum, Nutzengrenze und Konfliktpunkt für das Allmendemodell einer erneuerbaren Ressource (2 Allmendemitglieder)

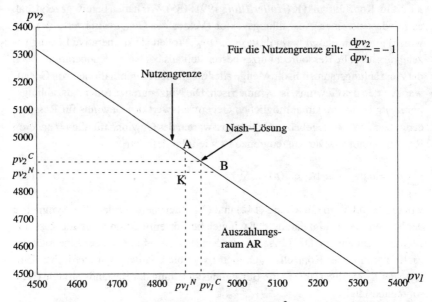

Diese Grafik gilt für folgendes Modell: $N(S) = 0.22\,S - 0.002\,S^2 - 2$; $c(x_i,S) = 50000\,x_i/S$; $n = 2$; $p = 1000$; $\delta = 0.1$; $x^{max} = 5$. Das Programm zur Ermittlung des Gegenwartswerts des Gewinns im Nash–Gleichgewicht und bei Kooperation ist im Anhang A5. abgedruckt.

lich Elemente des Auszahlungsraums sein. Für das kooperative 2–Personen–Spiel der Allmendenutzung aus Figur 25 bedeutet das, daß alle Punkte des Dreiecks KAB als Lösung in Frage kommen, mit Ausnahme der Begrenzungslinien KA und KB. Verlangen wir zusätzlich, daß die Lösung effizient sein muß, kommen nur Punkte auf der Linie AB (ohne die Eckpunkte) in Frage (vgl. dazu *Holler/Illing* 1991: 187). In Figur 25 erscheint der durch Kooperation mögliche Zusatzgewinn gegenüber dem Gegenwartswert des Gewinns im Nash–Gleichgewicht verschwindend gering, dies ist jedoch darauf zurückzuführen, daß wir uns wegen der grafischen Darstellbarkeit auf den 2–Ressourcennutzer–Fall beschränkt haben. Dabei fällt der Wohlfahrtsverlust durch Nicht–Beachtung der dynamischen Externalität im Nash–Gleichgewicht weniger stark ins Gewicht.

3.4.2. Das Allmendeproblem als individualistisch–kooperatives Differentialspiel: Die Nash–Lösung als Lösungskonzept

Kooperative Spiele können auf zwei Arten analysiert werden: zum einem als individualistisch–kooperatives Spiel, zum anderen als Koalitionsspiel. Beim individualistisch–kooperativen Spiel sind bindende Vereinbarungen nur zwischen der Gesamtheit aller Spieler zugelassen, Vereinbarungen von Teilmengen der Menge der Spieler sind ausgeschlossen. Dagegen werden bei Koalitionsspielen auch bindende Vereinbarungen zwischen beliebigen Teilmengen der Spieler zugelassen. Individualistisch–kooperative Spiele können mit drei verschiedenen Lösungskonzepten analysiert werden:

(1) Das *axiomatische Lösungskonzept* nimmt bestimmte wünschenswerte Eigenschaften der Lösung an.

(2) Das *behavioristische Lösungskonzept* geht von bestimmten Annahmen bezüglich des Verhaltens der Spieler im Verhandlungsprozeß aus.

(3) Das *strategische Lösungskonzept* rückt die institutionellen Rahmenbedingungen in den Mittelpunkt (vgl. *Holler/Illing* 1991: Kap. 5 und 6).

Da nur das axiomatische Lösungskonzept auch für den Fall, in dem sich mehr als zwei Spieler gegenüberstehen, definiert ist, werden wir nur dieses Lösungskonzept für die Analyse von Allmendeeigentum heranziehen. Interessanter scheinen ohnehin die Lösungskonzepte der Koalitionsspieltheorie, denn aus welchem Grund sollen nur Vereinbarungen der Gesamtmenge der Spieler zulässig sein, während Teilmengen der Menge der Ressourcennutzer keine Abmachungen treffen können?

Als eine axiomatische Lösung des kooperativen Spiels der Allmendenutzung bietet sich die sogenannte Nash–Lösung an. Sie darf nicht verwechselt werden mit dem Nash–Gleichgewicht aus der nicht–kooperativen Spieltheorie. Die Nash–Lösung $pv^*=(pv_1^*, pv_2^*, \ldots, pv_n^*)$ maximiert das sogenannte Nash–Produkt, NP. Dabei ist das Nash–Produkt als Produkt der Differenzen der Auszahlungen bei der Nash–Lösung und im Konfliktpunkt aller Spieler definiert:

$$NP = \prod_{i=1}^{n} (pv_i - pv_i^N) = (\boldsymbol{pv} - \boldsymbol{pv}^N)' (\boldsymbol{pv} - \boldsymbol{pv}^N) \tag{154}$$

NP: Nash–Produkt

pv^* ist Lösung pv von $\max_{pv} NP$, wobei $pv_i > pv_i^N$ für alle $i=1,2,\ldots,n$ (155)

Zur Diskussion der Eigenschaften der Nash–Lösung sei auf die Literatur verwiesen (vgl. *Holler/Illing* 1991: 190–191). Hier sei noch erwähnt, daß es sich bei dem hier behandelten kooperativen Spiel der Allmendenutzung um ein symmetrisches kooperatives Spiel handelt. Ein symmetrisches Spiel ist durch folgende Eigenschaften definiert:

(a) Im Konfliktpunkt K sind die Komponenten des Auszahlungsvektors für alle Spieler identisch. Dies ist in unserem kooperativen Spiel der Allmendenutzung der Fall, da im Nash–Gleichgewicht gilt: $pv_i{}^N = pv_j{}^N$ für alle $i,j=1,2,\ldots,n$.

(b) Ist ein Auszahlungsvektor Element der Nutzengrenze, dann ist auch jener Auszahlungsvektor Element der Nutzengrenze, welcher durch Vertauschung von je zwei beliebigen Komponenten des Auszahlungsvektor entsteht. Auch dies ist in unserem kooperativen Spiel der Allmendenutzung der Fall. Für den 2–Spieler–Fall gilt: Ist (pv_1, pv_2) Element der Nutzengrenze, dann ist auch (pv_2, pv_1) Element der Nutzengrenze.

Es wurde gezeigt, daß für symmetrische kooperative Spiele die Nash–Lösung mit der Kalai–Smorodinsky– und der proportionalen Lösung bei gleich großen Nutzenzugewinnen identisch ist, also brauchen wir für das hier behandelte kooperative Differentialspiel der Allmendenutzung mit Information des Typs offene Schleife zwischen den verschiedenen Lösungskonzepten nicht zu unterscheiden (*Holler/ Illing* 1991: 223).

Da wir es also mit einem symmetrischen kooperativen Spiel zu tun haben, muß auch die Nash–Lösung symmetrisch sein; da die Nash–Lösung des kooperativen Spiels auch Pareto–optimal sein muß, wird sofort klar, daß die im Kapitel 3.3.2. pauschal als kooperative Lösung bezeichnete Lösung $pv^C=(pv_1{}^C, pv_2{}^C, \ldots, pv_n{}^C)$ mit $pv_i{}^C = pv_j{}^C$ für alle $i=1,2,\ldots n$ die Nash–Lösung des kooperativen Differentialspiels ist. Sie ist identisch mit der Kalai–Smorodinsky– und der proportionalen Lösung bei gleich großen Nutzenzugewinnen.

3.4.3. Das Allmendeproblem als Verhandlungs–Differentialspiel mit Information des Typs offene Schleife: Starkes Nash–Gleichgewicht und Kern als Lösungskonzepte

Im Koalitionsspiel kann jede beliebige Teilmenge der Spieler bindende Vereinbarungen treffen. Man nennt eine solche Teilmenge von Spielern eine Koalition. Es gibt keinen Grund, warum im Allmendeproblem Koalitionen ausgeschlossen werden sollen. Entsprechend der Modellierung des Allmendeproblems haben wir es mit transferierbaren Nutzen zu tun. Wir haben als Auszahlungsfunktion einfach den Gegenwartswert des Gewinns angenommen und damit den Nutzen dem Gegenwartswert des Gewinns gleichgesetzt. Gewinn kann zwischen den Mitgliedern einer Koalition ohne Verlust übertragen werden, das Übertragungsmedium ist Geld (transferierbarer Nutzen setzt voraus, daß die Nutzen linear in dem Übertragungsmedium sind). Somit folgt, daß die Gewinnöglichkeits– (oder Nutzen)grenze der

Mitglieder der Koalition linear ist (Figur 25 wird nun als Gewinnmöglichkeitsgrenze einer 2–Spieler–Koalition betrachtet). Bei den Lösungskonzepten für Koalitionsspiele unterscheidet man Mengenansätze und Wertansätze. Bei den Wertansätzen wird aus der Menge aller möglichen Auszahlungsvektoren ein Auszahlungsvektor als Lösung ausgewählt, während die Mengenansätze als Lösung eine Teilmenge der Menge aller Auszahlungsvektoren bestimmen. Wir werden nur die Mengenansätze behandeln, und von diesen nur das starke Nash–Gleichgewicht und den Kern diskutieren.

Das starke Nash–Gleichgewicht beinhaltet Konzepte der kooperativen und der nicht–kooperativen Spieltheorie. Einerseits werden bindende Vereinbarungen zwischen den Koalitionsmitgliedern zugelassen, andererseits kommt das Konzept des Nash–Gleichgewichts aus der nicht–kooperativen Spieltheorie zur Anwendung. Definiere den folgenden n–dimensionalen Strategievektor $x=x_N=(x_K,x_{N\setminus K})$; dabei ist x_K das Strategie–Tupel der Mitglieder der Koalition K während $x_{N\setminus K}$ das Strategie–Tupel der Spieler, die nicht in der Koalition K sind, ist. Damit $x=x_N=(x_K,x_{N\setminus K})$ ein starkes Nash–Gleichgewicht ist, fordern wir, daß es keine Koalition K aus N gibt, so daß der Strategievektor x_K bezüglich der Koalition K von einem alternativen Strategievektor x_K' dominiert wird, vorausgesetzt, die Mitglieder der komplementären Koalition wenden weiterhin $x_{N\setminus K}$ an. Eine Strategiekombination $(x_K',x_{N\setminus K})$ dominiert die Strategiekombination $(x_K,x_{N\setminus K})$ bezüglich der Koalition K, wenn sie allen Mitglieder der Koalition K mindestens gleich hohe Auszahlungen garantiert, jedoch mindestens einem Mitglied der Koalition eine strikt größere Auszahlung. In unserem Allmendemodell sind die Strategien mit den Produktionsmengen identisch, und die Auszahlungen mit den damit verbundenen Gegenwartswerten der Gewinne. Da wir es mit transferierbarem Nutzen zu tun haben, erfordert ein starkes Nash–Gleichgewicht, daß bei gegebener Strategiewahl der komplementären Koalition keine alternative Strategiewahl der Koalition möglich ist, die die Gesamtauszahlung (=Gegenwartswert des Gewinns) der Koalition erhöht. Dabei sind die große Koalition (d.h. die Koalition aller Ressourcenmitglieder) und auch alle Einerkoalitionen (wie in der individualistisch–kooperativen Spieltheorie) zulässig. Deshalb muß das starke Nash–Gleichgewicht sowohl individuell rational als auch Pareto–optimal sein. Ein starkes Nash–Gleichgewicht muß deshalb auch ein Nash–Gleichgewicht sein, da der nicht–kooperative Kontext des Nash–Gleichgewichts identisch ist mit dem Fall, in welchem nur Einer–Koalitionen zugelassen werden. Die Menge der starken Nash–Gleichgewichte kann leer sein, d.h. ein Spiel besitzt kein starkes Nash–Gleichgewicht.

Es ist sofort klar, daß das Differentialspiel der Allmendenutzung bei Information des Typs offene Schleife kein starkes Nash–Gleichgewicht besitzt. Wie wir in Kapitel 3.3.2. gezeigt haben, ist jedes Nash–Gleichgewicht des nicht–kooperativen Differentialspiels der Allmendenutzung in offener Schleife Pareto–inferior. Somit kann es kein starkes Nash–Gleichgewicht geben, da es kein Pareto–optimales Nash–Gleichgewicht geben kann.

Der Kern eines Spiels ist als die Menge aller *nicht–dominierten Imputationen* definiert. Bei transferierbarem Nutzen muß für eine *Imputation* gelten: Die Summe der Nutzen aller n Spieler entspricht den maximalen Wert der Summe der Nutzen aller Spieler (*Pareto–Optimalität*), und jeder einzelne erhält dabei eine Auszahlung, die mindestens so groß ist wie die maximale Auszahlung, die er sich allein, bei ungünstigstem Verhalten der anderen, sichern kann (*individuelle Rationalität*). Die Eigenschaft der Nicht–Dominanz verlangt, daß es keine Koalition K aus N gibt, die ihren Mitgliedern eine höhere Auszahlungssumme (und zwar unter für sie ungünstigstem Verhalten der komplementären Koalition) garantiert als jene Summe, die realisiert wird. Alle Elemente des Kerns sind deshalb *koalitionsrational*, d.h. eine beliebige Koalition kann keine höheren Auszahlungen als die realisierten herbeiführen.

In unserem Allmendespiel wird sofort klar, daß keine Koalition, außer der großen Koalition, die Macht hat, eine bestimmte Auszahlungsallokation zwischen allen Ressourcennutzern herbeizuführen. Bereits die Koalition K_{n-1}, die aus der um ein Mitglied verminderten großen Koalition besteht, hat nicht mehr die Macht, ihren Mitgliedern den Gegenwartswert des Gewinns pv_i^C zu garantieren. Die verbleibende 1–Mann–Koalition kann ihre Ressourcennutzung so weit ausdehnen, daß auch der maximale Gegenwartswert des Gewinns (Maximin–Auszahlung) der Koalition K_{n-1} gerade noch Null ergibt. Diese Argumentation ist für alle Koalitionen mit $1 \leq m < n$ gültig, d.h. die Lösung, in der alle Ressourcenmitglieder kooperieren, x_i^C produzieren und pv_i^C als Gewinn erzielen, ist ein Element der Kerns (welcher in diesem Falle auch ein starker Kern ist, siehe *Holler/Illing* 1991: 282). Aber es sind auch alle anderen Auszahlungsallokationen pv_i, welche durch die große Koalition erreicht werden können, mit

$$\sum_{i=1}^{n} pv_i = n\, pv_i^C \text{ und } pv_i \geq 0 \text{ für alle } i=1,2,\ldots,n \qquad (156)$$

Elemente des Kerns, d.h. der Kern ist mit der Nutzengrenze identisch. Wegen der Linearität der Auszahlungsfunktion in x_i folgt, daß für die Strategien des Kerns gilt:

$$\sum_{i=1}^{n} x_i = n\, x_i{}^C, \text{ wobei } x_i \geq 0 \text{ für alle } i=1,2,\ldots,n \tag{157}$$

Während ein starkes Nash–Gleichgewicht erfordert, daß bei Konstanz der Strategien der Gegenkoalition selbst eine Einer–Koalition nicht profitieren kann, setzt das Konzept des Kerns voraus, daß sich keine Koalition ein besseren Ergebnis als im Kern (durch ihre Maximin–Strategie) sichern kann.

3.4.4. Das Allmendeproblem als kooperatives Differentialspiel mit Rückkopplungsinformation: Lösungen für individualistisch kooperative und Koalitionsspiele

Während es im Differentialspiel der Allmendenutzung mit Information des Typs offene Schleife sofort einleuchtend ist, das Nash–Gleichgewicht des nicht–kooperativen Differentialspiels mit Information des Typs offene Schleife als Konfliktpunkt heranzuziehen, liegen im Differentialspiel mit Rückkopplungsinformation mehrere Nash–Gleichgewichte vor: jenes Nash–Gleichgewicht des Differentialspiels mit Information des Typs offene Schleife (siehe Kapitel 3.3.1.) und alle durch Trigger–Strategien erzeugte Nash–Gleichgewichte des Differentialspiels mit Rückkopplungsinformation (siehe Kapitel 3.3.4.). Da jedoch alle durch Trigger–Strategien erzeugten Nash–Gleichgewichte einen höheren Gegenwartswert des Gewinns erzeugen als das Nash–Gleichgewicht des Differentialspiels mit Information des Typs offene Schleife, liegt es dennoch nahe, das Nash–Gleichgewicht des Differentialpiels in offenen Schleifen als Konfliktpunkt heranzuziehen. Die Alternative wäre, die Gegenwartswerte des Gewinns der Maximin–Strategie heranzuziehen, d.h. jene Gegenwartswerte der Gewinne, die sich jeder individuell bei ungünstigstem Verhalten der anderen Allmendemitglieder sichern kann. Dann besteht der Konfliktpunkt aus dem Nullvektor, d.h. daß für jeden Ressourcennutzer der Gegenwartswert des Gewinns identisch Null ist. Da es sich bei unserem Modell in jedem Fall um einen symmetrischen Konfliktpunkt handelt und auch der Auszahlungsraum symmetrisch ist, ist es unerheblich, welcher Konfliktpunkt herangezogen wird, wenn die Nash–Lösung (und die für symmetrische Spiele zum gleichen Ergebnis führende Kalai–Smorodinsky– sowie die proportionale Lösung bei gleich großen Nutzenzugewinnen) als Lösungskonzept Verwendung findet. Die Nash–Lösung des Differentialspiels der Allmendenutzung mit Rückkopplungsinformation entspricht der Nash–Lösung des Differentialspiels der Allmendenutzung mit Information des Typs offene Schleife. Wir haben es deshalb mit dem ungewöhnlichen Fall zu tun, daß das durch Trigger–Strategien erzeugte Nash–Gleichgewicht pv^C mit der Nash–Lösung zusammenfällt.

Für das Differentialspiel in offener Schleife haben wir gezeigt, daß der Auszahlungsvektor pv^C und alle Auszahlungskombinationen pv_i mit

$$\sum_{i=1}^{n} pv_i = n\, pv_i{}^C \text{ und } pv_i \geq 0 \text{ für alle } i=1,2,\ldots,n \tag{158}$$

Elemente des Kerns sind. Dies trifft natürlich auch für das Differentialspiel mit Rückkopplungsinformation zu. Wir bezeichnen den aus der bindenden Vereinbarung der großen Koalition resultierenden Gegenwartswert des Gewinns von Individuum i mit $pv_i{}^V$ und die damit verbundenen individuellen Produktionsmengen mit $x_i{}^V$. Dabei soll es sich um eine effiziente Vereinbarung handeln, also:

$$\sum_{i=1}^{n} pv_i{}^V = n\, pv_i{}^C, \text{ wobei } pv_i{}^V \geq 0 \text{ für alle } i \tag{159}$$

Wegen der Linearität der Auszahlungsfunktion in x_i folgt daraus:

$$\sum_{i=1}^{n} x_i{}^V = n\, x_i{}^C, \text{ wobei } x_i{}^V \geq 0 \text{ für alle } i \tag{160}$$

In Kapitel 3.3.4. haben wir nur *ein* durch Trigger–Strategien erreichbares Paretooptimales Nash–Gleichgewicht abgeleitet. Jedoch führen auch andere Trigger–Strategien zu einem Pareto–optimalen Nash–Gleichgewicht, solange die Trigger–Strategie einen mindestens so hohen Gegenwartswert des Gewinns wie beim Nash–Gleichgewicht des Differentialspiels in offenen Schleifen zur Folge hat. Dies soll nun gezeigt werden. Dazu definieren wir die folgenden Trigger–Strategien:

$$x_i{}^{Tr}(t) = \begin{cases} x_i{}^V & \text{für } t=0 \\ x_i{}^V & \text{für } t>0 \text{ und } S(\tau) = S^C \text{ für alle } 0\leq\tau\leq t \\ x_i{}^N(t) & \text{sonst} \end{cases} \tag{161}$$

Die Nash–Strategie $x_i{}^N(t)$ wird in Gleichung (152) definiert. Verfolgen alle n Allmendemitglieder die Trigger–Strategie, dann erzielen sie den folgenden Gegenwartswert des Gewinns:[16]

$$pv_i{}^{Tr} = (1/\delta)\, x_i{}^V\, (p-\alpha/S^C) \tag{162}$$

Weicht nur einer der Allmendemitglieder von der Trigger–Strategie ab (und er wird dies in der Periode $t=0$ tun), so löst er damit den *Trigger* aus, d.h. alle Allmendemitglieder stellen auf die Nash–Strategie $x_i{}^N(t)$ um (vgl. dazu Diskussion in Kapitel 3.3.4.). Dann ist es auch für den "Ausbrecher aus der Trigger–Strategie" optimal die Nash–Strategie $x_i{}^N(t)$ zu verfolgen, denn im Nash–Gleichgewicht sind die

---

16. Im Gegensatz zur weiter oben behandelten Trigger–Strategie $x_i{}^T(t)$ gilt bei der Trigger–Strategie $x_i{}^{Tr}(t)$ nicht mehr, daß $x_i{}^{Tr}(t)=x_j{}^{Tr}(t)$ und somit auch nicht mehr $pv_i{}^{Tr}=pv_j{}^{Tr}$ für alle $i,j=1,2,\ldots,n$.

Nash–Strategien gegenseitig beste Antwortstrategien. Der Gegenwartswert des Gewinns bei Verfolgung der Nash–Strategie pv_i^N wurde in Gleichung (152) berechnet. Solange die vereinbarten Nutzungsraten der Ressourcennutzung x_i^V so gewählt werden, so daß für jedes Allmendemitglied gilt:

$$pv_i^{Tr} > pv_i^N \text{ für alle } i = 1,2, \ldots n, \tag{163}$$

dann ist es für kein Allmendemitglied lohnend, von der Trigger–Strategie abzuweichen. Es handelt sich dann bei der Strategiekombination $x^V=(x_1^V, x_2^V, \ldots, x_n^V)$ um ein durch Trigger–Strategien gestütztes Nash–Gleichgewicht. Da Bedingung (163) jedoch für mehrere Kombinationen der vereinbarten Ressourcennutzung x_i^V gilt, wird durch sie eine Menge von Pareto–optimalen Nash–Gleichgewichten beschrieben. Es handelt sich bei diesen Nash–Gleichgewichten um teilspielperfekte Nash–Gleichgewichte, da die Trigger–Strategie $x_i^{Tr}(t)$ eine glaubhafte Strategie ist: Die Drohung $x_i^N(t)$ zu ernten, sobald nur ein Ressourcennutzer von der vereinbarten Ressourcennutzung abweicht, ist glaubhaft, da sie zu einem Nash–Gleichgewicht führt. Die Menge aller teilspielperfekten Gleichgewichte wird für ein numerisches Beispiel in Anhang A6. berechnet.

Wir werden nun überprüfen, ob es sich bei jenen Elementen des Kerns, welche zugleich ein Nash–Gleichgewicht des nicht–kooperativen wiederholten Spiels sind, auch um ein starkes Nash–Gleichgewicht handelt. Wenn pv^V ein starkes Nash–Gleichgewicht sein soll, dürfte keine beliebige Koalition, bei gegebener Strategie der komplementären Koalition (=Trigger–Strategie) höhere Auszahlungen erreichen können (siehe Diskussion des starken Nash–Gleichgewichts unter 3.4.3.). Der Gegenwartswert des Gewinns einer beliebigen Koalition K, wenn alle Allmendemitglieder (d.h. jene in und außerhalb der Koalition) die Trigger–Strategie verfolgen lautet:

$$pv_K^{Tr} = \sum_{i \in K} pv_i^{Tr} = \sum_{i \in K} (1/\delta) \, x_i^V \, (p-\alpha/S^C) = (1/\delta) \, x_K^V \, (p-\alpha/S^C) \tag{164}$$

Der Gegenwartswert des Gewinns einer beliebigen von der Trigger–Strategie ausbrechenden Koalition K lautet:

$$pv_K = \sum_{i \in K} pv_i = \sum_{i \in K} \int_0^\infty [\, p\, x_i(t) - \alpha\, x_i(t)/S(t) \,]\, e^{-\delta t}\, dt =$$

$$= \sum_{i \in K} \int_0^\infty x_i(t)\, [\, p - \alpha/S(t) \,]\, e^{-\delta t}\, dt = \int_0^\infty x_K(t)\, [\, p - \alpha/S(t) \,]\, e^{-\delta t}\, dt \quad \text{wobei}$$

$$x_K(t) = \sum_{i \in K} x_i(t) \quad \text{und}$$

$$dS/dt = N(S(t)) - x_K(t) - \sum_{i \in N \setminus K} x_i(t) \quad \text{und}$$

$S(0) = S^C$ gegeben (165)

Damit x^V ein Nash–Gleichgewicht im 2–Personen–Spiel zwischen den Koalitionen K mit k Mitgliedern und N\K ist, muß daher gelten[17]:

$$pv_K^{Tr} - pv_K^A(k) > 0 \tag{166}$$

wobei $pv_K^A(k)$ wie folgt definiert ist:

$$pv_K^A(k) = \max_{\{x_K(t)\}} \int_0^\infty x_K(t)\, [\, p - \alpha/S(t) \,]\, e^{-\delta t}\, dt \quad \text{wobei}$$

$dS/dt = N(S(t)) - x_K(t) - (n-k)\, x_i^N(t)$ und
$S(0) = S^C$ ist gegeben
$$x_K(t) \leq k\, x^{\max} \tag{167}$$

$pv_K^A(k)$ ist der maximale Gegenwartswert des Gewinns der Koalition, wenn die Koalition (d.h. mindestens ein Koalitionsmitglied) in der ersten Periode ($t=0$) von der Trigger–Strategie abweicht, und die Mitglieder der Gegenkoalition entsprechend der Trigger–Strategie $x_i^N(t)$ produzieren. Der maximale Gegenwartswert des Gewinns einer von der Trigger–Strategie abweichenden Koalition $pv_K^A(k)$ kann mit Hilfe einer Hamilton–Funktion (vgl. Kapitel 3.3.1.) ermittelt werden. Der entsprechende steady–state ergibt sich aus den folgenden zwei Gleichungen (vgl. Gleichungen (128) und (129), wobei x_j durch x_K und X_{n-j} durch $(n-k)x_i^N$ substituiert wurden):

$$x_K = N(S) - (n-k)\, x_i^N \tag{168}$$

$$p = \frac{\partial c}{\partial x_i}(x_K, S) - \frac{1}{\delta - N'(S)} \frac{\partial c}{\partial S}(x_K, S) \tag{169}$$

---

17. Es handelt sich hier jedoch nicht um ein teilspielperfektes Gleichgewicht. Würde die Koalition K nämlich von der Trigger–Strategie abweichen, dann wäre für die Gegenkoalition N\K eine andere, als die Nash–Strategie $x_i^N(t)$, optimal.

Wir bezeichnen die Lösung des Gleichungssystems (168) und (169) mit $(x_K(k), S_K(k))$. Da die zu optimierende Zielfunktion linear in der Kontrollvariable x_K ist, erfolgt die Anpassung zum steady–state auf dem schnellstmöglichen Pfad (most rapid approach). Dieser besteht darin, den Ressourcenbestand im steady–state $S_K(k)$ in der schnellstmöglichen Zeit t^{AK} zu erreichen. Dann kann die Koalition aber nicht sofort auf die Strategie im steady–state $x_K(k)$ wechseln, da ja alle Mitglieder der Gegenkoalition bis zum Zeitpunkt t^A noch x^{max} produzieren. Im Zeitintervall $t^{AK} \leq t \leq t^A$ produziert die Koalition folglich genau soviel, daß der Ressourcenbestand $S_K(k)$ erhalten bleibt. Die Produktionsmenge ist dann gegeben durch: $N[S_K(k)]-(n-k)x^{max}$. $pv_K{}^A(k)$ kann demzufolge wie folgt berechnet werden:

$$pv_K{}^A(k) = \int_0^{t^{AK}} k\, x^{max}\, [\, p - \alpha/S(t)\,]\, e^{-\delta t} +$$

$$\int_{t^{AK}}^{t^A} \{N[S_K(k)]-(n-k)x^{max}\}\,[\, p - \alpha/S_K(k)\,]\, e^{-\delta t} + \int_{t^A}^{\infty} x_K(k)\,[\, p - \alpha/S_K(k)\,]\, e^{-\delta t} =$$

$$= \int_0^{t^{AK}} k\, x^{max}\,[\, p - \alpha/S(t)\,]\, e^{-\delta t} + \frac{e^{-\delta t^{AK}}}{\delta}\,\{N[S_K(k)]-(n-k)x^{max}\}\,[\, p - \alpha/S_K(k)\,] +$$

$$+\frac{e^{-\delta t^A}}{\delta}\,\{x_K(k)-N[S_K(k)]+(n-k)x^{max}\}\,[\, p - \alpha/S_K(k)\,] \quad \text{wobei}$$

$$\frac{dS}{dt} = N(S(t)) - n\, x^{max} \quad \text{für } 0 \leq t \leq t^{AK} \tag{170}$$

Im Anhang A6. zeigen wir, daß Bedingung (166) nicht aus Bedingung (163) folgt, d.h. die Elemente des Kerns, für die Bedingung (163) gilt, sind zugleich ein Nash–Gleichgewicht, und jene Elemente für die Bedingung (166) gilt, sind ein starkes Nash–Gleichgewicht.

Das starke Nash–Gleichgewicht setzt an die Stabilität der Lösung sehr strenge Bedingungen. Selbst wenn alle anderen Ressourcennutzer jenes Strategiebündel, welche zum starken Nash–Gleichgewicht führt, weiterverfolgen, so lohnt es sich für keine Koalition, von ihrem Strategiebündel, welches zum starken Nash–Gleichgewicht führt, abzuweichen. Das heißt auch in einem Kontext, in welchem Koalitionen zugelassen sind, kann von einer Tragik des Gemeinschaftslandes nicht gesprochen werden. Je nach Konstellation der Parameter kann es sich bei den Lösungen zum Allmendeproblem um Lösungen handeln, die genauso stabil sind wie die

Gleichgewichtslösungen in einem Edgeworth–Box–Modell des bilateralen Tausches.

3.5. Schlußfolgerungen aus der Analyse des Allmendeproblems als Differentialspiel

Die konventionelle wirtschafts– und ordnungspolitische Forderung, daß Allmendeeigentum als Ressourcen–verschwendende Organisationsform in Privateigentum umgewandelt werden sollte, wird in den Kapiteln 3.1. bis 3.4. hinterfragt. In Kapitel 3.1. werden kollektive Verfügungsrechte (=Allmendeeigentum) definiert und gegenüber einem Ressourcenregime, in dem freier Zugang herrscht, abgegrenzt. Während bei freiem Zugang jeder potentielle Ressourcennutzer zur Ressourcennutzung berechtigt ist, sind kollektive Verfügungsrechte exklusive Nutzungsrechte einer wohldefinierten Gruppe. Bei einem Ressourcenregime mit freiem Zugang kommt es zum Verschwinden der Bodenrente, denn eine positive Bodenrente würde ja neue Ressourcennutzer anziehen (vgl. Kapitel 2.1.1.). Lange Zeit wurden kollektive Verfügungsrechte mit freiem Zugang verwechselt (*Hardin* 1968) und somit erscheint die konventionelle wirtschaftspolitische Empfehlung, Allmendeeigentum in Privateigentum umzuwandeln, begründet. In Kapitel 3.3. wird das Problem der Nutzung einer erneuerbaren Ressource in Allmendeeigentum als nicht–kooperatives Diffrentialspiel modelliert. Es zeigt sich, daß selbst wenn sich die Strategien der Allmendemitglieder nicht am laufenden Ressourcenbestand orientieren können, sondern nur den Ressourcenbestand zum Zeitpunkt $t = 0$ kennen, es zu einem Nash–Gleichgewicht kommt, welches den Ressourcennutzern eine positive Bodenrente einbringt (vgl. (137)). Insofern ist das Allmendeproblem nicht so "tragisch" wie es in *Hardin*'s "Tragödie des Gemeinschaftslandes" (1968), bei welcher die Bodenrente verschwindet, erscheint. Dennoch ist dieses Nash–Gleichgewicht (für das Differentialspiel mit Informationen des Typs offene Schleife) immer noch nicht effizient im Sinne des Pareto–Kriteriums, d.h. alle Allmendemitglieder könnten einen höheren Gegenwartswert des Gewinns erzielen.

Lassen wir jedoch zu, daß die Ressourcennutzer zu jedem beliebigen Zeitpunkt ihre Strategien vom laufenden Ressourcenbestand abhängig machen können (Differentialspiel mit Rückkopplungsinformation), so existiert auch ein durch Trigger–Strategien erzeugtes Nash–Gleichgewicht, das Pareto–optimal ist (siehe Kapitel 3.3.4.). Dann kann aber auch nicht mehr von einer Tragik des Gemeinschaftslandes in dem Sinne gesprochen werden, daß Gemeinschaftsland zwingend Pareto–suboptimale Ergebnisse zur Folge hat. Selbst wenn bindende Vereinbarungen zum Beispiel wegen prohibitiv hohen Transaktionskosten ausgeschlossen werden können, kann es bei der Nutzung von Allmendeeigentum also zu Pareto–optimalen Ergebnissen kommen. Allerdings können Pareto–suboptimale Ergebnisse in einem nicht–kooperativen Kontext auch nicht ausgeschlossen werden. Das Pareto–inferiore Nash–Gleichgewicht des Differentialspiels in offenen Schleifen ist ja auch ein Nash–Gleichgewicht des Differentialspiels mit Rückkopplungsinformation. Wenn jedoch bindende Vereinbarungen wie in Kapitel 3.4. zugelassen werden, existieren Pareto–optimale Gleichgewichte, so daß sich keine beliebige Koalition durch eine Strategieänderung höhere Auszahlungen sichern kann (Konzept der Kerns). Im Fall des kooperativen Differentialspiels mit Rückkopplungsinformation existieren sogar starke Nash–Gleichgewichte, d.h. selbst bei Annahme der Konstanz der Strategie der Gegenkoalition profitiert keine Koalition von einer Strategieänderung. In Betracht dieses Ergebnisses kann man aber nicht mehr von einer Tragödie des Gemeinschaftslandes sprechen, setzten doch die Lösungskonzepte des Kerns und des starken Nash–Gleichgewichts sehr strenge Bedingungen an die Stabilität der kooperativen Lösung. Beide Lösungskonzepte wurden auch in der Theorie des bilateralen Tausches verwendet (*Holler/Illing* 1991: 271–276). Eine Pareto–inferiore Übernutzung der Ressource ist deswegen, wenn bindende Vereinbarungen zugelassen werden, auszuschließen.

In der bisherigen Analyse haben wir Transaktionskosten nicht explizit berücksichtigt. Nach *Coase* sind Transaktionskosten mit folgenden Handlungen verbunden: Potentielle Vertragspartner müssen ausfindig gemacht, die Vertragspartner, mit denen man eine Vereinbarung treffen will, müssen über den eigenen Verhandlungswunsch und die gewünschten Vertragsbedingungen informiert werden, Verhandlungen müssen bis zum Abschluß eines Vertrags geführt werden. Außerdem verursacht der Vertragsabschluß und die Kontrolle, ob die ausgehandelten Bedingungen eingehalten werden, Kosten (*Coase* 1960, S. 15). Zu diesen Kosten müßten noch die Kosten addiert werden, die zur Vermeidung von strategischen Verhandlungsverhalten aufgewendet werden müssen (*Dahlman* 1980: 81).

Es ist klar, daß im Rahmen der nicht–kooperativen Spieltheorie Transaktionskosten keine Rolle spielen, denn es kommt definitionsgemäß zu keinen Abmachungen zwischen den Spielern. Da es, wie oben erwähnt, keinen prinzipiellen Grund gibt, bei der Allmendenutzung Abmachungen zwischen den Ressourcennutzern auszuschließen, kann die Verwendung der nicht–kooperativen Spieltheorie eigentlich nur durch prohibitiv hohe Transaktionskosten gerechtfertigt werden. Sind die Transaktionskosten also wirklich prohibitiv hoch, dann ist eine durch Trigger–Strategien erzeugtes Pareto–optimales Nash–Gleichgewicht nur eine Lösung des nicht–kooperativen Spiels. Genausogut kann es zum Pareto–inferioren Nash–Gleichgewicht kommen. Im Gegensatz dazu würde eine Privatisierung der Allmende (z.B. Aufteilung der Allmende in n gleich große Parzellen, wobei jeder Ressourcennutzer das private Eigentumsrecht an einer Parzelle erhält) in jedem Fall zu einer effizienten Lösung führen (Jedoch nur, wenn keine steigenden Skalenerträge vorherrschen, siehe Diskussion in Kapitel 4.). Das individuelle Eigeninteresse (Maximierung des individuellen Gegenwartswert des Gewinns) würde dafür sorgen, daß es zu einem Pareto–optimalen Ergebnis kommt (vgl. Kapitel 2.1.2.). Sind Transaktionskosten vorhanden, aber nicht so hoch, daß Vereinbarungen grundsätzlich ausgeschlossen werden können, so garantiert privates Eigentum ein Pareto–Optimum, während bei Allmendeeigentum nur der um die oben erwähnten Transaktionskosten verminderte Gewinn erzielbar wäre. Jene, die aus diesem Grund für die Privatisierung von Allmendeeigentum plädieren, vergessen jedoch eine Art von Transaktionskosten, die in der *Coase'*schen Definition nicht enthalten sind. Dabei denken wir an jene Kosten, die mit der Definition und Durchsetzung von Eigentumsrechten verbunden sind (*Dahlman* 1980: 116).

Runge (1986: 624f) und *Bromley* (1989: 869) erwähnen, daß Transaktionskosten, die mit der Definition und Durchsetzung von exklusiven privaten Eigentumsrechten verbunden sind, insbesondere in den armen Dorfgemeinschaften der Entwicklungsländer stark ins Gewicht fallen. Solche Transaktionskosten fallen zwar auch bei kollektiven Verfügungsrechten an, sind jedoch kleiner als bei privaten Verfügungsrechten: Für das Funktionieren einer privaten Eigentumsordnung sind nämlich "klare Definitionen und Zuordnungen in Bezug auf die besessenen Güter, zusammen mit einem Schlichtungsmechanismus für auftretende Kontroversen" notwendig. "Je mehr Güter mit exklusiven Rechten ..." versehen werden "... desto größer muß die soziale Investition in die Zuordnung, Definition und Rechtsprechung sein". Bei Allmendeeigentum "... müssen vergleichsweise weniger Ansprüche zugeordnet und definiert werden" (*Runge* 1986: 624, Übersetzung durch den Autor). Konkret heißt das: Durch Landvermessung müssen die Grenzen der verschieden Grundstücke bestimmt werden, um die Parzellen der verschiedenen Besitzer abzugrenzen. Außerdem müssen Übertragungen der Grundstücke registriert, und die Grundrechte beglaubigt werden. Wie bedeutend jedoch die Institutionen und Mechanismen der Definition, Zuordnung und Durchsetzung von privaten Eigentumsrechten sind, wird nicht zuletzt durch die Transformationsschwierigkeiten von ehemaligen Planwirtschaften in Marktwirtschaften deutlich. So existieren in der ehemaligen Deutschen Demokratischen Republik die Grundbücher zum Teil überhaupt nicht mehr, sind entweder absichtlich durch Schwärzen durch die ehemaligen Bürokratie oder durch die Alterung unleserlich geworden, und diese Unsicherheit bezüglich der Eigentumsrechte wird als ein wesentlicher Grund für die abwartende Haltung von Investoren eingestuft (*Sinn* 1991: 5). Zu diesen sozialen Allgemeinkosten müßten noch die privaten Kosten, wie die Einzäunung und Überwachung der Respektierung des privaten Eigentumsrechts dazugezählt werden (*Bromley* 1989: 869).

Natürlich müssen die oben angesprochenen komparativen Vorteile von Allmendeeigentum gegenüber Privateigentum bezüglich der Transaktionskosten der Definition und Durchsetzung von Eigentumsrechten abgewogen werden mit potentiell auftretenden komparativen Nachteilen von Allmendeeigentum, wenn es aufgrund hoher *Coase'*scher Transaktionskosten nicht gelingt, eine Pareto–optimale Lösung zu realisieren. Da im Westen jene Institutionen, die private Verfügungsrechte definieren, abgrenzen und durchsetzen, schon selbstverständlich geworden sind, werden die auch im Westen erforderlichen sozialen Fixkosten übersehen. Diese Überlegungen könnten auch erklären, weshalb Allmendeeigentum in den Entwicklungsländern eine viel größere Rolle spielt als im Westen. Der Boden in der westlichen Welt ist im allgemeinen pro Flächeneinheit wesentlich produktiver, und damit ist der potentielle Wohlfahrtsgewinn, der aus einer Privatisierung von Allmendeeigentum resultiert, vergleichsweise höher. Anderseits dürfte das Verhältnis der sozialen und privaten Transaktionskosten der Definition und Durchsetzung von Gemein– und privatem Eigentum in den Entwicklungsländern und in den Industrieländern in etwa vergleichbar sein.

Die Beibehaltung von Allmendeeigentum bei der Bewirtschaftung der Almen in den schweizerischen, bayerischen und österreichischen Alpen kann als ein Indiz dafür genommen werden, daß die Abwägung der komparativen Vor- und Nachteile von Allmendeeigentum auch im Westen nicht immer zugunsten von Privateigentum ausfallen muß: Die Almwiesen sind vergleichsweise weniger produktiv und die Kosten der Definition, Zuordnung und Durchsetzung von Privateigentum in Vergleich zu Allmendeeigentum sind hoch. Anderseits dürften die *Coase'*schen Transaktionskosten (Kosten, die bis zum Vertragsabschluß und mit der Kontrolle der Vertragsbedingungen anfallen) bei relativ kleinen Gruppen, die in einer Dorfwirtschaft in den unterschiedlichsten Transaktionen immer wieder aufeinandertreffen, relativ gering sein. Insofern kann man durchaus davon ausgehen, daß die kooperative Spieltheorie herangezogen werden kann. Damit kann bei einer Kombination von geringen Transaktionskosten, welche sich auf den Vertragsabschluß und die Vertragsdurchsetzung beziehen, und hohen Transaktionskosten, welche sich auf die Definition und Durchsetzung von Eigentumsrechten beziehen, die Organisationsform Allmendeeigentum der Organisationsform exklusives Privateigentum im Sinne von Pareto sogar überlegen sein. Aber selbst wenn die Transaktionskosten des Vertragsabschlusses und der Vertragsdurchsetzung so hoch sind, daß nur die nicht–kooperative Spieltheorie in Frage kommt, so können die Transaktionskosten der Definition und Durchsetzung von Privateigentum jene von Allmendeeigentum so weit übertreffen, daß das Pareto–inferiore Nash–Gleichgewicht des Differentialspiels (d.h. jenes in offener Schleife) der Lösung mit Privateigentum im Sinne von Pareto immer noch dominiert. Diesen Fall haben *Bromley* (1989: 869) und *Runge* (1986: 624f) im Auge.

In der bisherigen Diskussion der komparativen Vor– und Nachteile von privaten und kollektiven Verfügungsrechten haben wir so getan, als ob private Verfügungsrechte immer eine mögliche Alternative zu kollektiven Verfügungsrechten ist. Nun gibt es jedoch Ressourcen, die nicht einem bestimmten Territorium zugeordnet werden können. Man denke dabei an Meeresfische oder auch an Jagdtiere. Selbst wenn die Weltmeere vollständig in exklusive Territorialgewässer der Nationen aufgeteilt würden, hätten wir es immer noch mit einer Externalität zu tun. Jede Nation hätte einen Anreiz mehr abzufischen als optimal wäre, würden doch, aufgrund des Wanderverhaltens der Fische alle Nationen unter einem verminderten Fischbestand leiden, während nur die Nation, denen die Fische gerade ins Netz gehen, von dem zusätzlichen Fang profitieren würde. Dasselbe trifft für wandernde Wildtiere zu.

In unserem Modell haben wir auch einen weiteren Faktor nicht berücksichtigt, auf den *Dahlman* (1980: 113f) bei der Analyse der Nutzung von Weideland hinweist: positive Skalenerträge in der Weidewirtschaft in Bezug auf die Fläche. Sie beruhen auf Einsparungen beim Einzäunen und bei der Überwachung der Herden. In unserem Modell haben wir konstante oder sogar fallende Skalenerträge angenommen. Diesem Kritikpunkt werden wir in Kapitel 4. Rechnung tragen. Bei steigenden Skalenerträgen in Bezug auf die bewirtschaftete Fläche kann ein Vergleich von Privat– und kollektiven Eigentumsrechten nur Sinn haben, wenn *Coase'*sche Transaktionskosten berücksichtigt werden. Steigende Skalenerträge führen nämlich dazu, daß möglichst große Flächeneinheiten bewirtschaftet werden sollten. Dann kommt es natürlich bei einer Privatisierung von Allmendeland zu allen Problemen, die in der Institutionenökonomie unter den Stichwort Prinzipal–Agent–Verhältnis behandelt werden.

Genauso unberücksichtigt blieb das Argument, daß kollektives Eigentum und das Recht auf gemeinsame Nutzung als Versicherung gegen zeitlich und räumlich stark variierende negative Umwelteinflüsse (z.B. zu wenig Regenfall) auf die Ressourcenbasis gesehen werden kann (Wir haben ja nur mit deterministischen Modellen argumentiert.). Bei privaten Verfügungsrechten an kleinen Landparzellen ist das Risiko negativer Umwelteinflüsse größer als bei einem kollektiven Verfügungsrecht, welche sich über eine größere Fläche erstreckt. Nun könnte man natürlich einwenden, daß bei privaten Verfügungsrechten sich die jeweiligen Besitzer versichern könnten, um das Risiko gemeinsam zu tragen (risk pooling). Dem ist jedoch entgegenzuhalten, daß solche Risikomärkte in Entwicklungsländern kaum existieren. So können kollektive Verfügungsrechte ein ziemlich gutes Substitut einer solchen Versicherung sein, hat doch jedes Allmendemitglied gleichermaßen das Recht auf allen Teilen des Landes zu ernten (siehe *Runge* 1986: 625).

Allerdings kann Unsicherheit auch als ein Argument gegen Allmendeeigentum angeführt werden. Unsere spieltheoretischen Modelle waren alle deterministischer Art. Aber sobald die natürliche Wachstumsfunktion (Gleichung (113)) nicht nur vom laufenden Ressourcenbestand, sondern auch von zufällig verteilten Wetter– und sonstigen Bedingungen (Niederschlag, Sonnenschein, Temperatur, Schädlinge) abhängt, stehen sich die Allmendemitglieder bei der Verfolgung der Trigger–Strategie, unabhängig davon, ob sie als Teil einer Vereinbarung, oder in einem nicht–kooperativen Kontext durchgeführt wird, einem Dilemma gegenüber: Sie können nicht unterscheiden, ob ein Ressourcenbestand unterhalb von S^C dadurch verursacht wurde, daß ein Produzent von der kooperativen Strategie x_j^V abweicht, oder ob die Zufallsvariable eine negative Ausprägung erfahren hat. Wird der Trigger–Wert auf S^C festgesetzt, werden alle Ressourcennutzer auf die Nash–Strategie $x_j^N(t)$ umstellen, sobald die Zufallsvariable negativ wird, obwohl niemand die Trigger–Strategie verlassen wollte. Andererseits kann ein zu kleiner Trigger–Wert als Einladung verstanden werden, mehr als x_j^V zu produzieren, ohne sanktioniert zu werden (siehe *Friedman* 1986: 106f).

Aber auch mit dem Heruntersetzen des Triggerwerts des Ressourcenbestandes ist das Problem nicht gelöst, denn es wird (etwa unter der Annahme, daß die Zufallsvariable normalverteilt ist) immer noch einen Zeitpunkt geben, in dem die negative Ausprägung der Zufallsvariable so groß ist, daß das Trigger–Niveau des Ressourcenbestands unterschritten wird. Um zu vermeiden, daß dann für alle Zukunft nur die Pareto–inferioren Mengen $x_j^N(t)$ produziert werden, können die Allmendemitglieder vereinbaren, nur solange auf die Strategie $x_j^N(t)$ umzustellen, bis gesichert ist, daß ein potentieller Ausbrecher aus der Stinting–Vereinbarung einen Verlust in Vergleich zur Kooperation erleidet. Danach würden wieder die Mengen $x_j^V(t)$ produziert. Damit könnte auch in einem deterministischen Rahmen vermieden werden, daß irrationales Verhalten eines einzelnen dazu führt, daß die ganze Gruppe für immer von einer Pareto–optimalen Nash–Strategie–Kombination auf die Pareto–inferiore Nash–Strategie–Kombination "heruntergeholt" wird. D.h. stochastisch über die Zeit verteilte Umwelteinflüsse führen dazu, daß zwar bei kollektiven Verfügungsrechten nicht unbedingt das Pareto–inferiore Nash–Gleichgewicht eintritt, aber im Gegensatz zu privaten Verfügungsrechten ist das Pareto–Optimum nicht mehr erreichbar (siehe *Friedman* 1986: 108f).

Auch Verteilungsargumente haben bisher keine Berücksichtigung gefunden, da das immer wieder verwendete Pareto–Kriterium nur ein Effizienz– und kein Verteilungskriterium ist. Natürlich kann man theoretisch eine Allmende so in private Landparzellen umwandeln, daß keiner schlechter gestellt ist als vorher (solange keine steigenden Skalenerträge vorliegen). Aber in der Praxis kann aus der Zuteilung von Eigentumstitel eine enorme Ungleichheit resultieren, da eine große Landparzelle in Allmendeeigentum nicht aus gleichwertigen kleinen Landparzellen besteht. Es dürfte daher nicht unwahrscheinlich sein, daß bei einer durch die Bürokratie gesteuerten Privatisierung von Allmendeeigentum die Eliten bevorzugt werden, und die Kleinbauern, wenn nicht leer ausgehen, so doch die am wenigsten rentablen Parzellen zugeteilt bekommen. Politische Macht wird über die Aufteilung von Allmendeland entscheiden (*Bardhan* 1989: 1393). So zitiert *Bromley* (1989: 868) ein Studie über Indien, die zeigt, daß in den letzten 30 Jahren der nicht private Grundbesitz (staatlicher Grundbesitz, Grundbesitz in Allmendeeigentum) zwischen 26 und 63% zurückgegangen ist. Von diesen von Staats– bzw. Allmendeeigentum in Privateigentum umgewandelten Flächen landeten zwischen 49 und 86% in den Händen der wohlhabenden Gesellschaftsschichten. Diese Überlegungen machen deutlich, daß Privatisierung, sobald andere als das Pareto–Kriterium herangezogen werden, in einem ganz anderen Licht erscheint. Aber selbst wenn das Pareto–Kriterium der einzige Maßstab ist, kann die Privatisierung in jenen Fällen, die dem hier behandelten Differentialspiel entsprechen, dem Allmendeeigentum unterlegen sein.

4. Erneuerbare Ressourcen in Allmendeeigentum: Eine institutionenökonomische Interpretation

4.1. Gründe für die Etablierung ökonomischer Institutionen: Die Theorie der Firma als Beispiel

Wir müssen zwischen zwei Arten von Entscheidungseinheiten differenzieren: Entscheidungseinheiten welche aus einem Individuum bestehen, und solche, die aus mehreren Individuen bestehen. Während Individuen von Geburt an existieren, müssen Entscheidungseinheiten, welche aus mehreren Individuen bestehen, erst durch Menschen geschaffen werden. Entscheidungseinheiten, die aus einem Individuum bestehen, werden deshalb als primäre Agenten, und Entscheidungseinheiten, die aus mehreren Personen bestehen, als sekundäre Agenten, oder ökonomische Institutionen bezeichnet (*Dahlman* 1980: 76). Weshalb kommt es nun zur Bildung von ökonomischen Institutionen? Wären alle primären Agenten im gleichen Verhältnis mit allen Produktionsinputs ausgestattet, und gäbe es keine positiven Skalenerträge, könnte jeder Mensch, ohne auf Verträge zwischen den Besitzern von Produktionsfaktoren zurückgreifen zu müssen, als Robinson–Crusoe–Wirtschaft existieren (*Nabli/Nugent* 1989: 1337). Besitzen jedoch die Menschen die Produktionsfaktoren in einem unterschiedlichen Verhältnis, so wird es zu Tausch kommen: Der Handwerker wird mit dem Bauern Werkzeuge gegen Lebensmittel eintauschen. Dieser Tausch kann noch durch einen einfachen bilateralen Tausch gelöst werden, ein sekundärer Agent, der ökonomische Entscheidungen trifft, ist nicht nötig.

Warum existiert dann die ökonomische Institution der Firma? Innerhalb der Firma ist der Preismechanismus ausgeschaltet, denn der einzelne Arbeiter am Fließband verhandeln nicht darüber, zu welchen Preisen er das zu bearbeitende Produkt von seinem Vorgänger kauft, bzw. zu welchen Preisen er das von ihm bearbeitet Produkt an seinen Nachfolger am Fließband wieder verkauft. Nach *Coase* (1937) erfolgt die Entscheidung über die individuelle Arbeitsleistung innerhalb einer Firma nicht durch den Preismechanismus, sondern der Arbeiter unterwirft sich der Autorität seines Arbeitgebers. Der Grund dafür, daß Produktionsprozesse in einer Firma, und nicht durch den Preismechanismus organisiert werden, liegt nach *Coase* (1937: 390) darin, daß die Nutzung des Preismechanismus mit Transaktionskosten verbunden ist: Darunter fallen die Kosten Informationen bezüglich der Preise zu gewinnen und zu verbreiten, die Kosten für die Vertragsaushandlung jeder einzelnen Transaktion und die Kosten der Neuverhandlung, wenn die Vertragsperiode abläuft. (*Dahlman* 1980: 77). Allein die Existenz von Transaktionskosten rechtfertigt jedoch nicht die Existenz einer Firma. Eine Firma wird nur dann existieren, wenn sie im Vergleich zum Preismechanismus Transaktionskosten–günstiger ist.

Alchian und *Demsetz* (1972) bauen auf der *Coase*'schen (1937) Theorie der Firma auf, hinterfragen jedoch die Einschätzung von *Coase*, in der Firma würde Autorität den Preismechanismus ersetzen, und sind spezifischer bezüglich der Einsparungen an Transaktionskosten, welche eine Firma im Gegensatz zu bilateralen Verträgen zwischen primären Agenten erzielen kann. Eine Firma ersetzt nicht den Markt, sondern ist gerade ein Beispiel für das Funktionieren des Marktmechanismus. Die Beziehungen zwischen der Firma und ihren Arbeitnehmer unterscheiden sich grundsätzlich nicht von sonstigen bilateralen Vertragsbeziehungen. Genauso, wie ein Konsument seinen Bäcker durch einen Konkurrenten ersetzen kann, oder den Bäcker anklagen kann, schlechte Ware geliefert zu haben, kann die Firma einen Angestellten entlassen, oder anklagen, seine Verpflichtungen aus den Arbeitsvertrag nicht erfüllt zu haben. Gibt der Arbeitgeber Anweisungen an seinen Arbeitnehmer, bestimmte Handlungen auszuführen, so handelt es sich dabei um neue vertragliche Vereinbarungen, die nur zustandekommen, wenn beide Parteien mit den Bedingungen einverstanden sind. Der Unterschied, daß ich meinen Bäcker sofort wechseln kann, während Arbeitsverträge in der Regel mit Kündigungsfristen verbunden sind, kann nicht der Unterschied zwischen Transaktionen am Markt und Transaktionen innerhalb der Firma sein, denn es gibt auch langfristige Vertragsbeziehungen auf Märkten (z.B. Zeitungsabonnements, Versicherungsvertäge). Die Entstehung einer Firma muß als eine Abfolge von vertraglichen Vereinbarungen gesehen werden. Dabei werden die Entscheidungsrechte (oder Verfügungsrechte) der Besitzer von Produktionsfaktoren eingeschränkt und an die Firma weitergegeben. Das Wesensmerkmal einer Firma ist, daß die Produktionsfaktoren im Team zum Einsatz kommen, und es eine zentrale Position eines Vertragspartners gibt, der die Verträge mit allen anderen Produktionsfaktoren bilateral aushandelt (*Alchian/Demsetz* 1972: 777–778).

Noch zu beantworten ist die Frage, weshalb die Firma im Vergleich zu jeweils bilateralen Verträgen zwischen allen Besitzern von Produktionsfaktoren Transaktionskosten einspart. *Alchian* und *Demsetz* (1972: 779–781) nennen Teamproduktion als einen Grund dafür, daß die Firma in Vergleich zu bilateralen Verträgen zwischen den Besitzern von Produktionsfaktoren Transaktionskosten einspart. Team–Produktion wird technisch definiert: Der Output von zwei in Team–Produktion kombinierten Inputbündel ist größer, als wenn beide Inputbündel separat produziert hätten. Beladen zwei Personen in Team–Work einen Lastwagen, können sie in der gleichen Zeit mehr Gewicht einladen, als wenn beide separat arbeiten würden. Gehen wir aus, daß alle Individuen ein ganzes Set von Inputs besitzen, so läßt sich Teamproduktion in steigende Skalenerträge übersetzen. Würde Team–Produktion in Rahmen des Marktes organisiert, müßten alle am Team beteiligten Besitzer von Produktionsfaktoren untereinander eine Vereinbarung treffen, welche Leistung jeder zu erbringen hat, und welchen Anteil des Erlöses des erstellten Produkts jeder erhält. Bei n am Team beteiligten Besitzern von Produktionsfaktoren ergäben sich dann $n(n-1)/2$ bilaterale Beziehungen, die sich schließlich in einem multilateralen Vertrag einigen sollten. Durch die Installation der Firma wird die Anzahl der Vertragsbeziehungen auf n reduziert und damit reduzieren sich die Transaktionskosten; dabei wird angenommen, daß die Koordinationsleistung des Unternehmers den $(n+1)$–ten Faktor bestimmt (diesen Aspekt hatte natürlich schon *Coase* (1937) im Auge).

Aus der Mikroökonomie wissen wir, daß das Unternehmen maximalen Gewinn erwirtschaftet, wenn alle Faktoren nach dem Grenzprodukt entlöhnt werden. Die Grenzprodukte der einzelnen Faktoren sind allerdings bei Team–Produktion schwierig zu bestimmen. Jedes Team–Mitglied hat daher einen Anreiz zu versuchen, weniger Leistung zu erbringen, und darauf zu vertrauen, daß die anderen Team–Mitglieder diesen Mindereinsatz im Team nicht wahrnehmen. Dieses Problem stellt sich sowohl für Transaktionen auf Märkten (d.h. das Team kommt ohne zentralen Agent, oder Unternehmer, durch Verträge zustande), als auch für Transaktionen innerhalb der Firma (es gibt einen zentralen Agenten, sprich Unternehmer, der alle Verträge mit den anderen Produktionsfaktoren abschließt). Deshalb wird sich innerhalb der Firma der Unternehmer darauf spezialisieren, die Leistung der Faktoren im Team zu kontrollieren: Wir setzen dabei voraus, daß aus dem Verhalten der Besitzer der Produktionsfaktoren Rückschlüsse auf den marginalen Beitrag zum Ausstoß geschlossen werde können. Darin liegt ein weiterer spezifischer Vorteil der Firma gegenüber einem marktmäßigen bilateralen Vertrag.

Da natürlich auch der Kontrolleur der Versuchung unterliegt, weniger zum Team beizutragen, als vereinbart, erscheint es logisch, dem Kontrolleur das Residualeinkommen zuzugestehen. Dann hat er einen Anreiz, die Kontrollfunktion effektiv durchzuführen. *Alchian* und *Demsetz* (1972: 781–783) bezeichnen eine solche ökonomische Institution als klassische Firma.

Natürlich gibt es auch Transaktionskosten der Überwachung der Produktionsfaktoren (oder allgemein Managementkosten). Eine klassische kapitalistische Firma wird sich also nur durchsetzen, wenn die Überwachungskosten (Agency Costs) kleiner sind als die Kosten der Grenzproduktmessung. Wären nämlich die Kosten der Grenzproduktmessung gering, wäre ja die bilaterale marktmäßige Verhandlungslösung möglich.

Die obige Argumentation ist auch für die Aktiengesellschaft relevant: Es existieren positive Skalenerträge der Nutzung und Beschaffung von Kapital. Diese Skalenerträge können nur erwirtschaftet werden, wenn die einzelnen Kapitalkomponenten der verschiedenen Agenten zusammengruppiert werden. Wenn die Transaktionskosten Null wären, könnten sich die Besitzer der Kapitalkomponenten in einem multilateralen Vertrag so über die Nutzung des Kapitals einigen, daß die Kapitaleigner von den Skalenerträgen profitieren könnten. Jeder der n Kapitaleigner müßte mit jedem der anderen Kapitaleigner verhandeln, was insgesamt zu $n(n-1)/2$ bilateralen Beziehungen führt. Da die Verhandlungsführung nicht kostenlos ist, besteht eine Alternative darin, daß sich die n Kapitaleigner über eine Formel der Entscheidungsfindung einigen (z.B. Mehrheit der Kapitalanteile). Die Aktiengesellschaft spart also jene Transaktionskosten, die mit der kollektiven Entscheidungsfindung in einer Gruppe verbunden sind (*Dahlman* 1980: 206).

Jeder Aktionär kann aus der Aktiengesellschaft durch Verkauf der Aktien austreten: Damit ist jedoch die Existenz der Firma in keiner Weise beeinträchtigt, denn es wird ja nur der Anspruch auf Mitbestimmung bei der Entscheidungsfindung transferiert. In keiner Weise kann der Aktionär einen Anspruch auf eine bestimmte Maschine geltend machen, auch dann nicht, wenn die Ausgabe der Aktien seinerzeit durch Einzahlung des Aktienkapitals in Form einer Maschine erfolgte. Wäre eine Aktie ein Anrecht auf eine bestimmte Maschine, wäre damit die Gefahr verbunden, daß die Eigner strategisch wichtiger Komponenten ihre Verhandlungsmacht dazu ausnützen könnten, sich Teile der Kapitalrendite anderer Aktionäre anzueignen (*Dahlman* 1980: 207). Nur am Rande sei angemerkt, daß die Kapitaleigner nicht alle Tagesentscheidungen auf den Aktionärsversammlungen durch Mehrheitsbeschluß regeln. Das normale Management der Tagesgeschäfte wird an den Vorstand delegiert, welche an den Hauptversammlungen der Aktionäre auf Zeit gewählt werden.

4.2. Allmendeeigentum als ökonomische Institution mit eigenständigem Entscheidungsmechanismus

In den spieltheoretischen Modellen von Kapitel 3. haben wir kollektive Verfügungsrechte (Allmendeeigentum) als exklusives Eigentum einer Gruppe mit vorgegebener Mitgliederzahl definiert. Dabei gingen wir davon aus, daß jedes Mitglied dieser Gruppe frei war, jede beliebige Menge zu produzieren. Bei der Behandlung des Allmendeproblems als kooperatives Spieltheorie besteht für die Allmendemitglieder die Möglichkeit, sich aufgrund einer freiwilligen Vereinbarung dazu zu verpflichten, bestimmte Mengen zu ernten.

Dabei wollen wir uns nicht auf die in Kapitel 3. abgeleiteten, durch Trigger–Strategien gestützte, Gleichgewichte berufen. Denn wie wir in Kapitel 3.5. erläutert haben, reicht es schon aus, Unsicherheit miteinzubeziehen, und das Pareto–Optimum kann nicht mehr erreicht werden. Genauso führt einmaliges irrationales Handeln eines Ressourcennutzers dazu, daß die Allmendemitglieder nur ein Pareto–inferiores Ergebnis realisieren können. Auch der Ausweg den Trigger–Wert nach unten zu verschieben und den Zeitraum, in welcher gemäß der Trigger Strategie $x_i^N(t)$ gewählt wird, zu begrenzen, führt dazu, daß das Pareto–Optimum nicht mehr erreichbar ist. Die Vereinbarung muß also auf andere Weise durchgesetzt werden. Wie kommen dann aber bei Allmendeeigentum dennoch optimale Entscheidungen der Ressourcennutzer zustande? Um diese Frage zu beantworten, müssen wir annehmen, daß die Ressourcennutzer die Wahl der Verfügungsrechte zusammen mit der Wahl der institutionellen Arrangements treffen. Denn die Höhe der Transaktionskosten hängt nicht nur von der Wahl der Verfügungsrechte ab, sondern auch von der Wahl der institutionellen Arrangements (*Dahlman* 1980: 67, 68).

Wie wir in Kapitel 3. angedeutet haben, könnten die Ressourcennutzer vereinbaren, $x_i^V(t)$ zu produzieren. Es würde sich um einen Vertrag handeln, wobei jeder Ressourcennutzer seine Ernte zugunsten des Allgemeininteresses einschränkt und als Gegenleistung höhere Erträge in der Zukunft erhält. Aber ein solcher Vertrag ist nicht kostenlos. Da jeder ein Interesse hat, diesen Vertrag zu brechen, und mehr zu ernten, müßte die Einhaltung des Vertrags überwacht werden. Neben den Transaktionskosten, die bis zum Vertragsabschluß anfallen, kämen also noch Transaktionskosten der Kontrolle hinzu (*Dahlman* 1980: 75).

Im Kapitel 4.1. haben wir am Beispiel der Institution Firma angedeutet, welche Gründe für die Entstehung und Fortbestand einer ökonomischen Institution relevant sind. Gegenüber marktmäßigen Transaktionen ist die Firma ein transaktionskostensparendes Arrangement, welches jedoch auch vertragsmäßig zustandekommt. Die Produktionsfaktoren werden dabei gruppiert und die Entscheidungen bezüglich der Nutzung der Produktionsfaktoren wird dem Gremium der Kapitaleigner überlassen (bei paritätischer Mitbestimmung besteht das Gremium aus den Kapitaleignern und den Arbeitnehmern). Kleinere ständig wiederkehrende Entscheidungen werden dem Management der Firma überlassen, welches von den Kapitaleignern eingesetzt wird.

Nun stehen sich jedoch die Nutzer einer Ressource in Allmendeeigentum einer ähnlichen Situation gegenüber. Auch sie können mittels Verhandlungen einen Vertrag erreichen, der jeden von ihnen höhere Auszahlungen garantiert, als wenn sie unkoordiniert auf der Allmende produzieren würden. Das Problem besteht jedoch darin, daß es bei n Ressourcennutzer $n(n-1)/2$ bilaterale Beziehungen gibt, und deshalb die Transaktionskosten der Verhandlungsführung, des Vertragsabschlusses und der Vertragsüberwachung entsprechend hoch sind. Als Alternative bietet sich an, die Entscheidungsfindung über die Nutzung der Ressource zu institutionalisieren. Über die zulässige Höchstnutzung würde dann das Gremium der n Ressourcennutzer nach Mehrheitsbeschluß entscheiden. Diese Entscheidung wäre für alle Ressourcennutzer bindend. Die Versammlung der Ressourcennutzer würde auch Kontrolleure bestimmen, welche über die Einhaltung der vereinbarten maximalen Nutzungsraten der Ressource wachen würden. Die Ähnlichkeit eines solchen Arrangements der Allmendenutzung mit der Aktiengesellschaft ist offensichtlich (vgl. auch *Dahlman* 1980: 204–210). Die Entstehung von Allmendeeigentum kann am besten so erklärt werden, daß die Zentralregierung den Dörfern ihre Territorien als exklusives Eigentum garantiert haben. Die Allmendeverfassung (Entscheidungsregeln über die Nutzung der Ressource) wurde von den Dorfbewohnern zu jenem Zeitpunkt in Kraft gesetzt, als die (statische und dynamische) Überfüllungsexternalität offensichtlich wurde. Um die Parallelität zwischen Kapitalgesellschaft und Allmendeeigentum aufrechtzuerhalten, könnten wir auch die Möglichkeit einführen, das Recht auf Allmendenutzung zu verkaufen. Damit wird nicht nur das Recht auf die Nutzung der Ressource gekauft, sondern auch die Pflicht die maximalen Ernten nicht zu überschreiten. Genauso, wie bei der Aktiengesellschaft besteht die Allmende aber in ihrer Gesamtheit weiter. Wer aus der Allmende austritt, kann keinen physischen Anteil der Allmende als Privateigentum (unter Ausschluß der anderen Allmendemitglieder) nutzen. Diese Einschränkung ist, genauso wie bei der Aktiengesellschaft von Bedeutung, wenn ein Allmendenutzer damit droht, eine strategisch wichtige Fläche der Allmende abzuziehen. Mit dieser Drohung könnte er Neuverhandlungen erreichen, und sich einen größeren Anteil an den Nutzungskontingenten sichern.

4.3. Vergleich von Allmendeeigentum mit Privateigentum bei steigenden Skalenerträgen

Im Kapitel 4.2. haben wir die Ähnlichkeiten zwischen Allmendeeigentum und einer Aktiengesellschaft beschrieben. Es stellt sich heraus, daß die Institution Allmendeeigentum vielleicht gar nicht so ineffizient ist, wenn die hohen Transaktionskosten eines multilateralen Vertrag der Allmendenutzer durch einen kollektiven Entscheidungsmechanismus über die maximalen Nutzungsraten verringert werden. Jedoch ist damit noch nicht die Frage beantwortet, ob es nicht eine effizientere

Institution als jene des Allmendeeigentums mit kollektivem Entscheidungsmechanismus gibt. Als eine Alternative bietet sich die Aufsplitterung der Allmende in n gleich große Flächen und deren Verteilung an die Ressourcennutzern in exklusivem Privateigentum an. Lassen wir zunächst die damit verbundenen höheren Transaktionskosten der Definition und Durchsetzung von Verfügungsrechten außer Acht, dann werden mit einer Privatisierung der Allmende alle Transaktionskosten vermieden: Denn es gibt ja keine Externalitäten zwischen den Ressourcennutzern, wenn jeder Produzent eine Landparzelle für sich bewirtschaftet. Entscheidet jeder Privateigentümer auf seiner Parzelle über die Erntemengen, dann, so haben wir in Kapitel 2.1.2. gezeigt, kommt es zu einem Pareto–optimalen Ergebnis bezüglich der Landparzelle. Setzen wir zusätzlich konstante Skalenerträge voraus, und sehen von Externalitäten zwischen dem Sektor der Nutzung der nachwachsenden Ressourcen und anderen Wirtschaftssektoren ab, so ist Nutzung der nachwachsenden Ressource in exklusivem Privateigentum Pareto–optimal.

Nun müssen wir uns klar werden, was wir unter konstanten Skalenerträgen verstehen. In Anhang A1. haben wir sowohl den Ressourcenbestand als auch den Faktoreinsatz (Arbeit und Kapital) als Produktionsfaktoren einer Produktionsfunktion definiert (siehe Gleichung (182)). Wir haben dabei nicht–steigende Skalenerträge in diesen beiden Produktionsfaktoren vorausgesetzt. Diese impliziert für die Kostenfunktion:

$C(aX,aS) \geq a\, C(X,S)$ für alle $a > 1$ (171)

Von dieser Annahme weichen wir jedoch ab, wenn wir bei der Analyse des Allmendeproblems als Differentialspiel in Kapitel 3.3.4. die Kostenfunktion des Gordon–Schaefer Modells einführen. Für die Kostenfunktion des Gordon–Schaefer–Modells gilt:

$C(X,S) = \alpha\, X/S \Rightarrow C(2X,2S) = C(X,S) = \alpha\, X/S < 2\, C(X,S) = 2\alpha\, X/S$ (172)

Wir wollen jedoch konstante Skalenerträge hier anders definieren und die Fläche des Bodens, der bewirtschaftet wird, explizit berücksichtigen. Die bisher verwendeten Kostenfunktionen haben eine konstante Bodenfläche vorausgesetzt. In Analogie zur obigen Definition sprechen wir von nicht–steigenden Skalenerträgen, wenn gilt:

$C(aX,aS,aL) \geq a\, C(X,S,L)$ für alle $a > 1$ (173)
L: Landfläche als Produktionsfaktor

Führen wir jedoch die Faktor Land als Produktionsfaktor ein, müssen wir gleichzeitig in der Wachstumsfunktion der natürliche Ressource den Faktor Land berücksichtigen. Beim natürlichen Wachstum der Ressource nehmen wir an, daß auf einem doppelt so großem Land mit doppelt so großem Ressourcenbestand auch der Zuwachs pro Periode doppelt so hoch ist:

$N(aS,aL) = a\,N(S,L)$ für alle $a > 0$ (174)

Nehmen wir nun an, daß sowohl die Kostenfunktion, als auch die Wachstumsfunktion konstanten Skalenerträgen unterliegt. In Gleichung (173) muß dann das Größergleich–Zeichen durch das Istgleich–Zeichen ersetzt werden. Dann gelten die folgende Umformung:

$C_L(X/L,S/L) := C(X/L,S/L,1) = 1/L\;C(X,S,L)$ oder
$C(X,S,L) = L\,C_L(X/L,S/L)$ (175)
$N_L(S/L) := N(S/L,1) = 1/L\,N(S,L)$ oder $N(S,L) = L\,N_L(S/L)$ (176)
$dS/dt = N(S,L) - X = L\,(\,N_L(S/L) - X/L\,)$ (177)

Nehmen wir nun Konstanz der Landfläche an, so können Ressourcenbestand und Ernte der natürlichen Ressource normiert werden (setze $L=1$): Das Maximierungsproblem (19) kann wie folgt umgeschrieben werden, wobei wir zur Schreibvereinfachung definieren: $S_L := S/L;\; X_L := X/L$

$$\max_{\{X_L(t)\}} \int_0^\infty L\,[\,p\,X_L - C_L(X_L,S_L)\,]\,e^{-\delta t}\,dt = L \max_{\{X_L(t)\}} \int_0^\infty [\,p\,X_L - C_L(X_L,S_L)\,]\,e^{-\delta t}\,dt$$

wobei $\dfrac{dS_L}{dt} = N_L(S_L) - X_L$

$S_L(0)$ ist gegeben (178)

Wir erhalten also bei privaten Verfügungsrechten über das Land der Fläche L das Ergebnis von Kapitel 2.1.2. Was passiert, wenn das Land in zwei Teile aufgeteilt wird, also $L = 1/2$? Es wird sofort klar, daß der Faktor $1/2$ im Funktional eingeht, d.h. bei Aufteilung der Fläche und individueller Nutzung erhalten beide Nutzer die Hälfte des Gegenwartswerts des Gewinns, den ein einzelner allein erwirtschaften würde. Das bedeutet also, daß es für den Gesamtgewinn, der auf einer bestimmten Fläche durch die Ernte einer erneuerbaren Ressource erwirtschaftet wird, unerheblich ist, auf wieviele Privateigentümer die Fläche aufgeteilt wird. Es spielt also für die Effizienz keine Rolle, ob eine Allmende als ganzes in Privateigentum übergeht, oder ob sie aufgeteilt in n gleich große Parzellen an die bisherigen n Allmendenutzer aufgeteilt wird.

Gehen wir nun davon aus, daß die Nutzung der erneuerbaren Ressource mit positiven Skalenerträgen produziert wird. In Bedingung (173) müßte nun das Größergleich–Zeichen durch ein Kleiner–Zeichen ersetzt werden; nur für den Skalenfaktor $a = 1$ gilt das Gleichheitszeichen:

$C(aX,aS,aL) < a\,C(X,S,L)$ für alle $a > 1$ und
$C(aX,aS,aL) = a\,C(X,S,L)$ für alle $a = 1$ (179)

Wir gehen wieder davon aus, daß die Gesamtfläche der Allmende mit $L=1$ normiert werden kann. Dann gilt für $L<1$ und damit $1/L>1$:

$C_L(X/L,S/L) := C(X/L,S/L,1) < 1/L\ C(X,S,L)$ oder $C(X,S,L) > L\ C_L(X/L,S/L)$
für $L < 1$ (180)

Damit gilt für $L<1$:

$$\max_{\{X(t)\}} \int_0^\infty [\,p\,X - C(X,S,L)\,]\,e^{-\delta t}\,dt < L \max_{\{X_L(t)\}} \int_0^\infty [\,p\,X_L - C_L(X_L,S_L)\,]\,e^{-\delta t}\,dt \quad \text{wobei}$$

$$\frac{dS_L}{dt} = N_L(S_L) - X_L$$

$S_L(0)$ ist gegeben (181)

Das heißt natürlich nichts anderes, daß die Summe der Kosten für die Produktion bei der Aufteilung der Allmende in $n \geq 2$ in Privateigentum genutzten Landparzellen größer sind, als die Kosten, würde die Allmende als ganzes privatisiert. Und daraus folgt wiederum, daß die Summe der (maximalen) Gegenwartswerte des Gewinns bei der Aufteilung der Allmende in $n \geq 2$ in Privateigentum genutzten Landparzellen kleiner ist, als der Gegenwartswert des Gewinns, wenn die Ressource als ganzes privatisiert wird.

Nun ist klar, daß eine Privatisierung einer bisher in Allmendeeigentum bewirtschafteten Fläche den maximalen Ertrag liefert, wenn die Allmende in einem Stück privatisiert wird. Die Allmende müßte also als ganzes an einen der n Ressourcenutzer vergeben werden (oder auch an einen externen Interessenten). Da dieser jedoch die Ressource nicht allein bewirtschaften kann, müßte er die anderen Ressourcennutzer anstellen. Er würde dann die gesamte Fläche der erneuerbaren Ressource als klassische Firma bewirtschaften. Dann haben wir es allerdings mit (exekutiven) Transaktionskosten aus der Prinzipal–Agent–Theorie zu tun. Dabei wird ein Prinzipal–Agent–Verhältnis definiert als ein Vertrag, wobei der Prinzipal einen Agenten mit der Durchführung von Handlungen beauftragt. Damit wird Entscheidungskompetenz delegiert. Die Agency Kosten umfassen also die Transaktionskosten, die mit dem Abschluß eines solchen Vertrags verbunden sind, wie Kosten der Verhandlungsführung, des Vertragsabschlusses und der Vertragsdurchsetzung (*Smith* 1987: 39). Das Prinzipal–Agent Problem besteht darin, daß unvollständige Information herrscht bezüglich der Handlungen, die der Agent durchgeführt hat, bzw. durchführen soll. Diese unvollständige Information beruht einerseits darauf, daß es oft schwierig ist, die Handlungen eines Individuums zu messen, aber die Handlungen des Agenten beeinflussen das Einkommen des Prinzipals. Andererseits wird der Prinzipal in vielen Situationen wünschen, daß der Agent seine Entscheidungen auf

Informationen stützt, die ihm, aber nicht dem Prinzipal zugänglich sind. Wegen dieser Informationsasymmetrie weiß der Prinzipal selbst in Situationen, in denen die Anstrengung des Agenten meßbar sind, nicht, ob diese der Situation angemessen waren oder nicht. Und da die Auszahlungsfunktionen von Prinzipal und Agent typischerweise nicht übereinstimmen, wird der Agent auch nicht die Strategie wählen, die der Prinzipal bevorzugt (*Stiglitz* 1987: 967).

Zusammenfassend können wir also festhalten, daß sich eine einzige klassische Firma gegenüber n klassischen Firmen nur durchsetzen kann, wenn die Gewinne aus den positiven Skalenerträgen ausreichen, um die zusätzlichen Agency Kosten mehr als zu kompensieren. Da wir annehmen, daß die n kleinen klassischen Firmen nur die eigenen Inputs (Arbeit und Kapital) einsetzen, haben die n kleinen Firmen natürlich kein Prinzipal–Agent Problem, und damit keine Transaktionskosten.

Als alternatives Arrangement könnte man sich vorstellen, daß zwar die n Ressourcennutzer alle ihre Landparzellen als exklusives Privateigentum zugeteilt bekommen, sie aber untereinander einen Vertrag abschließen, so daß sie dennoch von den positiven Skalenerträgen profitieren. Aber auch dann treten Transaktionskosten auf, da sich wiederum $n(n-1)/2$ bilaterale Beziehungen ergeben.

Dahlman (1980: 117) hat die Transaktionskosten in diesem Fall für Weideland beschrieben. Die Besitzer des Weidelands müßten zu einer gemeinsamen Entscheidung kommen, ihr Weideland für alle Nachbarn offen zu halten, damit die positiven Skalenerträge realisiert werden können. Jeder müßte mit jedem verhandeln, um entsprechende Kompensationen dafür zu erhalten, daß alle anderen auf seiner Fläche Kühe weiden bzw. um Kompensationen an alle anderen zu zahlen, auf deren Fläche seine Kühe weiden. Außerdem müßte natürlich die Anzahl der Kühe, die jeder einzelne auf der Fläche der jeweils anderen Landbesitzer weiden lassen darf, durch bilaterale Verträge bestimmt werden. Bei der großen Anzahl von Verhandlungsbeziehungen kann man sich vorstellen, daß die Transaktionskosten beträchtlich sind, und die Landbesitzer ein institutionelles Arrangement suchen werden, um die Transaktionskosten zu reduzieren. Die Bodenrenten, die sich alle untereinander bezahlen, wenn sie fremden Boden mieten oder fremde Arbeitsleistung beziehen, könnten etwa durch Mehrheitsentscheid beschlossen werden. Handelt es sich um Flächen gleicher Qualität, könnte natürlich auf die Zahlung von Kompensationen für die Bodennutzung ganz verzichtet werden. Jeder würde ja das gleiche an Kompensationen erhalten, wie er an Kompensationen zu zahlen hätte. Es würde dann ausreichen, nur über die Menge der Kühe abzustimmen. Die Menge der Kühe (stinting) wäre dann für jeden Ressourcennutzer verbindlich. Bei diesem Arrangement ist es aber gar nicht mehr nötig, die individuellen Landparzellen zu markieren. Man käme zum genau gleichen Ergebnis, würde man die Ressource als ganzes in Allmendeeigentum nutzen, und über einen Mehrheitsentscheid der Mitgliederversammlung der Allmendenutzer die Nutzungsrate bestimmt. In beiden Fällen bleiben die Ressourcennutzer Eigentümer ihrer Inputs (Kapital oder hier Kühe und Arbeit) und Outputs. Über die Erträge aus der Nutzung der eigenen Kühe (Fleisch und Milch) würde jeder Ressourcennutzer selbst entscheiden. Es handelt sich jedoch um eingeschränkte private Verfügungsrechte, da ja die Nutzungsraten für die Ressourcennutzer verbindlich sind. Dabei ist zu bemerken, daß die Kennzeichnung der Kühe zu verschwindend geringen Kosten möglich ist.

In beiden Fällen müßte natürlich die Einhaltung der durch Mehrheitsbeschluß erreichten Vereinbarung über die Nutzungsmenge überwacht werden. Es wäre zu kostspielig, dieses Tagesgeschäft der Überwachung der Vereinbarung dem Kollektiv der Ressourcennutzer zu überlassen. Die Versammlung der Allmendemitglieder wird diese Aufgabe deshalb delegieren: Dazu müßte die Versammlung der Ressourcennutzer einen Überwacher bestimmen. Um zu erreichen, daß der Überwacher einen Anreiz hat, seine Tätigkeit auch wirkungsvoll durchzusetzen, könnte man den Überwacher im Rotationsprinzip aus der Mitte der Ressourcennutzer bestimmen. Jeder der Ressourcennutzer hat natürlich einen Anreiz zu erreichen, daß alle anderen Ressourcennutzer die durch Mehrheitsbeschluß zustandegekommene stinting Vereinbarung einhalten. Nur bei der Überprüfung der eigenen Verpflichtung ist dieser Anreiz nicht gegeben. Werden jedoch die Kontrolleure regelmäßig ausgewechselt, ist die Gefahr gebannt, daß der Ressourcennutzer, dem die Kontrollfunktion übertragen wird, sich auf Kosten der anderen bereichert. Außerdem wird damit auch vermieden, daß der Kontrolleur entschädigt werden muß. Alle Ressourcennutzer werden ja im gleichen Ausmaß zur Kontrolltätigkeit herangezogen, und alle profitieren im gleichen Maße von der Kontrolltätigkeit, wie sie dazu beitragen müssen. Allerdings bleibt es weiterhin Aufgabe der Versammlung der Ressourcennutzer, über die Sanktionen bei Verletzung der stinting Regel zu entscheiden.

4.4. Kann die Institution Allmendeeigentum auch die inter–sektoralen Externalitäten internalisieren?

In Kapitel 3.3.5. haben wir das System des offenen Feldes in England als eine Möglichkeit kennengelernt, um die Externalitäten zwischen z.B. dem Sektor der Land– und Forstwirtschaft zu internalisieren. Dabei werden die landwirtschaftlichen Flächen individuell (mit privaten Verfügungsrechten ausgestattet) bewirtschaftet, während der Wald mit einem kollektiven Verfügungsrecht ausgestattet ist. Besitzen alle Allmendemitglieder landwirtschaftliche Flächen, die in Bezug auf Qualität, Erosionsgefährdung u.a. vergleichbar sind, dann kann sich auch in einem nicht–

kooperativen Kontext ein durch Trigger–Strategien gestütztes Pareto–optimales Nash–Gleichgewicht durchsetzen. Da dieses Pareto–optimale Nash–Gleichgewicht jedoch äußerst instabil ist, wollen wir uns nicht auf diese nicht–kooperative Lösung beziehen. Auch die kooperativen Lösungen, die mit der Trigger–Strategie begründet werden könnten, müssen daher als wenig realistisch bezeichnet werden. Eine weitere Möglichkeit besteht nun darin, daß sich die Ressourcennutzer darauf einigen, die Nutzungsraten der erneuerbaren Ressource durch Mehrheitsentscheid zu bestimmen. Damit erreicht wird, daß sich die Interessen der Individuen nicht verändern, wenn z.B. einer sein landwirtschaftliches Grundstück verkauft, müßte das Eigentumsrechte am landwirtschaftlichen Boden mit einem Anteilsrechte an der Allmende gekoppelt sein. Da dann für alle Ressourcennutzer die Externalitätsbeziehung zwischen Land– und Forstwirtschaft gleich ist, d.h. alle von einer eingeschränkten Nutzung des Waldes im gleichen Ausmaß profitieren, hätten alle die gleichen Präferenzen bezüglich der Nutzungsraten des Waldes. Sie würden in dem kollektiven Entscheidungsprozeß nicht nur die für die erneuerbare Ressource "interne" statische und dynamische Überfüllungsexternalität berücksichtigen, sondern auch die "externe" negative Externalität, die von einem verringerten Waldbestand auf die Landwirtschaft (Erosion) ausgeht.

Gleichzeitig könnte die Allmendemitglieder auch über die Umwandlung einer bisher landwirtschaftlich genutzten Fläche in eine forstwirtschaftliche Fläche, oder umgekehrt entscheiden. Dabei nehmen wir an, daß bei der Umwandlung von forst– in landwirtschaftlich genutzte Flächen jedes Allmendemitglied den gleichen Anteil dieser umgewandelten Flächen erhält. Umgekehrt müßten bei einer Vergrößerung der forstwirtschaftlich genutzten Fläche jedes Allmendemitglied einen gleich großen Anteil seines privaten Grundbesitzes an die Allmende abgeben. Theoretisch würde sich dann auch die optimale Aufteilung des Landes in den beiden Nutzungen ergeben. Insofern kann kollektives Eigentum sogar als ein Instrument gesehen werden, um inter–sektorale Externalitäten zu internalisieren. Jedoch muß hier auch eingeschränkt werden, daß auf diese Art höchstens lokale inter–sektorale Externalitäten internalisiert werden können. Überschreiten die Externalitäten den Bereich, den man mit dem Einflußbereich eines Dorfes beschreiben kann, dann führt eventuell die *Coase*'sche (1960) Verhandlungslösung zwischen zwei Dorfgemeinschaften zu einer Intenalisierung der externen Effekte. Handelt es sich jedoch um mehrere Dorfgemeinschaften, die von Externalitäten tangiert sind, wird die Verhandlungslösung aufgrund hoher exekutiver Transaktionskosten wahrscheinlich nicht zustandekommen. Dieser Fall trifft etwa bei einem Wassereinzugsgebiet zu.

4.5. Schlußfolgerungen aus der institutionenökonomischen Analyse unterschiedlicher Verfügungsrechte an erneuerbaren Ressourcen

Um die relative Effizienz von verschiedenen Verfügungsrechten zu vergleichen, müssen demnach folgende Elemente herangezogen werden (*Dahlman* 1980: 76):

(1) Wie knapp ist die Ressource, d.h. sind bei kollektiven Verfügungsrechten auftretende statische und dynamische Überfüllungsexternalitäten überhaupt relevant.

(2) Die Kosten der Etablierung und Überwachung von Vereinbarungen um bei kollektiven Verfügungsrechten eine Übernutzung der Ressource zu vermeiden (exekutive Transaktionskosten).

(3) Die Kosten der Errichtung und Durchsetzung von Verfügungsrechten (konstitutive Transaktionskosten). Dazu müßte natürlich noch als Punkt

(4) dazugenommen werden, ob und in welchen Ausmaß positive Skalenerträge vorliegen.

Sind keine positiven Skalenerträge vorhanden, dann ist, wenn man einmal von den Transaktionskosten der Errichtung und Durchsetzung von Eigentumsrechten absieht, sicherlich für eine Privatisierung der Allmende zu plädierten. Sind jedoch Transaktionskosten der Errichtung und Durchsetzung von Eigentumsrechten vorhanden, dann müssen die möglichen Gewinne, die aus einer Privatisierung der Allmende resultieren, verglichen werden mit den zusätzlichen Kosten der Errichtung und Durchsetzung der privaten Eigentumsrechte gegenüber dem Allmendeeigentum. Bei den möglichen Gewinnen, die aus einer Privatisierung von Allmendeeigentum resultieren, darf natürlich nicht davon ausgegangen werden, daß die Allmendenutzer die gegenseitige Überfüllungsexternalitäten (wie im Pareto–inferioren Nash–Gleichgewicht) nicht internalisieren können. Vielmehr ist davon auszugehen, daß die Allmendenutzer, wie in Kapitel 4.2. erläutert, das Problem der hohen Transaktionskosten institutionell regeln, d.h. daß sie vereinbaren, die Nutzung durch Mehrheitsbeschluß (dabei bleibt offen, ob die Mehrheit bezüglich der Individuen oder bezüglich der Anteile definiert ist) regeln. Nun ist zu vergleichen, ob die Transaktionskosten der kollektiven Entscheidungsfindung bei Allmendeeigentum höher sind als die zusätzlichen Transaktionskosten der Definition und Durchsetzung von privaten Verfügungsrechten. Wie wir weiter in Kapitel 3.5. erläutert haben, sind die Transaktionskosten der Definition und Durchsetzung von Verfügungsrechten bei Aufteilung der Allmende in n Landparzellen, die mit privaten Verfügungsrechten bewirtschaftet werden, höher, als die entsprechenden Transaktionskosten der Definition des kollektiven Verfügungsrechts.

Man könnte nun einwenden, daß Privatisierung nicht unbedingt die Aufteilung der Allmende in n Landparzellen bedeutet. Die Allmende könnte auch einem einzigen Eigentümer überlassen werden. Doch hier treten die oben erläutert Probleme der Prinzipal–Agent Theorie auf, und die verminderten Transaktionskosten der Definition und Durchsetzung von Privateigentum an einer großen Landparzelle gegen n kleinen Landparzellen müßten verglichen werden mit den Agency Kosten, die nur bei der Überlassung der ganzen Allmende an einen Privateigentümer entstehen.

Man könnte nun folgende Zwischenbilanz ziehen. Ist die Ressource pro Fläche relativ unproduktiv, dann werden die Transaktionskosten der Definition und Durchsetzung von privaten Eigentumsrechten in Vergleich zu jenen von kollektiven Verfügungsrechten relativ hoch sein; ist außerdem die Gruppe der Ressourcennutzer relativ homogen und nicht allzu groß, und trifft sie in den verschiedensten Entscheidungen immer wieder aufeinander, dann dürften auch die kollektiven Entscheidungskosten bei Allmendeeigentum nicht zu sehr ins Gewicht fallen. Beide Faktoren dürften für die Nutzung von Weideland und Wald in überschaubaren Dorfgemeinschaften in Entwicklungsländer zutreffen, d.h. kollektive Eigentumsrechte sind vom Effizienzgesichtspunkt nicht grundsätzlich abzulehnen. Andererseits ist die oben angesprochene Privatisierung der Allmende als ganzes nicht nur vom Verteilungsgesichtspunkt her problematisch. Auch die Agengy Kosten können beträchtlich sein, da die Überwachung des Verhaltens auf einem dispersen und relativ unproduktiven Land mit hohen Aufwand verbunden ist.

Kommen zusätzlich positive Skalenerträge dazu, dann kann die Aufteilung der Allmende in n Teile bei anschließender Privatisierung genau zum selben institutionellen Arrangement führen, die bei der Allmendenutzung mit Mehrheitsentscheid bezüglich der Nutzungsraten bestanden hat. Dies ist dann der Fall, wenn die zusätzlich erzielbaren Gewinne bei Realisierung der Skalenerträge größer sind, als die Transaktionskosten der kollektiven Entscheidungsfindung. Jedoch müssen dann, zumindest vorübergehend, die höheren Transaktionskosten der Definition und Durchsetzung von privaten Verfügungsrechten getragen werden. Ist der zusätzlich erzielbare Gewinn bei Realisierung der Skalenerträge geringer als die Transaktionskosten der kollektiven Entscheidungsfindung werden alle n Landparzellen individuell, also ohne institutionelle Einschränkung, bewirtschaftet. Die Kosten der kollektiven Entscheidungsfindung bei Allmendeeigentum können aber immer noch kleiner sein, als die Verluste, die daraus resultieren, wenn bei der Nutzung der Allmende die gegenseitigen Externalitäten gar nicht berücksichtigt werden. In diesem Fall käme zwar bei einer Nutzung der Ressource in Allmendeeigentum eine Einschränkung der Nutzung durch Mehrheitsentscheid zustande, aber unter Berücksichtigung der Transaktionskosten wäre eine Privatisierung der Allmende effizienter.

Auch für die Internalisierung inter–sektoralen Externalitäten kann ein System von Privat– und kollektiven Eigentum effizienter sein, als dies der Fall wäre, wenn alle Eigentumsrechte privat wären. In Kapitel 4.4. haben wir angedeutet, daß die Stimm– und Nutzungsrechte der Allmendemitglieder nach dem Anteil an landwirtschaftlichen Boden, den jeder in Privateigentum bewirtschaftet, verteilt werden könnten. Für jede Stimme wäre dann der trade–off zwischen erhöhter Nutzung der erneuerbaren Ressource (die in Allmendeeigentum steht) und verringerten Ertrag des anderen Sektors, der von einem erhöhten Ressourcenbestand auf der Allmende profitiert, der gleiche. Sind jedoch die Eigentumstitel in beiden Sektoren privater Art, und ist nicht der Fall gegeben, daß jedes Individuum beide Ressourcen im gleichen Verhältnis besitzt, dann sind die Transaktionskosten zur Erreichung eines Pareto–Optimums prohibitiv hoch, und auf Grund der unterschiedlichen Interessen der Individuen werden sich die Individuen nicht auf einen Entscheidungsmechanismus einigen können, welcher diese Transaktionskosten reduzieren könnte.

Zu ganz anderen Kriterien, nach denen die Überlegenheit von Verfügungsrechten bewertet werden sollte, kommt *Netting* (1976): In seiner Studie zeigt er auf, wie in dem Walliser Dorf Törbel kollektive und private Verfügungsrechte über Jahrhunderte parallel existiert haben, welche spezifische Faktoren für kollektive oder private Eigentumsrechte sprechen und wie das kollektiven Eigentum (oder Gemeinschaftsland) verwaltet wird. *Netting's* These ist, das die Art der Landnutzung und die Umweltbedingungen die Art des Eigentumsrechts bestimmt. Privater Verfügungsrecht an Grund und Boden (privater Landbesitz) wird vor allem dann gefordert, wenn zugleich gilt:

(1) die Ressource ist zum Überleben notwendig,

(2) die Ressource ist so knapp, daß die Gruppenmitglieder für sie kämpfen müssen und

(3) die Ressource ist so produktiv (entweder von Natur aus oder durch Investitionen), daß sie einen einigermaßen zuverlässigen, langfristigen Ertrag erwirtschaftet (*Netting* 1976: 138).

Die vorliegende Arbeit widerspricht nicht der generellen These *Netting's*, daß die Umweltbedingungen relevant für die Vorzüge alternativer Verfügungsrechte sind. Nach unserer Auffassung bestimmen die spezifischen Eigenschaften der Ressource über die Höhe der Transaktionskosten alternativer Verfügungsrechte. Die dritte These *Netting's* würden wir jedoch nur teilweise unterstützen. Ein hier vorgebrachtes Argument war, daß eine Ressource mit zufällig im Raum verteilten Ertrag ceteris paribus eher unter kollektiven Verfügungsrechten bewirtschaftet wird, da das Recht der kollektiven Nutzung als Versicherung gegen zufällige negative Umwelteinflüsse gesehen werden kann. Aber bei dieser Argumentation ist die Höhe der Unsicherheit keine generelle Eigenschaft der Ressource, sondern abhängig von der Größe der Ressource. Für viele erneuerbare Ressourcen treffen jedoch alle drei Bedingungen zu, die nach *Netting* (1976) für private Verfügungsrechte sprechen würden, und dennoch würde unsere Analyse für kollektive Verfügungsrechte sprechen. Zum Beispiel ist die erneuerbare Ressource Wald zum Überleben notwendig, in der Funktion als Holz– (Brennholz– und Bauholz–)lieferant, als Schutz vor Bodenerosion, und als Wasserspeicher. Außerdem ist die Ressource knapp, da Holz einen positiven Preis hat, und die Verminderung des Waldbestandes zusätzliche Kosten in anderen Sektoren (Landwirtschaft) verursacht. Und drittens liefert Wald auch einen zuverlässigen langfristigen Ertrag, zumindest wenn die Fläche groß genug ist.

Dagegen würde diese Arbeit zu den selben Schlußfolgerungen kommen bezüglich der Vorteilhaftigkeit von Allmendeeigentum wie *Gadgil/Iyer* (1989). Demnach wäre Allmendeeigentum vor allem dann vorteilhaft, wenn "...

1   die Nummer der Parteien, die sich die Nutzung der Ressource teilen, klein ist;
2   die Parteien, die sich den Zugang zur Ressource teilen, immer wieder aufeinandertreffen über einen langen Zeitraum hinweg;
3   die Parteien sich die Ernte in einer gerechten Weise teilen; und
4   die Parteien miteinander verbunden sind mit Verwandtschaftsbeziehungen oder Gegenseitigkeitsbeziehungen, die über die Nutzung der Ressource hinausgehen" (*Gadgil/Iyer* 1989: 241; Übersetzung durch den Autor).

Alle diese Faktoren sprechen dafür, daß die Transaktionskosten, also auch die Kosten der kollektiven Entscheidungsfindung bei Allmendeeigentum gering sind. Wir sollten uns aber auch über die Grenzen der ökonomischen Analyse klar sein. Die ganze Analyse ging davon aus, daß die Individuen ihr Eigeninteresse verfolgen. Ist eine maximale Ernte der erneuerbaren Ressource durch Mehrheitsentscheid vereinbart worden, dann hält sich jeder daran, weil die Sanktionen derart gestaltet sind, daß der Erwartungswert der Strafe (Strafe mal Wahrscheinlichkeit, daß regelwidriges Verhalten entdeckt wird) größer ist, als der zusätzliche Gewinn, den man erhält, wenn man sich nicht an die vereinbarte Vorschrift hält. Jedoch können die Kontrollkosten verringert werden, wenn sich die Gemeinschaft auf ein System der sozialen Kontrolle verläßt. "Durch Erziehung, Ermahnung und Experimenten mit moralischen Anreizen, werden die Individuen auf sozial verantwortliches Handeln gelenkt, selbst wenn dieses Handeln nicht in ihrem Eigeninteresse ist. In der Vergangenheit haben Gemeinschaften oft versucht, die kollektiven Ressourcen durch Überzeugungskraft zu schützen; d.h. durch einen Appell an das soziale Gewissen oder durch die Entwicklung von sozialen Bräuchen oder Verhaltensnormen. Auch heute wird darauf zurückgegriffen. Wenn man seinen Abfall nicht auf die Strassen wirft, ist das nicht notwendigerweise deswegen, weil man Angst hat erwischt zu werden" (*Dasgupta* 1982: 30; Übersetzung durch den Autor).

5. Zusammenfassung und Schlußfolgerungen

Ausgangspunkt der Analyse war die These, daß kollektive Verfügungsrechte (Allmendeeigentum) zu ineffizienten Lösungen führen. Gemäß *Hardin*'s (1968) "Tragödie des Gemeinschaftslandes" führen kollektive Verfügungsrechte zu einem Absterben der erneuerbaren Ressource. Jedoch: "Wenige Aufsätze waren so einflußreich wie jener von *Hardin*, und wenige Ideen haben sich so schnell und weit verbreitet. Eine flüchtige Suche in bibliographischen Datenbanken kommt auf über 720 Zitierungen dieses Aufsatzes in den biologischen und Sozialwissenschaften. Die meisten Artikel, welche *Hardin* zitieren, akzeptieren die Gültigkeit seiner Sicht, ohne sie zu hinterfragen, obwohl der ausgezeichnete Wirtschaftstheoretiker, Partha Dasgupta, erwähnt hat, daß 'es schwierig wäre eine andere Textstelle vergleichbarer Länge und Berühmtheit zu finden, die so viele Fehler enthält'" (*Runge* 1990: 6 quoting *Dasgupta* 1982: 13; Übersetzung durch den Autor).

Hardin's Einschätzung trifft also eher auf den Fall einer Ressource mit freiem Zugang zu. Eine solche Situation ist durch das Fehlen von Verfügungsrechten, und nicht durch kollektive Verfügungsrechte gekennzeichnet. Doch selbst in einer Situation des offenen Zugangs ist das Absterben der erneuerbaren Ressource nicht zwingend, solange die Kosten der Ernte negativ mit dem Ressourcenbestand korreliert sind, und die Nachfrage nicht zu groß ist (siehe Abschnitt 2.1.1.). Was wir jedoch zeigen konnten ist, daß eine erneuerbare Ressource ohne Verfügungsrechte zu einer ineffizienten Nutzung der Ressource führt.

Bei der Nutzung vieler erneuerbarer Ressourcen dürfe das Problem auftreten, daß ein hoher Ressourcenbestand positive externe Effekte auf andere Sektoren verursacht. Bei einer Privatisierung der erneuerbaren Ressource kann zwar ein Optimum bei partieller Betrachtung nur dieses Sektors erreicht werden (vgl. Abschnitt 2.1.2. und 2.1.3.), jedoch kommt es aufgrund der Externalität auf andere Sektoren zu keiner Pareto–optimalen Nutzung der Ressource (vgl. 2.1.5.). Ein Pareto–Optimum könnte sich mit privaten Verfügungsrechten dennoch einstellen, wenn wir Verhandlungen zwischen den Besitzern der erneuerbaren Ressource und den Besitzern der in den von Externalitäten betroffenen Sektoren zulassen. Jedoch setzt die sogenannte *Coase*'sche (1960) Verhandlungslösung voraus, daß die Transaktionskosten vernachlässigbar sind.

Die Analyse in Kapitel 2.1. war in sofern vereinfachend, als angenommen wurde, daß auf jeder Landparzelle die Art der Landnutzung fixiert ist. Jedoch ist auch die Art der Landnutzung (z.B. Forst–, Land– oder Viehwirtschaft) eine Entscheidungsvariable. Nun ist es jedoch so, daß in vielen Entwicklungsländer die Ressource Wald eine Ressource ohne Verfügungsrechte ist, d.h. jeder darf sich mit den Früchten des Waldes bedienen. Gleichzeitig wird jedoch das private Eigentumsrecht verliehen, wenn der Wald urbar gemacht wird, d.h. gerodet, und land– (oder vieh)wirtschaftlich genutzt wird. Da bei einer Ressource ohne Verfügungsrechte die Bodenrente Null beträgt, werden solange neue Waldflächen urbar gemacht, bis auch in der Landwirtschaft die Bodenrente auf Null zurückgeht. Insofern könnte man von einer doppelten Tragödie von Gemeinschaftsland sprechen. Erzielt die landwirtschaftlich genutzte Landparzelle einen positiven Gewinn, selbst wenn die letzte Waldfläche urbar gemacht wird, dann kann es auch dazu kommen, daß die andere Aktivität verunmöglicht wird. Dies ist dann der Fall, wenn ein Mindestbestand an Wald notwendig ist, um die Produktion im anderen Sektor zu ermöglichen. Wird die Waldfläche jedoch zu klein, um z.B. totale Bodenerosion zu verhindern, dann wird der ganze Humus im Wassereinzugsgebiet verschwinden, und der Boden ist nicht mehr land– oder viehwirtschaftlich nutzbar. Diese Analyse war Thema von Abschnitt 2.2.1.

Aber selbst, wenn Land– und Forstwirtschaft mit privaten Eigentumstitel ausgestattet sind, und die Art der Bodennutzung nicht vorgeschrieben wird, bekommen wir kein Pareto–Optimum. Der Wohlfahrtsverlust wird in Abschnitt 2.2.4. berechnet: Er setzt sich zusammen aus dem Wohlfahrtsverlust, der daraus resultiert, daß bei konstanter Aufteilung des Landes in Forst– und Landwirtschaft die Externalität zwischen beiden Sektoren nicht berücksichtigt wird, und dem Wohlfahrtsverlust, der dadurch entsteht, daß bei privaten nicht–integrierten Verfügungsrechten die Aufteilung zwischen Land– und Forstwirtschaft nicht optimal ist. Auch hier könnte man die *Coase*'sche (1960) Verhandlungslösung theoretisch anwenden. Haben die Forstwirte ein uneingeschränktes Nutzungsrecht, müßten Forst– und Landwirte bei der Abwägung, ob ein Grundstück land– oder forstwirtschaftlich genutzt wird, die Bodenrente von Landwirtschaft minus der Kompensation, die ein Landwirt den Forstwirten für die Aufrechterhaltung eines Mindestwaldbestandes gewährt, vergleichen mit der Bodenrente aus der Forstwirtschaft einschließlich der oben angesprochenen Kompensationen. Auch hier würden Transaktionskosten wahrscheinlich die *Coase*'sche Verhandlungslösung verhindern.

Wir können also festhalten, daß es von Effizienzstandpunkt aus eine denkbar schlechte Lösung ist, gewisse Ressourcen mit gar keinem Verfügungsrecht auszustatten. Aber die Schlußfolgerung, daß nur private Verfügungsrechte zu effizienten Lösungen führen, ist damit noch nicht gerechtfertigt. Wirklich kollektive Verfügungsrechte sind nämlich, im Gegensatz zu keinen Verfügungsrechten dadurch gekennzeichnet, daß zwar eine Gruppe, aber nicht jeder beliebige Zugang zur Ressource hat. Das kollektive Verfügungsrechte wird also genauso wie das private Verfügungsrecht nach außen geschützt. Doch selbst, wenn es zu keiner formellen oder informellen Koordination in der Gruppe der Inhaber des kollektiven Verfügungsrechts (Allmendemitglieder) kommt, verschwindet bei einem kollektiven Verfügungsrecht die Bodenrente, im Gegensatz zur Situation des freien Zugangs, nicht (siehe Kapitel 3.3.1.). Jedoch ist das Ergebnis (das Nash–Gleichgewicht des Differentialspiels in offenen Schleifen) immer noch Pareto–inferior. Wir konnten jedoch zeigen, daß falls die Möglichkeit besteht, die Ernten vom Ressourcenbestand abhängig zu machen, ein durch Trigger–Strategien unterstütztes Pareto–optimales Nash–Gleichgewicht erreicht werden kann. Da dieses Nash–Gleichgewicht jedoch nur eine Alternative zum oben erwähnten Pareto–inferioren Nash–Gleichgewicht ist, ist es keinesfalls gesichert, daß gerade diese Lösung erreicht wird (siehe Kapitel 3.3.4.). Wenn sie erreicht wird, sprechen wir von einer informellen Koordination der Allmendemitglieder. Leider ist jedoch das durch Trigger–Strategien erreichbare Pareto–optimale Nash–Gleichgewicht äußerst instabil.

Jedoch gibt es, außer bei prohibitiv hohen Transaktionskosten, keinen Grund, warum Kooperation zwischen den Allmendemitgliedern ausgeschlossen werden soll. Bindende Vereinbarungen zwischen den Allmendenutzern sind nicht illegal, und deshalb sollte die kooperative Spieltheorie Anwendung finden. Jenes Lösungskonzept kooperativer Spiele, welches an die Stabilität der Lösung die strengsten Voraussetzungen setzt, nämlich das starke Nash–Gleichgewicht, ist jedoch wiederum durch die oben erwähnten Trigger–Strategien gestützt, und daher bei Unsicherheit oder bei (zufällig) irrationalen Verhalten eines Spielers instabil.

Bei der Betrachtung der Allmendenutzung als kooperatives Spiel haben wir jedoch, genauso wie bei der *Coase*'schen (1960) Verhandlungslösung, Transaktionskosten vernachlässigt. Die Allmendemitglieder werden versuchen, die hohen Transaktionskosten von $n(n-1)/2$ bilateralen Vertragsbeziehungen durch ein institutionelles Arrangement zu verringern. Ein solches Arrangement wäre die Abstimmumg nach Mehrheitsentscheid über die zulässigen Ernten (stinting) auf der Allmende. Ein solches institutionelles Arrangement hat viele Ähnlichkeiten mit einer Aktiengesellschaft, eine ökonomische Organisation, die sicher nicht durch Ineffizienz gekennzeichnet ist. Die Transaktionskosten werden aber auch durch den Mechanismus der Mehrheitsentscheidung nicht vollständig eliminiert. Man könnte dann argumentieren, daß eine Privatisierung der Allmende immer noch Effizienzgewinne zur Folge hat, denn dann gibt es zumindest innerhalb des Sektors der Nutzung der erneuerbaren Ressource keine Externalitäten, welche durch Kontrakte internalisiert werden müßten. Doch bei genauerer Betrachtung ist diese Schlußfolgerung ein Trugschluß.

Wenn positive Skalenerträge vorherrschen, führt Privatisierung nur zu einem (sektoralen) Pareto–Optimum, wenn die Allmende an einen einzigen Privateigentümer übergeht. Da dieser jedoch nicht Besitzer aller Produktionsfaktoren sein kann, muß er die anderen bisherigen Allmendemitglieder anstellen. Doch dann kommt es zu Transaktionskosten, die in der Prinzipal–Agent–Theorie behandelt werden. Außerdem ist diese Lösung auch aus Verteilungsüberlegungen eher zu verwerfen. Um die Transaktionskosten des Prinzipal–Agent–Problems zu vermeiden, könnte die Allmende an die bisherigen Allmendenutzer als Privateigentum verteilt werden. Damit die Allmendenutzer jedoch von den positiven Skalenerträgen profitieren können, müssen sie durch Kontrakte erreichen, daß sie ihre Landparzellen gegenseitig offenhalten. Nun haben wir aber wieder das gleiche Problem wie bei Allmendeeigentum. Zur Reduktion der Transaktionskosten von $n(n-1)/2$ bilateralen Verträgen werden die Ressourcennutzer einen Entscheidungsmechanismus nach der Mehrheitsregel etablieren. Dies natürlich nur, wenn die aus den positiven Skalenerträge erzielbaren Mehreinnahmen die dabei entstehenden Transaktionskosten der kollektiven Entscheidungsfindung übersteigen.

Werden zusätzlich die Transaktionskosten der Definition und Durchsetzung von Verfügungsrechte mitberücksichtigt, dann schließt das kollektive Verfügungsrecht gegenüber n privaten Verfügungsrechten günstiger ab, da weniger Rechte definiert werden müssen. Werden private Verfügungsrechte am von Externalitäten betroffenen Sektor und kollektive Verfügungsrechte an der Externalitäten verursachenden erneuerbaren Ressource richtig kombiniert, sind die mit dem Mechanismus des Mehrheitsentscheid verbundenen kollektive Verfügungsrechte sogar ein Instrument, um inter–sektorale Externalitäten zu internalisieren. Diese Überlegungen sind Bestandteil von Kapitel 4.

Vor allem die institutionenökonomische Betrachtung hat gezeigt, daß nicht von vornherein davon ausgegangen werden kann, daß kollektive Verfügungsrechte ineffizient, während private Verfügungsrechte effizient sind. Doch müssen auch die kollektiven Verfügungsrechte dem selben Schutz vom Staat erhalten, wie die privaten Eigentumsrechte. Man kann durchaus davon ausgehen, daß die verschiedenen Indianerstämme im lateinamerikanischen Urwald auf die eine oder andere Weise durch einen Entscheidungsmechanismus die Nutzung des Urwalds geregelt haben. Wenn jedoch der Staat den Urwald nicht vor Eindringlingen von außen schützt, und vielleicht sogar noch im Gegenteil bei der Urbarmachung des Waldes durch eindringende Siedler ein privates Verfügungsrecht verleiht, dann ist die Rodung von Tropenwald vorprogrammiert. Ist es schon schlimm genug, daß die Tropenwaldfläche verringert wird, kommt noch hinzu, daß auch der Eindringling kein Interesse an einer langfristigen landwirtschaftlichen Nutzung seines Landes hat. Er kann ja, wenn sein landwirtschaftlich genutzter Boden ausgelaugt ist, wieder ein Stück fruchtbaren Urwaldboden roden. Die Tragödie liegt in diesem Fall nicht darin, daß die Allmendemitglieder ihre Entscheidungen nicht koordinieren können, sondern darin, daß der Staat und seine Institutionen nicht in der Lage sind, kollektive Verfügungsrechte durchzusetzen.

Wir haben jedoch in Kapitel 4. auch angedeutet, daß die Möglichkeit der Internalisierung von inter-sektoralen Externalitäten durch die Institution von kollektiven Verfügungsrechten auf lokale oder höchstens regionale Externalitäten beschränkt ist. Handelt es sich um Externalitäten, die die ganze Nation erfassen, ist sicherlich die Zentralregierung gefordert, durch Steuern oder Interventionen eine Internalisierung dieser Effekte zu erreichen. Doch sollten, vor allem in Entwicklungsländern, die administrativen Kapazitäten der Zentralregierung nicht überschätzt werden. Beziehen sich die Externalitäten jedoch auf einen Raum, der die Grenzen der lokalen Dorfgemeinschaft überschreitet, aber nicht die ganze Nation erfaßt, dann sind entweder Kollektive von Dorfgemeinschaften oder die Provinzregierung gefordert. Selbst wenn die Zentralregierung die administrativen Fähigkeiten hätte, die Externalitäten zu internalisieren, müßte davon ausgegangen werden, daß jene föderale Regierungsstelle, die sich mit dem Raum befaßt, auf die sich die inter-sektoralen Externalitäten beziehen, besser über das Ausmaß der Externalitäten informiert ist, als die Zentralregierung.

Anhang

A1. Ableitung der Kostenfunktion aus einer Cobb–Douglas–Produktionsfunktion

Die Cobb–Douglas–Produktionsfunktion mit nicht–steigenden Skalenerträgen ist wie folgt definiert (den Index für die Landparzelle i lassen wir der Einfachheit halber weg):

$$X = F(V,S) = \gamma\, V^\rho S^\tau \text{ mit } \gamma \geq 0 \text{ und } \rho + \tau \leq 1, \rho > 0, \tau > 0 \tag{182}$$

X: Gesamtressourcenproduktion auf der Parzelle
S: Ressourcenbestand auf der Parzelle
V: Index für den Faktoreinsatz auf der Parzelle (enthält alle Produktionsfaktoren, außer dem Faktor Ressourcenbestand, S, der keinen Marktpreis hat)
γ, ρ, τ: Parameter der Cobb–Douglas–Produktionsfunktion

Die Kostenfunktion erhalten wir, wenn Gleichung (182) nach dem Faktoreinsatz V aufgelöst wird, und mit dem Faktorpreis w multipliziert wird:

$$C(X,S) = w\, V = w\, \gamma^{-1/\rho}\, X^{1/\rho}\, S^{-\tau/\rho} =: \phi\, X^\sigma S^\omega,\ \sigma + \omega \geq 1 \tag{183}$$

w: Faktorpreis
C: Gesamtkosten der Ressourcenproduktion auf der Parzelle
ϕ: Parameter der Kostenfunktion: $\phi := w\, \gamma^{-1/\rho} > 0$

σ: Parameter der Kostenfunktion: $\sigma := \dfrac{1}{\rho}$, wobei $\sigma \geq 1$

ω: Parameter der Kostenfunktion: $\omega := -\dfrac{\tau}{\rho}$, wobei $\omega < 0$

In Analogie zu *Dasgupta/Heal* (1979: 56) nehmen wir an, daß das Verhältnis von individueller Produktionsmenge zur gesamten Produktionsmenge gleich dem Verhältnis von individuellen Faktoreinsatz zum Gesamtfaktoreinsatz auf der Landparzelle ist:

$$x_j = f(v_j, V, S) = \frac{v_j}{V} F(V,S) = \frac{v_j}{V} X \tag{184}$$

x_j: individuelle Produktionsmenge
v_j: individueller Faktoreinsatz

Die individuelle Kostenfunktion erhalten wir, wenn Gleichung (184) nach dem individuellen Faktoreinsatz v_j aufgelöst wird, und mit dem Faktorpreis w multipliziert wird:

$$c(x_j, X, S) = w\, v_j = \frac{x_j}{X}\, w\, V = \frac{x_j}{X} C(X,S) \tag{185}$$

c: Kosten der Ressourcenproduktion für Individuum j

A2. Hinreichende Bedingungen für die Gewinnmaximierung

Folgendes Maximierungsproblem ist zu lösen:

$$\max_{x_{ij}} \tilde{g}(x_{ij}, S_i) = p\, x_{ij} - c(x_{ij}, x_{ij} + X_{i,n-j}, S_i)$$

wobei $N(S_i) - x_{ij} - X_{i,n-j} \geq 0$ und $x_{ij} \geq 0$, $X_{i,n-j} \geq 0$ und $S_i \geq 0$ \hfill (186)

In der folgenden Analyse lassen wir, der Einfachheit halber, den Index für die Landparzelle i weg. Damit der Satz von Kuhn–Tucker anwendbar ist, müssen wir es mit einem konvexen Optimierungsproblem zu tun haben. Dazu müssen die Zielfunktion $\tilde{g}(x_j, S)$ und die Nebenbedingung $g_1(x_j, X_{n-j}, S) := N(S) - x_j - X_{n-j}$ konkav sein. g_1 ist konkav, da $N(S)$ konkav ist und die anderen Variablen linear eingehen. Nun ist noch zu analysieren, wann $\tilde{g}(x_j, S)$ in (x_j, S) konkav ist. Das ist der Fall, wenn $\tilde{c}(x_j, S) := c(x_j, x_j + X_{n-j}, S)$ konvex in (x_j, S) ist. Das ist wiederum der Fall, wenn die Hesse–Matrix zu der Kostenfunktion $\tilde{c}(x_j, S)$ positiv semidefinit ist. Es gilt für $x_j > 0$ wobei X für $x_j + X_{n-j}$ steht:

$$\tilde{c}(x_j, S) = c(x_j, X, S) = \frac{x_j}{X} C(X, S) \hfill (187)$$

$$\frac{\partial \tilde{c}}{\partial x_j}(x_j, S) = \frac{\partial c}{\partial x_j}(x_j, X, S) + \frac{\partial c}{\partial X}(x_j, X, S) \frac{dX}{dx_j} =$$

$$= \frac{C(X,S)}{X} + \frac{x_j}{X}\left(\frac{\partial C}{\partial X}(X,S) - \frac{C(X,S)}{X}\right) > 0 \hfill (188)$$

$$\frac{\partial^2 \tilde{c}}{\partial x_j^2}(x_j, S) = \left(1 - \frac{x_j}{X}\right)\left(\frac{1}{X}\frac{\partial C}{\partial X}(X,S) - \frac{C(X,S)}{X^2}\right) + \frac{x_j}{X}\frac{\partial^2 C}{\partial X^2}(X,S) +$$

$$+ \frac{1}{X}\left(\frac{\partial C}{\partial X}(X,S) - \frac{C(X,S)}{X}\right) - \frac{x_j}{X^2}\left(\frac{\partial C}{\partial X}(X,S) - \frac{C(X,S)}{X}\right) =$$

$$= \frac{X - x_j}{X^2}\left(\frac{\partial C}{\partial X}(X,S) - \frac{C(X,S)}{X}\right) + \frac{x_j}{X}\frac{\partial^2 C}{\partial X^2}(X,S) +$$

$$+ \frac{X}{X^2}\left(\frac{\partial C}{\partial X}(X,S) - \frac{C(X,S)}{X}\right) - \frac{x_j}{X^2}\left(\frac{\partial C}{\partial X}(X,S) - \frac{C(X,S)}{X}\right) =$$

$$= 2\left(\frac{X - x_j}{X^2}\right)\left(\frac{\partial C}{\partial X}(X,S) - \frac{C(X,S)}{X}\right) + \frac{x_j}{X}\frac{\partial^2 C}{\partial X^2}(X,S) > 0 \hfill (189)$$

$$\frac{\partial^2 \tilde{c}}{\partial x_j \partial S}(x_j, S) = \left(1 - \frac{x_j}{X}\right)\frac{1}{X}\frac{\partial C}{\partial S}(X,S) + \frac{x_j}{X}\frac{\partial^2 C}{\partial X \partial S}(X,S) < 0 \hfill (190)$$

$$\frac{\partial \tilde{c}}{\partial S}(x_j, S) = \frac{x_j}{X}\frac{\partial C}{\partial S}(X, S) < 0 \qquad (191)$$

$$\frac{\partial^2 \tilde{c}}{\partial S^2}(x_j, S) = \frac{x_j}{X}\frac{\partial^2 C}{\partial S^2}(X, S) \geq 0 \qquad (192)$$

Damit die Hesse–Matrix positiv semidefinit ist, müßte zusätzlich gelten:

$$\left[\frac{\partial^2 \tilde{c}}{\partial x_j \partial S}(x_j, S)\right]^2 \geq \frac{\partial^2 \tilde{c}}{\partial x_j^2}(x_j, S)\frac{\partial^2 \tilde{c}}{\partial S^2}(x_j, S) \qquad (193)$$

Das ist der Fall, wenn zu den Eigenschaften der Kostenfunktion in (3) noch folgende Eigenschaft dazukommt:

$$\frac{X-x_j}{X}\left(\frac{\partial C}{\partial S}\right)^2 + 2x_j\frac{\partial C}{\partial S}\frac{\partial^2 C}{\partial X \partial S} - 2x_j\frac{\partial^2 C}{\partial S^2}\left(\frac{\partial C}{\partial X} - \frac{C(X,S)}{X}\right) \geq 0 \qquad (194)$$
$$+ \qquad + \qquad + \quad - \quad - \quad + \quad + \qquad +$$

Unter den Ausdrücken in Gleichung (194) stehen die Vorzeichen, die aus den Annahmen über die Kostenfunktion $C(X,S)$ folgen. Während die ersten beiden Summanden positiv sind, ist auch der letzte Ausdruck, der von der Summe der ersten beiden Terme abgezogen wird, positiv. Damit folgt Bedingung (194) nicht aus den generellen Annahmen über die Kostenfunktion $C(X,S)$.

Beweis:

$$\left[\frac{\partial^2 \tilde{c}}{\partial x_j \partial S}(x_j, S)\right]^2 - \frac{\partial^2 \tilde{c}}{\partial x_j^2}(x_j, S)\frac{\partial^2 \tilde{c}}{\partial S^2}(x_j, S) =$$

$$= \frac{1}{X^2}\left(\frac{X-x_j}{X}\right)^2\left(\frac{\partial C}{\partial S}\right)^2 + \left(\frac{x_j}{X}\right)^2\left(\frac{\partial^2 C}{\partial X \partial S}\right)^2 + \frac{2x_j(X-x_j)}{X^3}\frac{\partial C}{\partial S}\frac{\partial^2 C}{\partial X \partial S} -$$

$$- \frac{2x_j(X-x_j)}{X^3}\frac{\partial^2 C}{\partial S^2}\left(\frac{\partial C}{\partial X} - \frac{C(X,S)}{X}\right) - \left(\frac{x_j}{X}\right)^2\frac{\partial^2 C}{\partial S^2}\frac{\partial^2 C}{\partial X^2} =$$

$$= \left(\frac{x_j}{X}\right)^2\left[\left(\frac{\partial^2 C}{\partial X \partial S}\right)^2 - \frac{\partial^2 C}{\partial X^2}\frac{\partial^2 C}{\partial S^2}\right] + \frac{1}{X^2}\left(\frac{X-x_j}{X}\right)^2\left(\frac{\partial C}{\partial S}\right)^2 +$$

$$+ \frac{2x_j(X-x_j)}{X^3}\frac{\partial C}{\partial S}\frac{\partial^2 C}{\partial X \partial S} - \frac{2x_j(X-x_j)}{X^3}\frac{\partial^2 C}{\partial S^2}\left(\frac{\partial C}{\partial X} - \frac{C(X,S)}{X}\right) \geq$$

$$\geq \frac{X-x_j}{X^3}\left[\frac{X-x_j}{X}\left(\frac{\partial C}{\partial S}\right)^2 + 2x_j\frac{\partial C}{\partial S}\frac{\partial^2 C}{\partial X \partial S} - 2x_j\frac{\partial^2 C}{\partial S^2}\left(\frac{\partial C}{\partial X} - \frac{C(X,S)}{X}\right)\right] \geq 0 \qquad (195)$$

Das erste Ungleichheitszeichen folgt aus der letzten Bedingung in (3). Das letzte Ungleichheitszeichen folgt aus (194). Somit ist Bedingung (193) erfüllt, die Hesse–Matrix ist positiv semidefinit.

A3. Die zur speziellen Kostenfunktion $C(X,S) = \alpha X^2/S$ und zur Kostenfunktion des Gordon–Schaefer–Modells führende Produktionsfunktion

Produktionsfunktion zu $C(X,S) = \alpha \dfrac{X^2}{S}$

Betrachte die folgende Cobb–Douglas–Produktionsfunktion: $F(V,S) = \gamma \, V^\varrho S^\tau$

mit $\gamma = \sqrt{\dfrac{w}{\alpha}}, \rho = \tau = \dfrac{1}{2}$. Dann lautet die Kostenfunktion (siehe Gleichung (183)):

$$C(X,S) = w \, \gamma^{-1/\rho} X^{1/\rho} S^{-\tau/\rho} = \alpha \frac{X^2}{S} \qquad (196)$$

Produktionsfunktion zur Kostenfunktion des Gordon–Schaefer–Modells

$$C(X,S) = \alpha \frac{X}{S}$$

Betrachte die folgende Cobb–Douglas–Produktionsfunktion: $F(V,S) = \dfrac{w}{\alpha} VS$. Diese Funktion weist steigende Skalenerträge auf. Werden beide Faktoren, also der (unbezahlte) Faktor (Ressourcenbestand) S und der (bezahlte) Faktor V, verdoppelt, ergibt sich eine vierfache Produktionsmenge.

Dann lautet die Kostenfunktion:

$$C(X,S) = w \frac{1}{wS} \alpha X = \alpha \frac{X}{S} \qquad (197)$$

A4. Überprüfung der hinreichenden Bedingungen für die aus der Cobb–Douglas–Produktionsfunktion abgeleitete Kostenfunktion (183)

Es gilt:

$$\frac{\partial C}{\partial X}(X,S) = \phi \, \sigma \, X^{\sigma-1} S^\omega > 0 \text{ für } x>0, S>0 \qquad (198)$$

$$\frac{\partial C}{\partial S}(X,S) = \phi \, \omega \, X^\sigma S^{\omega-1} < 0 \text{ für } x>0, S>0 \qquad (199)$$

$$\frac{\partial^2 C}{\partial X^2}(X,S) = \phi \, \sigma \, (\sigma-1) \, X^{\sigma-2} S^\omega > 0 \text{ für } x>0, S>0 \qquad (200)$$

$$\frac{\partial^2 C}{\partial S^2}(X,S) = \phi \, \omega \, (\omega-1) \, X^\sigma \, S^{\omega-2} > 0 \text{ für } x>0, S>0 \tag{201}$$

$$\frac{\partial^2 C}{\partial X \partial S}(X,S) = \phi \, \sigma \, \omega \, X^{\sigma-1} \, S^{\omega-1} < 0 \text{ für } x>0, S>0 \tag{202}$$

Die Bedingung (194) ist erfüllt, da

$$\frac{X-x_j}{X}\left(\frac{\partial C}{\partial S}\right)^2 + 2x_j \frac{\partial C}{\partial S}\frac{\partial^2 C}{\partial X \partial S} - 2x_j \frac{\partial^2 C}{\partial S^2}\left(\frac{\partial C}{\partial X} - \frac{C(X,S)}{X}\right) =$$

$$= \frac{X-x_j}{X}\phi^2 \, \omega^2 \, X^{2\sigma} \, S^{2(\omega-1)} + 2\,x_j \, \phi \, \omega \, X^\sigma \, S^{\omega-1} \, \phi \, \sigma \, \omega \, X^{\sigma-1} \, S^{\omega-1} -$$

$$- 2\,x_j \, \phi \, \omega \, (\omega-1) \, X^\sigma \, S^{\omega-2} \, (\phi \, \sigma \, X^{\sigma-1} \, S^\omega - \phi \, X^{\sigma-1} \, S^\omega) =$$

$$= \frac{X-x_j}{X}\phi^2 \, \omega^2 \, X^{2\sigma} \, S^{2(\omega-1)} + 2\,x_j \, \phi^2 \, \sigma \, \omega^2 \, X^{2\sigma-1} \, S^{2(\omega-1)} -$$

$$- 2\,x_j \, \phi \, \omega \, (\omega-1) \, X^\sigma \, S^{\omega-2} \, (\sigma-1) \, \phi \, X^{\sigma-1} \, S^\omega =$$

$$= \frac{X-x_j}{X}\phi^2 \, \omega^2 \, X^{2\sigma} \, S^{2(\omega-1)} + 2\,x_j \, \phi^2 \, \sigma \, \omega^2 \, X^{2\sigma-1} \, S^{2(\omega-1)} -$$

$$- 2\,x_j \, \phi^2 \, (\sigma-1) \, \omega \, (\omega-1) \, X^{2\sigma-1} \, S^{2(\omega-1)} =$$

$$= \frac{X-x_j}{X}\phi^2 \, \omega^2 \, X^{2\sigma} \, S^{2(\omega-1)} + 2\,x_j \, \phi^2 \, \omega \, X^{2\sigma-1} \, S^{2(\omega-1)} \, [\, \sigma \, \omega - (\sigma-1)(\omega-1) \,] =$$

$$= \frac{X-x_j}{X}\phi^2 \, \omega^2 \, X^{2\sigma} \, S^{2(\omega-1)} + 2\,x_j \, \phi^2 \, \omega \, X^{2\sigma-1} \, S^{2(\omega-1)} \, (\sigma + \omega - 1) > 0 \tag{203}$$

A5. Mathematica Programm zur Berechnung von pv_i^C und pv_i^N des numerischen Beispiels von Figur 25

Vergleiche dazu die ausführlichere Beschreibung zu dem ähnlichen Mathematica Programm in Anhang A6.

Mathematica (Apollo SR10) 1.2 (January 5, 1990) [With pre-loaded data]
by S. Wolfram, D. Grayson, R. Maeder, H. Cejtin,
   S. Omohundro, D. Ballman and J. Keiper
with I. Rivin and D. Withoff
Copyright 1988,1989 Wolfram Research Inc.
— Display Manager graphics initialized —
In[1]:= <<Packages/NumericalMath/RungeKutta.m
In[2]:= n=2.; p=1000.; a=50000.; delta=0.1; xmax=2.;
In[3]:= X[S_]:=0.22 S – 0.002 S^2 – 2.   (* Natuerliches Wachstum *)
In[4]:= dX[S_]:=0.22 – 0.004 S   (* Ableitung der Wachstumsfunktion *)
In[5]:= (* Individuelle Ernten im biologischen Gleichgewicht,
    wenn alle Ernten gleich hoch sind *)
In[6]:= xi[S_]:=X[S]/n
In[7]:= (* Ausschluss von komplexen Loesungen und
    Loesungen, welche negative Ernten implizieren *)

In[8]:=   Stock[S_Complex]:=–1.
In[9]:=   Stock[S_Real]:=If[S>=10. && S<=100.,S,–1.]
In[10]:= (* Ableitung des steady–states bei Kooperation *)
In[11]:= eqn1:={p==a/S + n a xi[S]/S^2/(delta–dX[S])}
In[12]:= out1=Solve[eqn1,S]
Out[12]= {{S –> –26.7344}, {S –> 13.7562}, {S –> 67.9782}}
In[13]:= out2=Stock[S] /.out1
Out[13]= {–1., 13.7562, 67.9782}
In[14]:= Sc=Max[0.,out2]
Out[14]= 67.9782
In[15]:= xic=xi[Sc]
Out[15]= 1.85657
In[16]:= Gc=p xic – a xic/Sc
Out[16]= 491.006
In[17]:= PVGc=1/delta Gc
Out[17]= 4910.06
In[18]:= (* Ableitung des steady–states des Nash–Gleichgewichts *)
In[19]:= eqn2:={p==a/S + a xi[S]/S^2/(delta–dX[S])}
In[20]:= out3=Solve[eqn2,S]
Out[20]= {{S –> –11.7922}, {S –> 17.0234}, {S –> 62.2688}}
In[21]:= out4=Stock[S] /.out3
Out[21]= {–1., 17.0234, 62.2688}
In[22]:= Sn=Max[0.,out4]
Out[22]= 62.2688
In[23]:= xin=xi[Sn]
Out[23]= 1.97217
In[24]:= Gn=p xin – a xin/Sn
Out[24]= 388.574
In[25]:= (* Ableitung des Gegenwartsgewinns im Nash–Gleichgewicht *)
In[26]:= (* Zeitspanne, in der xmax von allen geerntet wird *)
In[27]:= list=RungeKutta[{X[S]–n xmax },{t,S},{0,Sc},
          43.7,10^–5,MaximumStepSize->0.1];
In[28]:= (* PV des Gewinns waehrend der Anpassungsperiode zum
          steady–state, most rapid approach *)
In[29]:= PVtrans=0.1 Sum[Exp[– delta list[i,1]](p xmax –
          a xmax/list[i,2]),{i,1,438}]
Out[29]= 4821.92
In[30]:= (* PV des Gewinns in der steady–state Phase *)
In[31]:= PVstead=1./delta (p xin –a xin/Sn) Exp[– delta 43.8]
Out[31]= 48.6703
In[32]:= (* Gegenwartswert des Gewinns im Nash–Gleichgewicht *)
In[33]:= PVNG=PVtrans+PVstead
Out[33]= 4870.59

A6. Ableitung des starken Nash–Gleichgewicht für ein numerisches Beispiel

A6.1. Beschreibung des Mathematica Programms

Wir werden nun im Modell einer erneuerbaren Ressource in Gemeinschaftseigentum das starke Nash–Gleichgewicht für ein numerischen Beispiel berechnen. Für die natürliche Wachstumsfunktion $N(S)$ und die Kostenfunktion $c(x_j,S)$ gelte:

$N(S) = 0.22\, S - 0.002\, S^2 - 2$ oder $r{=}0.2$, $S_u{=}10$, $S_o{=}100$ \hfill (204)

$c(x_j,S) = 50000\, x_j/S$ oder $\alpha{=}50000$ \hfill (205)

Außerdem seien der maximale Output, die Anzahl der Allmendemitglieder, der Zinssatz und der Preis für den Output, wie folgt gegeben:

$x^{\max} = 0.1;\ n = 50;\ \delta = 0.1;\ p = 1000$ \hfill (206)

Mit Hilfe des Software–Pakets *Mathematica*^{TM} haben wir die steady–states des Nash–Gleichgewichts bei offener Schleife (x_j^N, S^N) (siehe Gleichungen (136) und (137)) und bei vollständiger Kooperation (x_j^C, S^C) (siehe Gleichungen (144) und (147)) ausgerechnet. Im nachstehend abgedruckten Mathematica Programm (siehe A6.2.) wird Gleichung (136) (bzw. (144)) durch die beiden Statements In[3] und In[6] wiedergegeben. Statement In[11] (oder eqn1) steht für den steady–state bei Kooperation, Statement In[19] (oder eqn2) steht für den steady–state in Nash–Gleichgewicht. Da die jeweiligen steady–states nicht eindeutig sind, haben wir jenen steady–state mit höchstem Ressourcenbestand ausgewählt. Dies garantiert uns, daß wir es in beiden Fällen mit einem Sattelpunkt, und nicht mit einem unstabilen Knoten zu tun haben. Der Zeitpunktgewinn im steady–state bei Kooperation ist höher, als im steady–state in Nash–Gleichgewicht.

Um den Gegenwartswert eines Aussteigers zu berechnen, wenn alle anderen Allmendemitglieder die Trigger–Strategie wählen, benötigen wir das von Mathematica mitgelieferte RungeKutta–Paket. Während sich der Ressourcenbestand vom Ausgangswert S^C, dem Ressourcenbestand bei Kooperation, auf den Ressourcenbestand im steady–state im Nash–Gleichgewicht S^N anpaßt, wird die Menge $x^{\max}$ geerntet. Der Pfad des Ressourcenbestandes während dieser Phase ergibt sich aus der Differentialgleichung in (152); dieser wird mittels des RungeKutta–Verfahrens in Statement In[26] ermittelt. Der Zeitpunkt t^A, bei welchem im Nash–Gleichgewicht des Differentialspiels in offenen Schleifen sich der Ressourcenbestand von S^C auf S^N vermindert hat, wird in Statement In[27] ermittelt. Der dazugehörige Gegenwartswert des Gewinns (erster Summand in (152)) wird in den darauffolgenden Statement In[29] numerisch approximiert. Der zweite Summand von (152) läßt sich analytisch ermitteln (siehe Statement In[31]). In unserem numerischen Beispiel führt folglich jede Trigger–Strategie, bei der $pv_j^{Tr} > pv_j^N = 149.313$ Geldeinheiten gilt, zu einem Pareto–optimalen, durch Trigger–Strategien gestützten Nash–Gleichgewicht. Dies impliziert einen Periodengewinn von 14.9313 und einen Output von 0.05646 (alles immer unter der Annahme, daß es sich um ein Pareto–optimales, durch Trigger–Strategien unterstütztes Nash–Gleichgewicht handelt). Die Trigger–Strategie würde dann, wie folgt lauten:

$$x_j^{Tr}(t) = \begin{cases} x_j^V = 0.05646 & \text{für } t=0 \\ x_j^V = 0.05646 & \text{für } t>0 \text{ und } S(\tau) = S^C = 67.98 \text{ für alle } 0 \leq \tau \leq t \\ x_j^N(t) & \text{sonst} \end{cases}$$

wobei

$$x_j^N(t) = \begin{cases} x^{max} = 0.1 & \text{für } 0 \leq t \leq t^N = 16.5 \\ x_j^N = 0.08034 & \text{für } t > t^N = 16.5 \end{cases} \qquad (207)$$

Damit es sich jedoch bei den Elementen des Kerns auch um ein starkes Nash–Gleichgewicht handelt, muß $pv_K^{Tr} > pv_K^A$ für jede beliebige Koalition K gelten. Die Mindestauszahlung pv_K^A in Abhängigkeit der Anzahl der Koalitionsmitglieder wird im folgenden Mathematica–Programm berechnet. Dabei steht eqn3 für die steady–state–Bedingungen (168) und (169). list steht für die Lösung der Differentialgleichung in (170); im folgenden For Kommando wird t^{AK} berechnet. pvtrans steht für den Gegenwartswert des Gewinns, welchen die Koalition im Zeitraum $[0, t^{AK}]$ erzielt. pvstead steht für den Gegenwartswert des Gewinns, welchen die Koalition im Zeitraum $[t^{AK}, \infty)$ erzielt (vgl. (170)). Die Ergebnisse sind in Figur 26 zusammengefaßt.

Damit ein Element des Kerns gleichzeitig ein starkes Nash–Gleichgewicht ist, muß die Einerkoalition mindestens eine Auszahlung (Gegenwartswert des Gewinns) von 149 Geldeinheiten erhalten, die 2–Mitglieder–Koalition mindestens 152 Geldeinheiten, usw. Die große Koalition muß mindestens 9820 Geldeinheiten erhalten.

Figur 26: Mindestauszahlung (Gegenwartswert des Gewinns) im starkem Nash–Gleichgewicht für die Koalition K in Abhängigkeit der Anzahl ihrer Mitglieder, Zeitpräferenzrate $\delta = 0.1$

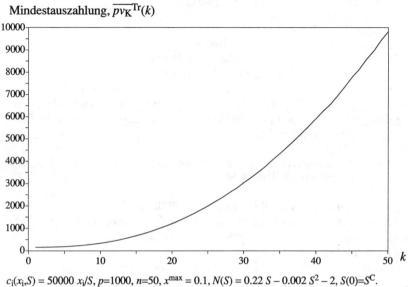

$c_i(x_i,S) = 50000\ x_i/S$, $p=1000$, $n=50$, $x^{max} = 0.1$, $N(S) = 0.22\ S - 0.002\ S^2 - 2$, $S(0)=S^C$.

A6.2. Abdruck des Mathematica Programms zur numerischen Berechnung des starken Nash–Gleichgewichts

Mathematica (Apollo SR10) 1.2 (January 5, 1990) [With pre–loaded data]
by S. Wolfram, D. Grayson, R. Maeder, H. Cejtin,
  S. Omohundro, D. Ballman and J. Keiper
with I. Rivin and D. Withoff
Copyright 1988,1989 Wolfram Research Inc.
— Display Manager graphics initialized —

In[1]:=   <<Packages/NumericalMath/RungeKutta.m
In[2]:=   n=50.;p=1000.;a=50000.;delta=0.1;xmax=0.1;
In[3]:=   X[S_]:=0.22 S – 0.002 S^2 – 2.   (* Natuerliches Wachstum *)
In[4]:=   dX[S_]:=0.22 – 0.004 S   (* Ableitung der Wachstumsfunktion *)
In[5]:=   (* Individuelle Ernten im biologischen Gleichgewicht, wenn alle Ernten gleich hoch sind *)
In[6]:=   xi[S_]:=X[S]/n
In[7]:=   (* Ausschluss von komplexen Loesungen und Loesungen, welche negative Ernten implizieren *)
In[8]:=   Stock[S_Complex]:=–1.
In[9]:=   Stock[S_Real]:=If[S>=10. && S<=100.,S,–1.]
In[10]:= (* Ableitung des steady–states der Nash–Loesung *)
In[11]:= eqn1:={p==a/S + n a xi[S]/S^2/(delta–dX[S])}
In[12]:= out1=Solve[eqn1,S]
Out[12]= {{S –> –26.7344}, {S –> 13.7562}, {S –> 67.9782}}
In[13]:= out2=Stock[S] /.out1
Out[13]= {–1., 13.7562, 67.9782}
In[14]:= Sc=Max[0.,out2]   (*Ressourcenbestand in der Nash–Loesung*)
Out[14]= 67.9782
In[15]:= xic=xi[Sc]   (*Ernte in der Nash–Loesung*)
Out[15]= 0.0742626
In[16]:= Gc=p xic – a xic/Sc   (*Periodengewinn der Nash–Loesung*)
Out[16]= 19.6403
In[17]:= PVGc=1/delta Gc   (*PV der Nash–Loesung, Ann.: S(0)=Sc*)
Out[17]= 196.403
In[18]:= (* Ableitung des steady–states des Nash–Gleichgewichts *)
In[19]:= eqn2:={p==a/S + a xi[S]/S^2/(delta–dX[S])}
In[20]:= out3=Solve[eqn2,S]
Out[20]= {{S –> –0.339647}, {S –> 28.8983}, {S –> 50.9414}}
In[21]:= out4=Stock[S] /.out3
Out[21]= {–1., 28.8983, 50.9414}
In[22]:= Sn=Max[0.,out4]   (*Ressourcenbestand im Nash–Gleichgewicht*)
Out[22]= 50.9414
In[23]:= xin=xi[Sn]   (*Ernte im Nash–Gleichgewicht*)
Out[23]= 0.0803411

In[24]:= Gn=p xin − a xin/Sn   (*Periodengewinn des Nash–Gleichgewichts*)
Out[24]= 1.4847
In[25]:= (*Loesung der Differentialgleichung (152)*)
In[26]:= list=RungeKutta[{X[S]−n xmax },{t,S},{0,Sc},20.,10^−5,
MaximumStepSize−>0.1];
In[27]:= For[(*Berechnung von tA*)
j=1,list[[j,2]]>=Sn,j++,tA=list[[j,1]];indA=j]
In[28]:= PVtrans=0.1 Sum[Exp[− delta list[[i,1]]](p xmax − a xmax/list[[i,2]]),
{i,1,indA}]   (* PV des Gewinns waehrend der Anpassungs–
                         periode zum steady–state, most rapid approach *)
Out[28]= 146.461
In[29]:= (* PV des Gewinns in der steady–state Phase *)
In[30]:= PVstead=1./delta (p xin −a xin/Sn) Exp[− delta tA]
Out[30]= 2.85136
In[31]:= PVN=PVtrans+PVstead   (* Gegenwartswert des Gewinns im Nash–
                                                Gleichgewicht *)
Out[31]= 149.313
In[32]:= giV=PVN delta   (* Mindestperiodengewinn der Trigger–Strategie *)
Out[32]= 14.9313
In[33]:= xiV=giV/(p−a/Sc)   (* xiV der Trigger–Strategie, die gerade noch zu
                     einem Pareto–optimalen Nash–Gleichgewicht führt *)
Out[33]= 0.0564573
In[34]:= (* Ableitung der entsprechenden steady–states und der Mindestauszah-
lungen fuer die Koalition K mit k Mitgliedern *)
In[35]:= Do[
xK[S_]:= X[S] − (n−k) xin;
eqn3:={p==a/S + a xK[S]/S^2/(delta−dX[S])};
out5=Solve[eqn3,S];   (*Loesung fuer steady–state*)
out6=Stock[S] /.out5;
SKA=Max[0.,out6]   (*Ressourcenbestand*);
xKA=xK[SKA]   (*Ernte der Koalition*);
GKA[k]=xKA(p−a/SKA)   (*steady–state–Periodengewinn
                                        der Koalition*);
(*pvs waehrend der Anpassungsphase*)
list=RungeKutta[{X[S]−n xmax },{t,S},{0,Sc},
20.,10^−5,MaximumStepSize−>0.1];
For[(*Berechnung von tAK*)
j=1,list[[j,2]]>=SKA,j++,tAK[k]=list[[j,1]];indAK[k]=j];
pvtrans[k]=0.1 Sum[Exp[− delta list[[i,1]]](p xmax − a xmax/list[[i,2]]),
{i,1,indAK[k]}];
(*Periodengewinn zwischen tAK und tA*)
GKA1[k]=(X[SKA]−(n−k)xmax)(p−a/SKA);
pvstead[k]=1./delta GKA1[k] Exp[− delta (tAK[k]+0.1)]+
1./delta (GKA[k]−GKA1[k]) Exp[− delta (tA)];
pvA[k]=pvstead[k]+pvtrans[k],
{k,1,n}]

Literatur

Alchian, Armen A. and Demsetz, Harold, "The Property Rights Paradigma", in: *Journal of Economic History*, Vol. 13, 1973, S. 16–27.

Alchian, Armen A. and Demsetz, Harold, "Production, Information Costs, and Economic Organization", in: *American Economic Review*, Vol. 62, 1972, S. 777–795.

Allen, J. und Barnes, D., "The Causes of Deforestation in Developing Countries", in: *Annals of the Association of American Geographers*, Vol. 75, No. 2, 1985, S. 163–184.

Arnold, J. E. M., "Wood Energy and Rural Communities", in: *Natural Resources Forum*, Vol. 3, No. 3, April 1979, pp. 229–252.

Axelrod, Robert, *The Evolution of Cooperation*. Basic Books, New York: 1984.

Barbier, Edward B., "Sustaining Agriculture on Marginal Land", in: *Environment*, Vol. 31, No. 9, November 1989, pp. 12–40.

Bardhan, Pranab, "The New Institutional Economics and Development Theory: A Brief Critical Assessment", in: *World Development*, Vol. 17, No. 9, September 1989, S. 1389–1395.

Basar, Tamer und Olsder, Geert Jan, *Dynamic Noncooperative Game Theory*, Academic Press, London u.a., 1982.

Baumol, W. J. und Oates, W. E., *The Theory of Environmental Policy*, Cambridge University Press, Cambridge, UK, 1988.

Berkes, Fikret, "Cooperation from the Perspective of Human Ecology", in: Berkes, Fikret (Hrsg.), *Common Property Resources. Ecology and Community–based Sustainable Development*. London, Belhaven Press, 1989, S. 70–88.

Berkes, Fikret (Hrsg.), *Common Property Resources. Ecology and Community–based Sustainable Development*. London, Belhaven Press, 1989.

Bowander, B., S. S. R. Prasard and N. V. M. Unni, "Dynamics of Fuelwood Prices in India: Policy Implications", in: *World Development*, Vol. 16, No. 10, October 1988, pp. 1213–1230.

Boulding, Kenneth, "The Economics of the Coming Spaceship Earth", in: Jarrett, H. E. (Hrsg.), *Environmental Quality in a Growing Economy*, Johns Hopkins Press, Baltimore: 1966.

Bromley, Daniel W., "Markets and Externalities", in: Bromley, Daniel W. (Hrsg.), *Natural Resource Economics. Policy Problems and Contemporary Analysis*. Kluwer Nijhoff Publishing, Boston: 1986, S. 37–68.

Bromley, Daniel W. (Hrsg.), *Natural Resource Economics. Policy Problems and Contemporary Analysis.* Kluwer Nijhoff Publishing, Boston: 1986.

Bromley, Daniel W., "Property Relations and Economic Development: The Other Land Reform", in: *World Development*, Vol. 17, No. 6, June 1989, S. 867–877.

Bromley, Daniel W./Cernea, Michael M., *The Management of Common Property Natural Resources*, World Bank Discussion Papers, No. 57, Washington 1989.

Brush, Stephen B., "Man's Use of an Andean Ecolsystem", in: *Human Ecology*, Vol. 4, No. 2, 1976, S. 147–166.

Cecelski, Elisabeth, "Energy and Rural Women's Work", in: *International Labour Review*, Vol. 126, No. 1, 1987.

Cernea, Michael M., "Alternative Units of Social Organization Sustaining Afforestation Strategies", in: Cernea, Michael M. (Hrsg.), *Putting People First: Sociological Variables in Rural Development*, Oxford University Press: Oxford, 1985.

Cernea, Michael M., *Farmer Organizations and Institution Building for Sustainable Development*, World Bank Reprint Series No. 414, 1987.

Cernea, Michael M., *User Groups as Producers in Participatory Afforestation Strategies*, World Bank Discussion Papers, No. 70, Washington 1989.

Cheung, S.N.S., "The structure of a contract and the theory of a non–exclusive resource", in: *Journal of Law and Economics*, Vol. 13, No. 4, April 1970, pp. 49–70.

Ciriacy–Wantrup, S.V. and Bishop, R.C., "'Common Property' as a Concept in Natural Resource Policy", in: *Natural Resources Journal*, Vol. 15. No. 4, 1975, pp. 713–727.

Clark, Colin W., *Mathematical Bioeconomics. The Optimal Management of Renewable Resources*, Second Edition, John Wiley, New York, 1990.

Clark, Colin W., "Restricted Access to Common–Property Fishery Resources: A Game–Theoretic Analysis, in: Liu, Pan–Tai (Hrsg.), *Dynamic Optimization and Mathematical Economics*. Plenum Press, New York, u.a.: 1980, 117–132.

Coase, R. H., "The nature of the firm", *Economica*, Vol. 4, 1937, S. 386–405.

Coase, R. H., "The Problem of Social Cost", *Journal of Law and Economics*, Vol. 3, October 1960, S. 1–44.

Colby, Michael E., *Environmental Management in Development. The Evolution of Paradigms.* World Bank Discussion Paper, No. 80. The World Bank, Washington, D.C.: 1990.

Dahlman, Carl J., *The Open Field System and Beyond. A Property Rights Analysis of an Economic Institution.* Cambridge University Press, Cambridge, 1980.

Dasgupta, Partha, *The Control of Resources*. Basil Blackwell, Oxford 1982.

Dasgupta, P.S. und Heal, G.M., *Economic Theory and Exhaustible Resources*, Cambridge University Press, Cambridge, 1979.

Demsetz, H., "Towards a theory of property rights", in: *American Economic Review*, Vol. 62, 1967, pp. 347–359.

Dewees, Peter A., "The Woodfuel Crisis Reconsidered: Observations on the Abundance and Scarcity", in: *World Development*, Vol. 17, No. 8, August 1989, pp. 1159–1172.

Dryzek, John S. and Amy S. Glenn, "The Political Economy of Deforestation in Costa Rica", in: Hitzhusen, Fredrick J. and Robert D. Macgregor (eds.), *A Multidisciplinary Approach to Renewable Energy in Developing Countries*, Columbus, Ohio: Publishing Horizons, 1987.

Dunkerley, Joy, "Patterns of Energy Consumption of the Rural and Urban Poor in Developing Countries", in: *Natural Resources Forum*, No. 4, 1979, pp. 349–363.

Elsner, Wolfram, *Ökonomische Institutionenanalyse. Paradigmatische Entwicklung der ökonomischen Theorie und der Sinn eines Rückgriffs auf die ökonomische Klassik am Beispiel der Institutionenanalyse („Property Rights")*. (=Volkswirtschaftliche Schriften, Heft 367). Berlin: Duncker & Humblot, 1986.

Elster, Jon, *The cement of society. A study of social order*. (Studies in rationality and social change). Cambridge University Press: Cambridge u.a., 1989.

Erdmann, Georg, *Die Diskontrate bei der Planung mittel– bis langfristiger Projekte im Energiebereich*. Jül–Spez–426, Eidgenössische Technische Hochschule Zürich, Institut für Wirtschaftsforschung und Kernforschungsanlage Jülich, Jülich: Januar 1988.

Feichtinger, Gustav und Jørgensen, Steffen, "Differential game models in management science", in: *European Journal of Operational Research*, Vol. 14, No. 2, 1983, S. 137–155.

Friedman, James W., *Game Theory with Applications to Economics*. Oxford University Press, New York u.a. 1986.

Frohlich, Norman; Hunt, Thomas; Oppenheimer, Joe und Wagner, R. Harrison, "Individual Contribution for Collective Goods", in: *Journal of Conflict Resolution*, Vol. 19, No.2, June 1975, S. 310–329.

Gadgil, Madhav und Iyer, Prema, "On the Diversification of Common–Property Resource Use by Indian Society", in: Berkes, Fikret (Hrsg.), *Common Property Resources. Ecology and Community–based Sustainable Development*. London, Belhaven Press, 1989, S. 240–255.

Gans, Oskar (Hrsg.), *Environmental and Institutional Development: Aspects of Economic and Agricultural Policies in Developing Countries*, Studies in Applied Economics and Rural Institutions, Vol. 19, Saarbrücken/Fort Lauderdale: Breitenbach, 1989.

Gardner, Roy; Ostrom, Elinior und Walker, James M., "The Nature of Common-Pool Resource Problems", in: *Rationality and Society*, Vol. 2, No. 3, July 1990, S. 335-358.

Gordon, H. S., "The economic theory of a common property resource", in: *Journal of Political Economy*, Vol. 62, 1954, pp. 124-142.

Gowen, Marcia M., "Biofuel v. fossil fuel economics in developing countries. How green is the pasture?", in: *Energy Policy*, Vol. 17, No. 5, October 1989, pp. 455-470.

de Groot, Peter und Hall, David, "The Baringo Fuel and Fodder Project", in: Pearson, P. J. G. (Hrsg.), *The Future Conduct of Energy Policy in the Third World*, Surrey Energy Economics Centre, Discussion Papers Series, No. 50, March 1990, University of Surrey, Guildford, March 1990, pp. 22-32.

Hanf, C.-Hennig und McDonald, David, "Analyse der Wirksamkeit von Vereinbarungen über die Nutzung von Allmendeeigentum (Common Property) an erneuerbaren Ressourcen. Dargestellt an einem bio-ökonomischen Modell der deutschen Krabbenfischerei", in: *Agrarwirtschaft*, Jahrgang 39, Heft 11, S. 348-355.

Hardin, Garrett, "The Tragedy of the Commons", In: *Science*, Vol. 162, December 1968, S. 1243-1248.

Hardin, Russell, *Collective Action*. Baltimore: Johns Hopkins University Press, 1981.

Hartwick, John M. und Olewiler, Nancy D., *The Economics of Natural Resource Use*, Harper & Row Publishers, New York, 1986.

Hassan, Rashid M. and Greg Hertzler, "Deforestation from the Overexploitation of Wood Resources as a Cooking Fuel. A Dynamic Approach to Pricing Energy Resources in Sudan", in: *Energy Economics*, Vol. 10, No. 2, April 1988, pp. 163-168.

Holler, Manfred J. und Illing, Gerhard, *Einführung in die Spieltheorie*, Springer-Verlag, Berlin u.a.: 1991.

Honadle, George and Cooper, Lauren, "Beyond Coordination and Control: An Interorganizational Approach to Structural Adjustment, Service Delivery, and Natural Resource Management", in: *World Development*, Vol. 17, No. 10, October 1989, S. 1531-1541.

Intriligator, M. D., *Mathematical Optimization and Economic Theory*, Englewood Cliffs, N.J., Prentice-Hall: 1971.

Kamien, M.I. und Schwartz, N.L., *Dynamic Optimization, the Calculus of Variation and Optimal Control in Economics and Management*. New York und Oxford: 1981.

Kimber, Richard, "Collective Action and the Fallacy of the Liberal Fallacy", in: *World Politics. A Quarterly Journal of International Relations*. Vol. 33, No. 2, January 1981, pp. 178–196.

Livingstone, I., "The common property problem and pastoralist economic behaviour", in: *Journal of Development Studies*, Vol. 23, 1986, pp. 5–19.

Messerschmidt, Donald A., "Ecological Change and Adaption Among the Gurungs of the Nepal Himalaya", in: *Human Ecology*, Vol. 4, No. 2, S. 167–185.

Meyer, Carrie A., "Agrarian Reform in the Dominican Republic: An Associative Solution to the Collective/Individual Dilemma", in: *World Development*, Vol. 17, No. 8, October 1989, S. 1225–1267.

Nabli, Mustapha K and Nugent, Jeffrey B., "The New Institutional Economic and Its Applicability to Development", in: *World Development*, Vol. 17, No. 9, September 1989, S. 1333–1347.

National Research Council, *Common Property Resource Management*, Conference Proceedings, Panel on Common Property Resource Management. National Academy Press, Washington, D.C., 1986.

Netting, Robert McC, "What Alpine Peasants Have in Common: Observations on Communal Tenure in a Swiss Village", in: *Human Ecology*, Vol. 4, No. 2, 1976, S. 135–146.

North, Douglass C., *Structure and Change in Economic History*, W.W. Norton & Company, New York und London, 1981.

North, Douglass C., *Theorie des institutionellen Wandels*, Tübingen, 1988.

OECD, *Policy Statement on Development Co–operation in the 1990s. Adopted by the OECD's Development Assistance Committee: Meeting of Aid Ministers and Heads of Aid Agencies. 4th–5th December 1989*, OECD, Paris, 1990.

Olson, Mancur, *Die Logik des kollektiven Handelns*, Tübingen: 1968.

Pearce, David W. und Turner, Kerry R., *Economics of Natural Resources and the Environment*, Harvester Wheatsheaf, New York u.a., 1990.

Pearson, Peter (ed.), *Energy and the Environment in the Third World*, Surrey Energy Economics Paper, Discussion Paper Series, Seeds 46, Guildford: July 1989.

Pearson, Peter, "Environmental Externality Problems associated with Biomass Fuels: Possibilities for Collective Action?", in: *Proceedings of the Asian & Pacific Conference on Energy and Economic Development*, edited by the Chinese Association of Energy Economists, Energy Committee, Taipei, 1988, pp. 457–67.

Pearson, Peter J. G. und Stevens, P., "The Fuelwood Crisis and the Environment: Problems, Policies and Instruments", in: *Energy Policy*, Vol. 17, No. 24, April 1989, pp. 132–137.

Peterson, F. M. und Fisher, A. C., "The Exploitation of Extractive Resources, A Survey", in: *Economic Journal*, Vol. 87, 1977, S. 114–129.

Piddington, Kenneth, "Die Bank und die Umwelt: Fragen und Antworten. Der Direktor der Umweltabteilung der Bank, Kenneth Piddingon, beleuchtet die wichtigsten Probleme", in: *Finanzierung & Entwicklung*, 26. Jahrgang, Nr. 3, September 1989, S. 44–45.

Quiggin, John (1988a), "Private and Common Property Rights in the Economics of the Environment", in: *Journal of Economic Issues*, Vol. 22, No. 4, December 1988, S. 1071–1087.

Quiggin, John (1988b), "Scattered Landholdings in Common Property Systems", in: *Journal of Economic Behavior and Organization*, Vol. 9, No. 2, 1988, S. 187–201.

Repetto, Robert und Gillis, Malcolm (Hrsg.), *Public Policies and the Misuse of Forest Resources*. A World Resources Institute Book. Cambridge University Press: Cambridge, 1988.

Runge, Carlisle Ford, "Common Property and Collective Action in Economic Development", in: *World Development*, Vol. 14, No. 5, 1986, pp. 623–635.

Runge, Carlisle Ford, "Common Property Externalities: Isolation, Assurance, and Resource Depletion in a Traditional Grazing Context", in: *American Journal of Agricultural Economics*, Vol. 63, November 1981, S. 595–606.

Runge, Carlisle F., *Common property in a global context*. University of Minnesota, Institute of Agriculture, Forestry and Home Economics. Staff Paper Series. University of Minnesota, Department of Agriculture and Applied Economics, Vol. 90/27, 1990.

Runge, C. F., "The Innovation of Rules and the Structure of Incentives in Open Access Resources", *American Journal of Agricultural Economics*, Vol. 67, (May 1985) pp. 368–372.

Runge, Carlisle Ford, "Institutions and the Free Rider: The Assurance Problem in Collective Action", in: *Journal of Politics*, Vol. 46, No. 1, February 1984, S. 154–181.

Schramm, C. und Warford, J. (eds.), *Environmental Management and Economic Development*, John Hopkins University Press: Baltimore and London, 1989.

Sen, Amartya K., "Isolation, Assurance and the Social Rate of Discount", in: *Quarterly Journal of Economics*, Vol. 81, 1967, pp. 112–124.

Sinn, Hans–Werner, *Privatization in East Germany*. Center for Economic Studies, University of Munich, CES Working Paper Series, No. 8, August 1991.

Smith, Clifford W., "agency costs", in: Eatwell, John; Milgate, Murray; Newman, Peter (Hrsg.), *The New Palgrave Dicitionary of Economics. Volume 1. A to D*. London: Macmillan 1987, S. 39–40.

Spence, Michael und Starrett, David, "Most Rapid Approach Paths in Accumulation Problems", in: International Economic Review, Vol. 16, No. 2, June 1975, S. 388–403.

Stiglitz, Joseph E. "principal and agent", in: Eatwell, John; Milgate, Murray; Newman, Peter (Hrsg.), *The New Palgrave Dicitionary of Economics. Volume 3. K to P*. London: Macmillan 1987, S. 966–972.

Teplitz–Sembitzky, Withold und Gunter Schramm, "Woodfuel Resource Use and Environmental Management", in: *Energy Policy*, Vol. 17, No. 2, April 1989, pp. 123–131.

Tisdell, Clem, "Sustainable Development: Differing Perspectives of Ecologists and Economists, and Relevance to LDCs", in: *World Development*, Vol. 16, No. 3, March 1988, pp. 373–84.

Tschiersch, Joachim E., "Institutional Causes of Natural Resource and Environmental Problems in Rural Areas of Developing Countries", in: Gans, Oskar (ed.), *Environmental and Institutional Development: Aspects of Economic and Agricultural Policies in Developing Countries*, Studies in Applied Economics and Rural Institutions, Vol. 19, Saarbrücken/Fort Lauderdale: Breitenbach, 1989, S. 35–51.

Turner, R.K. (ed.), *Sustainable Environmental Management: Principles and Practice*, Francis Pinter, London, 1988.

Turner, R.K., "Sustainability, Resource Conservation and Pollution Control: An Overview", in: Turner, R.K. (ed.), *Sustainable Environmental Management: Principles and Practice*, Francis Printer, London, 1988, S. 1–25.

Vincent, Jeffrey R., "Rent Capture and the Feasibility of Tropical Forest Management", in: *Land Economics*, Vol. 66, No. 2, May 1990, S. 212–223.

Wade, Robert (1987a), "The Management of Common Property Resources: Collective Action as an Alternative to Privatisation or State Regulation", in: *Cambridge Journal of Economics*, Vol. 11, No. 2, June 1987, pp. 95–106.

Wade, Roebert (1987b), "The Management of Common Property Ressources: Finding a Cooperative Solution", in: *The World Bank Research Observer*, Vol. 2, No. 2, July 1987, S. 219–234.

Wagner, R. Harrison, "The Theory of Games and the Problem of International Cooperation", in: *American Political Science Review*, Vol. 77, 1983, S. 330–346.

Wagner, Thomas, "Effiziente Nutzung und Regulierung von Allmendegütern", in: *Jahrbücher für Nationalökonomie und Statistik*, Band 208, Heft 4, Juli 1991, 385–398.

Walker, James M.; Gardner, Roy and Ostrom, Elinor, "Rent Dissipation in a Limited–Access Common–Pool Resource; Experimental Evidence", in: *Journal of Environmental Economics and Management*, Vol. 19, No. 1, July 1990, S. 203–211.

Wir veröffentlichen

Dissertationen
Habilitationsschriften
Diplomarbeiten
wissenschaftliche Arbeiten
und Reihen
Fachbücher
Dokumentationen
Skripten
Reprints
Romane
Lyrik
Anthologien

Fordern Sie bitte Informationsmaterial unter Angabe des Sachbereichs an.

HAAG + HERCHEN Verlag GmbH
Fichardstraße 30 · 6000 Frankfurt am Main 1 · Telefon (069) 55 09 11-13